인비록 人秘錄
죽어서 가는 길

| 해광 하순천 지음

도서출판 대도대한

인비록 人秘錄
죽어서 가는 길

서문을 대신하며

　귀신, 영혼, 유령, 악령, 고스트, 절대자 ……. 세상에서 신神을 부르는 여러 이름입니다. 사람들은 흔히 신神이라고 하면 저 멀리 다른 세상을 사는 어둡고 무서운 존재를 떠올립니다. 심지어 누가 귀신을 보았다거나 귀신에 시달린다고만 해도 그 사람은 당장 위험하고 꺼림칙한 사람이 되어 버립니다. 사는 데 어려움이 닥치면 '새로 신을 받았다는 무속인'을 찾아가고, 인터넷에 귀신 사진이 공공연히 돌아다닐 정도로 귀신에 대한 관심이 높으면서도 말입니다.

　저는 바로 이런 귀신들을 매일 같이 직접 보고, 퇴치하는 사람입니다. 사람들은 귀신을 두려워하지만, 귀신은 내가 보는 신의 세계의 지극히 작은 부분 중 하나일 뿐입니다.

　어린 시절 제 운명의 지주이신 도사님을 처음 만나 뵙고 기도하면 잘하겠다는 말씀을 듣게 된 후, 도사님의 유일한 후계자이신 스승님의 인도하심 아래 저는 지금껏 신의 세계를 공부해 왔습니다. 그 과정에서 사람들이 '유령'이네, '귀신'이네, '악령'이네 부르는 무수히 많은 종류의 신들을 직접 보고 정리하였습니다. 그 신들 중에는 일부 사람들이 '절대자'라고 잘못 알고 신앙하는 일부 거짓된 종교의 신들도 있었습니다.

이런 저의 정식 명칭은 신의 세계를 보고 듣는 "감찰사"입니다.

신에 대해 이야기하기 때문에 저는 종종 '무속인'이 아니냐는 오해를 받기도 하며, 하늘을 신앙하기 때문에 '종교인'이 아니냐는 질문을 받기도 합니다. 그러나 저는 무속인이 아니며, 종교인도 아닙니다. 무속인들이 신내림을 통해 신을 몸에 받아 그 신이 보여 주고 알려 주는 지극히 한정된 신의 세계를 이야기한다면, 저는 오히려 사람의 몸에 붙어 그 사람을 지배하는 악한 신을 정리하기 위해 노력합니다.

똑같이 신에 대해 이야기하지만, 무속인은 신의 힘을 사용하는 사람이고, 저는 기원을 통해 악한 신을 정리하는 사람입니다.

또, 종교인들이 신을 믿으면서도 이 땅에서 함께하는 신의 세계를 부인하는 것과 달리, 저는 하늘을 신앙하며 이 땅에 신의 세계가 있다고 증거합니다. 종교인들은 책에서 배운 자신들의 교리를 내세워 신의 세계를 부정하지만, 저는 지난 십여 년간 직접 보고 들어온 진실로써 신의 세계를 증거합니다.

제가 본 신의 세계는 참으로 놀라웠습니다.

이 땅에는 사람의 세계만 있는 것이 아니었습니다. 사람의 세계보다 훨씬 더 복잡한 신들의 세계가 이 땅에 함께하며, 사람들의 삶에 무수히 많은 영향을 주고 있었습니다. 그중에서도 더욱 놀라운 것은 사람의 삶이 죽음 이후에도 이 땅에서 계속된다는 사실이었습니다. 사후세계란 바로 이 땅에서 펼쳐지고 있었습니다!

그런데 사람신, 즉 죽은 사람의 삶은 너무도 비참했습니다.

살아서는 만물의 영장을 자처했던 사람들은 죽음 이후 나락으로 떨어져 한낱 동식물보다도 못한 삶을 살아가고 있었습니다.

제가 신도神道를 충실히 닦아갈 수 있도록 저를 이끌어 주신 스승님의 말씀처럼 "엄마 뱃속에서의 열 달은 태어나서의 백 년을 준비함이요, 살아서의 백 년은 죽음 후의 천 년을 준비함"입니다.

말 못 하는 동식물도 각자의 방식으로 도를 닦아 사후를 준비합니다. 매미가 애벌레에서 날개를 달고, 소가 되새김질을 하는 평범한 모습조차 사실은 그들 나름의 도를 닦는 모습입니다.

그러나 죽음 이후의 삶을 대비하기는커녕 현재의 삶만을 소중히 여겨온 사람에게 죽음 이후의 삶은 너무도 어려운 모습이었습니다. 죽어서도 먹어야 하고, 입어야 하는데, 도가 없으니 먹을 것을 찾지도 못하고 입을 것을 구하지도 못합니다.

사후의 세계, 즉 신의 세계는 도의 세계이기 때문입니다. 다 떨어진 옷차림으로 고픈 배를 움켜쥔 채 힘센 동물신에게 쫓겨 다니는 조상신의 비참한 모습! 그 실상을 너무도 생생히 보고 들은 저조차 인정하기 싫은 모습이었습니다.

한낱 동식물도 사후를 준비하는데, "믿으면 천당 간다.", "극락 간다.", 사후가 어디 있어? 죽으면 그만이지!", 내가 곧 우주다."라는 식의 막연하고 무분별한 믿음으로 사후를 준비하지 않은 사람에게 어쩌면 비참한 사후세계는 당연한 결과일 것입니다.

만약 사람이 살아서 죽음 이후를 생각하며, 바른 신앙을 하고 바른 도를 익혔다면 비참한 사후만은 피할 수 있었을 것입니다. 사람이 자신을 창조해 주신 참하늘을 바르게 찾기만 했어도 그러한 고통은 피할 수 있었을 것입니다.

그러나 제가 본 사람의 삶은 살아서도 죽어서도 온통 악한 신들로 얼룩진 비참한 모습이었습니다. 살아서는 악한 신들에게 막혀 엉뚱한 곳을 헤매며 백 년을 낭비하고, 죽어서는 악한 신들에게 쫓기며 뼈저리게 후회하는 고통의 삶이었습니다.

사람은 누구나 죽습니다. 사람은 누구나 죽음 이후의 삶을 살아가야 합니다. 어떤 종교를 가졌든, 어떤 도를 닦든, 착하든 나쁘든 그 누구도 사후세계를 피해 갈 수 없습니다. 그렇기 때문에 바르게 알아야 합니다. 바르게 알아, 바르게 사후를 준비해야 하는 것입니다.

제가 책을 내는 이유 또한 여기에 있습니다.
『인비록人秘錄－죽어서 가는 길』이라 이름 붙인 이 책에 저는 제가 직접 보고 들어 알게 된 진실을 이야기했습니다. 누구나 자신이 죽어서 가게 될 길을 바르게 알아 바르게 대비할 수 있도록 하기 위함입니다. 홍수가 난 뒤에는 배를 준비할 수 없고, 이미 죽고 난 뒤에는 죽음을 준비할 수 없습니다. 이 책이 바르게 찾고자 하는 모든 분들께 미래를 준비하는 충실한 안내서가 되기를 간절히 바랍니다.

2006년 11월
해광 하 순 천

■ 목차

1부 신도神道를 닦다

1. 하늘의 도를 만나다 … 14
2. 도사님의 예언 … 49
3. 스승님과 함께한 "악신과의 7년 전쟁" … 156

2부 죽어서 가는 길

1. 사후세계의 비밀 … 240
2. 조상제 이야기 … 250
3. 하늘에서의 영원한 삶 … 283

3부 전생과 현생

1. 나의 전생 … 290
2. 전생 이야기 … 296

4부 내가 본 신의 세계 Q&A

1. 신들의 의식주 … 310
2. 신들의 본성 … 312
3. 악신의 목적 … 314

4. 악신의 계급 … 316
5. 악신의 출산과 번식 … 317
6. 신화 속의 신들 … 319
7. 악신이 사람을 통해 이루고자 하는 것 … 321
8. 살생 … 323
9. 사람들 사이의 선호도 … 327
10. 신내림 … 329
11. 운명 … 332
12. 영생 … 334
13. 주문술 … 336
14. "대한민국이 세계의 중심이 된다"는 의미 … 338
15. 산화 … 339
16. 사고 후 후유증 … 341
17. 유산된 태아 … 344
18. 기도와 수도를 통한 특기 계발 … 347
19. 용왕님제와 토지제 … 350
20. 기도드리는 방법 … 355

5부 기도·수도 체험기

1. 어렸을 때부터 신을 보며 시달리던 내가 … 358
2. 정도의 길을 만나 … 369
3. 생활 속의 도를 찾아 … 373
4. 몸으로 신을 겪던 지난날 … 376

1부
신도神道를 닦다

1. 하늘의 도를 만나다
2. 도사님의 예언
3. 스승님과 함께한 "악신과의 7년 전쟁"

1. 하늘의 도를 만나다

부처님 오신 날, 칠성점을 가지고 태어난 아이

음력 4월 8일 자시! 내가 태어난 것은 부처님 오신 날이 막 시작되는 새벽이었다. 배 속에서부터 워낙 씩씩하게 노는 나를 두고 "막내는 아들이니 꼭 낳아야 한다."라고 하셨던 어머니는 내가 딸이라는 사실에 약간 의아해하셨다고 한다. 그도 그럴 것이 어머니가 나를 가지셨을 때, 하늘에서 날개 달린 큰 용이 내려와 남해 바다 한가운데 살포시 내려앉는 태몽을 꾸셨다 한다.

내가 이 책을 쓰게 되면서 혹시 태몽이 없는지 물으니, 어머니는 "큰 태몽은 그 아이가 성장해서 성공할 때까지 사사로이 이야기하는 게 아니라고 해서 할머니와 아버지에게만 이야기하고 그동안 한 번도 이야기해 주지 않았단다. 그때 용이 집안이나 내 품으로 들어오지 않고 남해 바다에 내려앉아서 무슨 뜻일까 했더니 막내 네가 이렇게 되려고 그런 태몽을 꿨나 보다." 하시며 그제야 태몽을 이야기해 주셨다.

그런데 내가 태어난 일시에, 시작부터 뭔가 예사롭지 않다며 고개를 갸웃대던 할머니는 나를 목욕시키다 말곤 깜짝 놀라셨다. 내 몸에 선명하게 새겨진 북두칠성 때문이었다.

"아이구, 에미야. 이 점 좀 봐라. 야가 보통 애가 아니다. 칠성님이 점지한 아이다!"

할머니는 참 특이한 분이었다. 무속인도 아니면서, 북쪽 벽에 상을 차려두고 조상들이 했던 대로 "칠성님"을 찾으며 기도를 하셨던 할머니는 신의 세계를 보는 관을 하셨고 느낌이 워낙 밝으셔서 동네 대소사에 '큰 어른' 노릇을 하던 분이었다. 때로는 동네에서 잡신들을 보고는 "오다가 둔덕에서 여우 귀신을 봤는데…….", "상여가 나가는데 글쎄 다리 잘린 남자 귀신이다." 같은 얘기를 옛날이야기라도 되는 듯 해주시곤 했다.

그런 할머니는 나에게 너는 북두칠성님이 점지해 주셨으니 북두칠성님께 기도를 해야 한다고 얘기하시며 나를 유난히도 예뻐해 주셨다. 할머니에겐 "부처님"도 "칠성님"도 우리네 사람을 구제해 주실, 하늘에 계신 천신님으로 모실 분이셨고, "부처님 오신 날, 북두칠성 점이 찍힌 채 태어난 막내 손녀"는 곧 "부처님과 칠성님이 점지하셔서 사람들을 구할 그릇"이었던 것이다.

훗날, 나는 신의 세계를 공부하며 하늘 세계에 대해 알게 되었고, 하늘의 기운을 받아 신의 세계를 보고 들으며 신도神道가 깊어질 수 있었다. 그러던 중 할머니가 찾으시던 "칠성님"과 "천지신명님"이 우리 민족이 태곳적부터 찾으며 신앙해 오던 하늘이심을 알게 되었다.

예로부터 우리 민족은 천손민족으로 하늘을 신앙하고 하늘에 제를 올려왔다. 그때 찾았던 명호가 바로 "하나님"으로 우리 민족이 섬겨오던 "하늘님"이시다. 그런데 서양에서 종교가 들어오며 전도를 하기 위해 "하나님"의 명호를 차용하여 오늘에 이른 것이다.

나는 신의 세계를 공부하며, 하나님전을 직접 우러러 뵐 수 있게 되었고, 그중에서도 특히 대한의 하나님전이신 칠성 하나님전에서 내려주시는 말씀으로 신도神道를 닦아나갈 수 있었다. 결국, 손녀의 운명을 남달리 느끼셨던 할머니의 예지대로 나는 "칠성님의 점지하심으로" 신의 세계를 보고 들으며, 악한 신을 물리치는 특별한 삶을 살게 된 것이다.

그러나 어린 시절의 나는 대체로 평범한 아이였다. 평범한 집안의 막내딸로 외모며 지능이며 성격까지 특별히 뛰어나지도 뒤처지지도 않은 보통의 아이였다. 친구들이랑 놀다 보면 밥때를 놓치기 일쑤였고 낮에 들은 귀신 이야기에 화장실을 못 가는 평범한 아이였다. 굳이 내게 다른 점이 있다면 어린 시절부터 나만이 간직한 내면세계가 있다는 점이었다.

겉으로는 밝고 건강하며 씩씩한 평범한 어린아이였지만, 어린아이이기에 입 밖으로 표현을 하지 않았을 뿐 가족에게도 얘기하지 않은 나만의 내적 기준과 가치관이 있었다. 무엇이 옳고 그른지에 대한 확고한 신념이 있었고, 선이 악을 이기고 정의가 불의를 이겨야 한다는 생각이 굳건히 자리 잡고 있었다. 또, 어려서부터 사람을 보면 남녀노소 구분 없이 그 사람에게서 어떤 느낌을 받게 되었는데, 그 느낌이 맞을 때가 많았다.

이를테면, '이 사람은 눈에 살기가 있어.', '이 사람은 사기성이 많아 보여.', '이 사람은 속이 검어.' 등 사람의 관상을 보면 그 사람에 대해 여러 가지가 느껴졌다. 그리고 그런 느낌은 그 사람과 관련되어 일어나는 사고나 사건 등을 보면 대체로 정확한 것이었다.

그러나 어린 시절의 나는 그런 사실을 입 밖에 낸 적이 없었다. 그럼

에도 할머니에게 나는 "칠성님이 점지하신 아이"였다. 노환으로 정신이 희미해지실 때까지 할머닌 '넌 기도할 사람'이라는 얘기를 자주 하시곤 했다. 어려서야 칭찬이려니 싶어 으쓱하기만 했지만, 나이를 먹어갈수록 할머니의 기대가 부담스러웠다. '기도할 사람'이라는 게 수녀나 비구니는 아닌 듯하고, 무속인이 되어야 한다는 의미인 듯한데, 정말이지 무속인처럼 되기는 싫었다.

'어휴, 나는 왜 그런 날 그런 시간에 태어났을까? 점도 그렇고, 정말 기도 같은 거 하기 싫은데…… 어떡하지? 그래, 점을 없애보자! 그럼 운명도 바뀔지 모르잖아.'

어릴 때부터 여름 체육복과 조금 짧은 치마를 입을 때 신경이 많이 쓰였다. 어린 마음에 굳은 결심을 한 나는 목욕 수건으로 북두칠성 점을 문지르기 시작했다. 잘하면 벗겨질 것도 같은데, 웬걸? 피부가 벌겋게 달아오르면서 피만 맺힐 뿐 점은 그대로였다. 그날은 너무 아파 그만뒀지만, 다음에도 또 다음에도 기회만 있으면 나는 목욕 수건으로 점을 문질렀다.

부자가 되고 싶지도 않았고, 출세하고 싶은 마음도 별로 없던 내 유일한 소망은 화목한 가정을 꾸리고 아이를 많이 낳고 행복하게 사는 바람이었다. 할머니의 기대가 뭔지, '기도할 운명'이 뭔지는 몰라도 내 소망과 상관없는 거라면 하고 싶지 않은 것이 그 시절 나의 간절한 바람이었다.

그런 나의 운명을 거부하고 싶어서인지 어려서부터 마음으로 항상 보통 사람들처럼 살아야지 다짐을 하였다. 23~24살쯤에는 바르고 정직한 평범한 이성이 있으면 빨리 결혼을 해서 집안에서 벗어나야지 하는 마음 또한 학창 시절부터 마음 한편에 굳게 자리 잡고 있었다.

남해촌에서 보낸 행복한 어린 시절

　내가 태어나 자란 곳은 전남 여수의 남해촌이라는 시골 마을이다. 40여 가구가 넘는 남해 사람들이 일을 하며 돈을 벌기 위해 그곳으로 이사를 가 "남해촌"이라는 마을을 만들었다 한다. 경남 남해군은 할머니, 아버지, 어머니 세 분의 고향이며, 큰오빠와 큰언니도 남해에서 태어나 어려서 남해촌으로 이사를 왔다고 한다.

　남해촌에서 25년 정도 사시면서 가족이 부지런히 모은 재산을 아버지가 두 번의 큰 사기를 당하면서 정신적으로, 물질적으로 큰 어려움을 받게 되었다. 오래전부터 살고 있는 동네의 기운이 싫다고 하며, 고향인 경남 남해로 되돌아가고 싶어 하시던 어머니가 결국에는 할머니와 아버지를 설득하여 25년 만에 고향인 경남 남해군으로 다시 되돌아가게 되었다.

　부지런한 부모님 덕에 우리는 남해촌에서 괜찮게 사는 집이었다. 나의 형제는 얼굴도 보지 못한 오빠가 하나 더 있었는데 어려서 낙뢰 사고로 죽었고, 부모님은 자녀를 넷만 갖기로 했던 당초의 가족계획을 바꿔 아이들을 더 낳으셨고 나는 2남 4녀 중 막내딸로 태어났다.
　아버지는 제2공화국 시절 대한민국 최초의 여성 국회의원이 된 박순천 여사처럼 똑똑하고 훌륭한 여성이 되라는 바람으로 한문도 똑같게 내 이름을 하순천이라고 하셨다. 동사무소 직원의 실수로 한문이 다르게 기록된 것을 나중에서야 알게 되셨고, 학교 다니며 한문 뜻이 조금은 이상하다며 간혹 불평하는 내게 웃음으로 답을 하셨다.

　내 나이 30살 때, 아버지께 이름의 한문 뜻을 바꿔 달라고 부탁하였다. 그 과정에서 나는 하늘의 세계와 신의 세계 등을 공부하며 순천의 한자를 순천順天으로 바꾸게 되었다. 뜻 그대로 하늘에 순종하며 따르는 삶을 살아가고자 했기 때문이다.

 부모님은 정직하고 부지런한 분들이시다. 아버지가 착하고 정이 많은 분이라면 어머니는 꼼꼼하고 검소하며 남의 일에 참견하기를 싫어하는 성품이셨다. 아버지의 정 많은 성품 덕에 우리 집은 거의 동물농장이었다. 그 많던 소, 돼지, 염소, 닭, 고양이, 오리, 토끼 등등. 마당에는 큰 감나무, 작은 감나무, 장미나무, 포도 덩굴, 여러 종류의 꽃나무 등이 심어져 있고, 집 앞 밭에는 포도나무, 앵두나무, 딸기 넝쿨, 무화과나무, 대추나무 등 과실나무들이 줄지어 심어져 있었다. 마을 사람들은 집 앞을 오가며 과실을 따먹었고, 아이들은 밤에 자주 과일 서리를 하러 왔다.

 어머니는 집안이 지저분하고, 동네 사람 좋은 일 시킨다고 언짢아 하셨지만, 할머니와 아버지는 사람 사는 것이 그런 거라며 어머니를 놀리셨다. 나는 귀여운 가축들과 과실나무가 많아 더 정다운 우리 집이 참 좋았다. 특히 정이 많아 인정을 베푸시던 할머니와 아버지를 무척! 좋아했다.

 마음이 넓으시고 깊이 생각하시는 두 분은 참 많이 닮으셨지만, 사실, 할머니는 아버지를 낳아준 친어머니는 아니었다. 아버지의 친부모님은 동네에 돌림병이 돌아 한날한시에 돌아가셨다 한다. 그때가 아버지가 두 살 때였으며, 자고 나니 아버지에게는 형과 누나만 남아 고아의 처지가 되셨다. 아버지가 4살 때 조금 멀리 떨어진 집안 친척 부잣집에서 아버지를 양자로 들이셨다 한다.

 아버지가 양자로 들어간 집은 무척 잘 살고 양부모님도 좋은 분들이셨지만 아버지는 이유도 없이 잘 먹지도 못하고 시름시름 아프기만 하면서 말라가서, 양부모님들은 걱정이 되어 무속인을 불러 굿도 여러 번 했다 한다. 그때 무속인이 하는 말이 '아이가 이 집과 기운이 맞지 않는다.', '아이의 죽은 부모가 이 집을 싫어한다.' 등의 말들이었다.

그렇지만 아버지의 양부모님은 아들이 없던 집안이기도 했고, 아버지를 무척이나 예뻐하셨기 때문에 계속 키우셨다. 그러나 그 후 아버지는 어린 나이에 몸이 많이 힘들고 마음도 외롭고 집에서 어렵게 사는 형제들 생각에, 어느 날 새벽 일찍 집에서 나와 걸어서 형제들이 있는 집으로 오셨다 한다.

그 후 시간이 흘러 아버지가 13살 되던 해, 같은 동네에서 몇 년을 지켜보시던 8촌 친척 되는 할머니가, 할아버지와 상의하셔서 아버지를 양자로 들이시게 되었다. 할머니는 아버지를 키우셨고, 나중에는 며느리까지 직접 보시고 들이셨다고 하셨다.

할머니가 우리 집안, 그리고 특히 내 삶에 끼친 많은 영향들을 생각하면 할머니와 아버지와 어머니의 모든 만남이 우연만은 아니라는 생각이 든다. 무언가 보이지 않는 힘이, 신의 세계를 관을 하며 예지력이 있는 등 범상치 않았던 할머니를 통해 아버지와 어머니를 연결시켜 주었고, 부모님을 통한 그 연결이 자녀들에게 이어진 것은 아니었을까.

아버지는 4살 때 부모님을 한날에 잃으시고 먹고살기 위해서, 자식을 키우기 위해서 안 해 본 일이 없다고 하셨다. 아버지는 직업이 내가 아는 직업만도 여러 개셨다. 목수 일을 하셔서 단독 주택을 설계부터 시작해 다 지으셨고, 자상하셔서 집안일도 많이 도와주시고, 밭농사, 논농사도 잘하시고, 바다 양식업 사업도 하셨고, 정치 관련 일도 관심이 많으셔서 그쪽 활동도 오랫동안 하셨다.

아버지는 아들 두 명이 공직 생활이나 정치 관련 일을 했으면 하는 마음이 있으셨다. 그러나 아들 두 명이 각자 스스로가 선택하여 신앙하는 길로 가니, 겉으로 자식들에게 강하게 표현을 안 하셨지만 어머니한테만 그 속상함을 간혹 표현하곤 하셨다고 한다.

어머니는 간혹 아프기도 했지만 자식들에게 헌신적이셨다. 내가 어릴 때부터 기억에 크게 남는 일은 할머니가 내가 6~7살 기억이 있을 때부터 칠성님제일, 음력 4월 8일 부처님 오신 날 내 생일 등 특정한 날에 상을 차리고 하늘의 천신님들께 절을 하라 하셨다. 그때마다 기도를 하시고 말문법(공수)으로 전해 주셨다.

할머니의 말문법은 다 기억이 안 나지만 몇 년간 들었던 중요 내용은 그때마다 "천지신명님전, 칠성님전 하늘에서 너를 점지해 주셨으며 너는 기도를 해야 한다.", "나중 이름 나고, 명 난다 하셨다." 하는 것이었다.

그런 내용을 듣고 있으면 속으로 '내가 무슨 이름이 난다고 하는 거지…….' 하는 생각이 들었다. 그런 이야기를 자주 많이 듣게 되는 나는 점점 그 이야기가 싫어지고 점점 내 운명이 싫어지고 정말 거부하고 싶은 속마음이 더욱 커져만 갔다. 하지만 겉으로는 싫다 하는 내색이나 표현은 일절 하지 못했다.

할머니에게 공수를 내릴 때 간혹 어머니를 같이 있게 할 때는 나를 잘 키우고 잘 보호해 주라 하셨다. 그러던 어느 날 어머니는 내내 참다 싫은 내색을 확실히 하셨다. "내 눈에 흙이 들어가도 내 자식이, 막내딸이 그렇게 되는 것을 저는 못 봅니다. 내가 받아 죽더라도 자식은 못 하게 할 겁니다. 제가 받을 겁니다."

어머니가 울면서 강하게 이야기를 해도 할머니는 "네가 해서 되지도 않고, 네가 된다고 될 일이 아니다라고 하셨다."라고 냉정하게 말문으로 표현하셨다.

자식이 남들처럼 세상적인 삶을 살아가는 것이 아닌 기도해야 한다는 운명이 싫었던 어머니의 모성애적인 모습은 지금도 잊혀지지 않는다. 그런 상황 때문인지 어머니는 원래 조금 연약하기도 했지만, 간혹 이유 없이 아프기도 하고 몸이 굳는 현상이 자주 있었다.

아는 집안 사람 중에서 기도를 하지 않아 자식이 죽어가는 경우, 자신이 기도 줄을 받지 않아 아파서 일어나지 못하는 경우 등을 간혹 듣기도 하였다. 특히 학창 시절 친한 친구의 고모가 기도해야 하는 운명을 거부하니, 자식들이 줄줄이 죽게 되어 결국 남은 자식을 위해 기도하는 직업을 가지는 상황을 자세히 들어 알았다.

지금은 돌아가셨지만, 아버지와 어머니 못지않게 나를 사랑하셨던 분은 할머니셨다. 해가 졌는데도 손자, 손녀가 집에 들어오지 않을 때면 큰 목소리로 이름을 부르시며 긴 막대기를 들고 찾아오시던 할머니. 할머니는 손주들이 잘못한 일이 있으면 언제나 회초리로 때리셨고, 그런 할머니가 간혹 무섭기도 했지만 잘못이 있을 때만 엄하시고 정당하게 매를 드셨기 때문에 어린 마음에도 불만은 없었다.

동네 사람들은 할머니께 많은 의지를 했고, 집안일을 상의하곤 했었다. 그래서 우리 집은 아는 사람, 모르는 사람, 애, 어른 할 것 없이 사람으로 가득했고, 할머니는 지나가는 거지들도 집안에 부르셔서 밥을 챙겨 주셨다. 할머니는 늘 어머니에게 밥을 많이 하라고 하셨다. 못 먹는 사람들, 집 앞을 지나가는 불쌍한 사람들을 도와야 한다는 얘기셨다. 불쌍한 사람들에게 쌀은 또 얼마나 퍼주셨는지……

나는 그런 할머니가 참 좋았다. 그런 할머니의 모습이 지금까지도 내게 남아서인지, 나는 지금도 남에게 조금이나마 베풀고 산다는 것이 좋은 일이라는 것을 몸으로 느끼곤 한다.

그런데 사람 사는 곳이 다 그렇기는 하지만, 우리 동네에는 유난히도 좋지 않은 일들이 많았다. 사람들이 남의 일에 말도 많고, 간섭도 많아 이런저런 일로 언성이 높아져 다투는 일이 잦았고, 집집마다 사연이 많아 큰 소리가 끊이지 않았다. 할머니는 동네에 제를 지내지 않아서 그런 거라고 하셨는데, 어린 내가 보기에도 우리 동네에는 사건과 사고가 끊이지 않았다. 동네 남자들은 유난히도 명이 짧아 사고나 병으로 죽는 경우가 많았다.

그 때문에 동네에 할아버지는 거의 없고, 혼자되신 할머니와 아주머니만 많았다. 할머니가 열두 분이면 할아버지는 한 분 정도 계실까 말까 하니……. 여름이면 물가에서 죽는 사람도 많았다. 여름방학을 보내고 학교에 갈 때면 선후배와 친구들, 이웃 동네 사람들이 물에 빠져 죽었다는 소식이 빠지지 않았다.

그중에서도 특히 버스 정류장과 기찻길에서는 일 년에 한두 번 정도 꼭 사고가 일어났다. 그곳 기찻길은 기차가 60~70m 가까이 다가와야 기차가 보이는 급커브였는데, 사고를 막기 위해 기차가 오면 경광등이 켜지며 기적 소리가 크게 울렸다. 그런데도 사람들은 간혹 무언가에 씌인 것처럼 기적 소리를 듣지 못하고 그대로 길을 건너다 죽기도 했다.

한 번은 이웃 동네의 부부 두 사람과 옆집 아주머니가 경운기를 함께 타고 기찻길을 건너는데, 기차가 온다는 경광등이 켜지면서 기적 소리가 요란히 울렸다 한다. 옆집 아주머니가 그 소리를 듣고 기차가 온다고 소리쳤지만, 부부는 무슨 기차가 오느냐며 기적 소리도 안 들리고, 경광등도 안 보인다며 계속 경운기를 몰았다 한다.

결국 다급해진 아주머니는 더 있으면 죽을 것 같아 경운기에서 뛰어내리고, 그 부부는 그대로 세상을 떠났다 한다. 그 후 그곳을 지나면 나쁜 신이 씌워 듣지도 보지도 못하고 죽임을 당한다는 소문이 나서, 나도 그곳을 지날 때면 항상 긴장하고 조심하며 몇 번을 둘러보며 길을 건너곤 했다.

신들의 장난은 그뿐이 아니었다. 한 번은 아버지가 앞 동네에 일을 보러 가셨다 돌아오는 길이었다. 집에 돌아가려면 강의 다리를 건너야 하는데, 그 다리는 비가 많이 오면 물에 잠기곤 했다. 그날 밤은 마침 낮에 비가 많이 왔는데, 너무 어두워서 다리가 잠겼는지 아닌지 가늠하기 어려운 상황이었다 한다.

아버지가 다리를 건너야 할지 고민하는데, 어떤 여자 둘에서 그 다리를 태연히 건너더라는 것이다. 그래서 다리를 건너가려던 아버지는 아무래도 안 되겠다 싶어 앞 동네에서 주무시고 아침에 다시 다리에 도착하셨다. 그런데 아침에 보니 다리가 물에 많이 잠겨 사람은 누구도 건널 수 없는 상태였다 한다.

이렇게 우리 동네에는 좋은 소식보다는 좋지 않은 사건과 사고 소식이 많았고, 그중에도 특히 신神들과 관련된 사건이 많았다. 할머니는 도깨비신들이 씨름하는 모습, 도깨비신들이 잔치를 벌이고 노는 모습을 보시기도 하셨다 하고, 어느 무속인들은 우리 동네가 도깨비 터라고 하기도 했으며, 터가 동서남북으로 막혀 있어 기운이 좋지 않다고 하는 경우가 있었다.

그 후 오랜 시간이 지나 내가 신의 세계를 공부하게 된 후, 우리 동네에 왜 그렇게 소란스러운 일이 많았는지 알게 되었지만, 당시에는 참으로 이해할 수 없는 일이었다.

어린 시절을 남해촌에서 보내며, 할머니와 아버지, 어머니와 이웃 등 어른들의 세계를 보고 느꼈던 나는 비록 어린 나이였지만 마음속 깊이 다짐을 한 것이 몇 가지 있었다. 그것은 앞으로 어떻게 살아가야겠다는 일종의 마음속 법칙 같은 것이었다.

그것은 '착하고 정직하게 사는 사람, 사람들에게 인정을 베풀고 사는 사람, 간사하지 않고 한결같은 사람, 불의를 보면 그냥 넘기지 않는 정의로운 사람이 될 것!', '시어머니가 차갑거나, 시아버지가 바람둥이여서 집안이 복잡한 사람과는 결혼하지 말고, 적당한 나이에 화목한 보통 가정에 시집가서 아이를 두셋쯤 두고 건강하고 행복하게 살 것!'이었다.

당시 우리 집은 화목하고 행복했지만 어머니가 몸이 약한 편이고, 셋째 언니가 어려서 몇 년간 몸이 아팠다. 특히 셋째 언니는 동네 친구가 장난으로 밀치는 바람에 논두렁에 떨어진 적이 있었는데, 외상은 없었지만 많이 놀라면서 몸에 이상이 생겼다. 숨이 차서 오래 걷지도 못하고 뛰지도 못했다. 아버지는 언니를 데리고 병원이며 한의원을 여러 곳 다니시고 약도 먹게 했지만 아무 소용이 없었다.

그러던 중, 고모가 서울의 한 소아과를 소개했다. 언니를 진찰한 소아과 원장님은 특이하게도 "아이가 시골집과 기운이 맞지 않으니, 앞으로 시골집에 가지 말고 그동안 입은 옷은 다 태워 버리세요."라는 이야기를 하시며 약을 지어 주셨다. 집에 돌아와 큰언니는 원장님 말대로 셋째 언니의 옷을 다 태우고 새 옷을 사주었는데, 신기하게도 셋째 언니는 약을 먹고 보름도 되지 않아 언제 아팠냐는 듯 건강해졌다.

몸이 약한 어머니와 사고로 몇 년간 몸이 아팠던 언니를 보며 걱정을 많이 했던 나는 최고의 행복은 건강이라고 느꼈다.

나는 언제나 사람들이 행복하고 즐거운 삶을 살기 바랐으며, 악은 망하고 선은 승리해야 한다는 권선징악적 사고를 절대적으로 선호했다. 어렸지만 마음에 세운 뚜렷한 기준 중 하나가 나라에 충성하며 바르고 정직한 사람이 되어야 한다는 것이었다. 사람은 항상 바르고 정직하게 살아야 한다는 가정교육과 애국 교육의 영향인지 제복을 입은 군인이나 경찰 등을 보면 가슴이 뛰며 존경심으로 가슴이 벅차올랐다.

그러다 보니 초등학교에 들어가기 전부터 '나중에 크면 바르고, 정직하고, 군인이나 경찰 같은 직업을 가진 사람하고 23살쯤에 결혼해야지.' 하는 다짐을 하곤 했다.

이러한 어린 시절의 생각들은 좀 더 성장한 후에도 크게 변함이 없었고, 그때 세운 삶의 법칙 중 몇 가지(예를 들어, 정의의 편이 되어야 한다는 생각, 악은 망하고 선은 승리해야 한다는 생각)는 세월이 흘러 내가 신의 세계를 공부하며 악신과 싸워갈 때까지 나에게 많은 힘을 주었다.

나는 사명감이 있으며 국가에 봉사하는 직업을 좋아했고 제복 입은 모습이 너무 멋있어 특별활동으로 걸스카우트 활동을 했다. 하지만 달리기를 잘하는 편이라 육상부 선생님 눈에 띄어 육상부에 들어오라고 하였고 거절했더니 걸스카우트 담당 선생님을 설득하여 급기야 육상부에 강제로 들어가게 되었다.

육상부를 하면서 성적도 많이 떨어지고, 운동 성적에 따라 매를 맞는 일도 많아 싫어서 중간중간 도망가기도 했다. 방학 때 육상부 훈련을 가지 않으면 집에 선생님과 아이들이 찾아와서 나는 도망가서 숨고 선생님은 성적에 신경 써 주겠다고 아버지를 설득까지 하였다.

그러나 육상부는 정말 하기 싫었는데, 다른 학생들 부모님도 학교에 찾아와 육상부를 그만두게 하는 경우도 있었다. 결국 나는 부모님을 설득하여 서울로 전학 간 언니, 오빠랑 같이 지내고 싶어 초등학교 6학년 3월 말 서울로 전학을 갔다.

열넷, 도사님을 만나다!

세월이 흐르고, 나는 열넷의 중학생이 되었다.
초등학교 6학년 때 서울로 전학을 온 나는 부모님을 떠나 형제들과 함께 큰오빠 밑에서 서울살이를 하고 있었다.
성질이 불같은 큰오빠는 동생들에게 엄했는데, 나이도 한참 많은 데다 성격이 특이해서 오빠 말에 거역한다는 것은 생각할 수도 없는 일이었다. 그런 오빠는 할머니의 영향인지 '도'에 관심이 많았다. 하루는 아는 선배 소개로 '해미'라는 곳을 다녀오게 되었는데, 많이 흥분한 모습이었다.

"거기 도사님 말이야, 정말 도인이시지 뭐냐. 잠깐 보시고도 날 다 꿰뚫어 보시는 것 같더라. 모르시는 게 없으셔. 어찌나 대단하게 보이시는지……. 뭔가 대단하신데 말이야……."

그날 이후, 오빠는 '도사님이 전생을 봐주셨다.', '도사님이 수도를 시켜주셨는데 세상에서는 보도 듣도 못한 도다.', '얼마나 능력이 크신 분인지, 잠시 보시기만 해도 모든 것을 꿰뚫어 보신다.', '도력이 너무도 크시다.'는 식의 이야기를 하며, 가족들도 다 같이 도사님을 찾아뵙자는 이야기를 했다. 오빠의 말은 곧 법이었던 우리 가족은 기대 반 의심 반의 마음으로 해미로 향했다.

"기도하면 참 잘하겠네……!"

도사님의 첫 말씀이셨다! 누군가 기도할 사람이 있나 보다 무심코 고개를 들었던 나는 도사님께서 나를 보고 계시는데 간이 철렁 내려앉았다!

'앗! 아직 인사도 못 드렸는데, 기도라니……? 뭐야, 또 기도야? 정말 너무해…….'

왠지 야속해서 고개를 든 나는 처음으로 도사님을 찬찬히 올려 뵈었다. 185cm 정도의 큰 키에 약간 마르셨지만 당당하신 체격, 말로는 표현 못 할 위엄, 깨끗하고 부드러운 피부에 너무도 온화하신 미소. 뭐랄까, 뭐라 표현할 수 없는 강력한 내면의 힘이 사람을 압도하는 분이셨다.

어쩐지 모든 것을 다 아실 것 같고, 모든 것을 다 받아주실 것 같으면서도, 한편으론 감히 범접할 수 없는 위엄이 잔잔하게 퍼지시는 그분께는 대우주의 따스함 같은 큰 힘이 있으셨다. 마치 살아계신 신령님과 같은 분이셨다.

어리기도 했지만, 단 한 번도 그런 분을 뵌 적이 없던 나는 멍해서 그분을 가만히 올려 뵈었다. 왠지 모르게 가슴이 쿵쾅거리고, 손끝까지 열이 오르는 느낌이었다. 오빠가 뭐라고 내 소개를 하는데, 도사님께서는 부드럽게 웃으시며 나를 바라보셨다. 아아, 단지 바라보기만 하셨는데도 내 마음은 말할 수 없이 편안해졌다. 동시에 내 마음 깊은 곳에서 북받치는 기쁨과 이유를 알 수 없는 서러움. 뭐랄까, 어린 시절 헤어진 부모님을 만난 듯 서러우면서도 기쁘고, 기쁘면서도 서러운 그런 마음이었다.

도사님께서는 몇 가지 기도와 수도를 하게 하셨고, 가족들의 전생도 알려 주셨다. 수도는 조금 지루했지만 전생은 참 재미있었다. 어머니는 가족들에 관련된 여러 문제를 여쭤보기도 하고 묘에 대한 것을 여쭤보기도 했다. 그렇게 한나절쯤 지나고 우리는 집으로 향했다. 그곳이 서산 해미이다 보니, 오래 머물기에는 너무 먼 거리였다.

그러나 그날의 짧은 만남 이후, 도사님께서는 내 마음과 내 정신과 내 운명의 지주로 자리를 잡으셨다. 그날 이후, 난 힘겨운 일이 생길 때마다 도사님을 떠올리며 기도를 했다.

'도사님, 요즘 저희 집안이 많이 어려워요. 저희 가정이 행복하게 해 주세요.'

당시 우리 집은 아버지가 8촌뻘 되는 먼 친척과 아는 후배에게 크게 사기를 당해, 부모님이 우리 형제들 모두를 남해촌 시골집에 내려오지 못하게 할 정도로 정신적으로, 물질적으로 많이 어려워진 상황이었다.

그동안 아버지와 어머니가 알뜰살뜰 고생하시며 모은 재산으로 바다 양식 사업을 하셨는데, 집이 바다에서 멀다 보니 바다 가까이 사는 친척에게 양식업을 돌보게 하신 것이다. 그 친척은 처음에는 잘하는 것 같더니, 어느 때부터 밤마다 동네 사람들과 함께 꼬막 등 양식한 물건을 몰래 팔았고, 결국엔 바다 양식 사업이 망하게 된 것이다.

그런데다 아버지가 믿었던 후배가 회사에 취업한다며 아버지의 인감도장을 빌려 가더니 사기꾼들과 짜고 여러 가지 서류를 만들어 집안 재산을 거의 다 빼앗아 갔다. 아버지를 어렵게 만든 그 친척은 그 후 술과 노름에 빠져 우리 집에서 빼돌린 재산을 다 날리고 아버지를 찾아와 용서를 빌었고, 몇 년 후에는 병으로 구들장을 지는 신세가 되었다.

한편, 아버지는 용서마저 빌지 않는 후배가 괘씸해 몇 번이나 고소를 하셨는데, 그때마다 법조계의 아는 사람을 통해 교묘한 방법으로 법망을 피해 갔다. 너무 착하시고 사람에 대해 의심을 하지 않는 아버지는 그렇게, 사는 데 어려움이 많았다.

생전에 할머니는 머리가 좋아 멀리 보고 멀리 생각하며 일을 만드시지만 사람을 의심할 줄 모르는 아버지의 성격을 아시고는 "너희 아버지가 형편이 어려워 공부를 그 정도 했기에 다행이지 공부를 많이 했으면 집안 재산을 다 날리며 살았을 거다." 하시곤 했다.

여하튼 기도 덕분인지 도사님을 만나 뵌 후, 당시 어려움을 겪고 있던 우리 집안도 차차 안정되어 갔다. 도사님께서 신의 세계에서 어려움을 겪고 있는 조상님들을 좋은 곳으로 모시는 조상제를 해 주셨다.

해미에서 조상제를 한 후 집안에 한 달 동안 조금 놀랍고 특이한 일이 생겼다.
집안을 보살펴 주셨던 5대조 할아버지 조상신이 평상시에 멀쩡한 어머니 몸에 실려, 어머니가 할머니가 하셨던 것처럼 말문법을 하시는 것이었다. 일요일 점심때 친구들을 만나려고 씻고 나온 나를 붙잡고

"오늘은 나가면 다치니 나가지 말라."라고 하셨고, 또 어느 날은 작은 언니 회사에 전화를 연결해 달라고 하시더니 "오늘 퇴근하고 어디에도 가지 말고 바로 집으로 들어와라. 큰일 난다. 친구들 만나면 큰 사고수가 있다."라고 하셨다. 한동안 어머니의 그러한 모습에 언니들은 그런 어머니의 모습과 본인들의 개인 일정 등으로 어머니와 말로 실랑이하는 경우가 많았다.

그 후 도사님께 가서 문의를 드렸더니, 당시 5대조 할아버지가 우리 집안을 이끌어 주시고 계셨는데, 조상제 때 당신은 안 올라가시겠다고 하시다가 도사님께 후손 집안을 안정되게 보살펴 주시고 후손들을 보살펴 주신다는 약속과 다짐을 받고서야 신의 세계의 조상신들이 사는 궁성으로 올라가셨다고 한다.

기도를 할 때면 마음이 편안했다. 그냥 대화하듯이, 손녀가 할아버지를 찾듯이 도사님을 부르며 조근조근 이야기를 할 때면 마음이 편안해졌다. 남들이 도사님이라고 부르니까, 잘못하면 혼나니까 나 역시 "도사님"이라고 불렀지만, 도사님은 내게 '너무도 크신 할아버지'와 같은 분이셨다. 어쩌면 도사님을 만나 뵌 바로 그날, 신의 세계를 보고 듣는 감찰사로서의 운명이 시작되었는지도 모르겠다. 그날 이후, 내 삶의 전환기마다 도사님의 말씀은 그 무엇보다 우선하는 것이 되었기 때문이다.

몇 번의 죽을 고비를 넘기다

도사님을 만나 뵌 후, 도사님께서는 나에게 단명수(불의의 사고 등으로 일찍 죽게 되는 운명)가 있고, 특히 초년에 죽을 고비가 많다는 말씀을 하셨다. 실제로 나는 중학생 시절 3년에 걸쳐 몇 번의 죽을 고비를 맞이하게 되었다. 죽음의 문턱까지 갔다가 살아났는데, 놀라운 것은 그때마다 보이지 않는 힘에 의해 생명을 건졌다는 사실이었다.

첫 번째 사고는 물회오리에 휩쓸려 익사 직전까지 간 일이었다. 서울에서 학교를 다니던 나는 여름방학이면 고향에 돌아가 냇가에서 수영을 하곤 했다. 냇가라고는 하지만 어른 키를 넘을 만큼 깊은 물이었는데, 그날은 마침 장맛비가 온 뒤라 냇물이 더 불어 있었다. 한참 수영을 하고는 밖으로 나오려는데, 갑자기 몸이 물회오리에 쑥 빨려들었다. 순식간에 균형을 잃은 나는 급류에 휩쓸려 떠내려가기 시작했다. 얼마나 휩쓸려 갔는지 주변은 온통 흙탕물이었고, 내 몸은 거의 흙바닥에 닿을 정도였다. '이러다 죽겠구나!' 하며 멍해지는데, 순간! 살아야겠다는 생각이 들며 정신이 번쩍 들었다.

도저히 빠져나올 수 없을 것처럼 위태로운 순간이었지만, 나는 무작정 위를 향해 필사적으로 헤엄을 쳤다. 수없이 많은 물을 먹으며 더는 못 견딜 것 같은 순간! 냇가의 물풀을 아슬아슬하게 잡고 간신히 밖으로 빠져나올 수 있었다. 정신을 차리고 보니, 처음 있던 곳에서 50m는 떠내려 와 있었다. 같이 수영을 하던 친구들은 내가 벌써 죽은 줄 알고 발을 동동 구르는 모습이었다. 친구들은 내가 방학 때 집에 다니러 와 죽는구나 했다고 한다. 부모님께는 혼날까 봐 이야기를 하지 않았다.

두 번째 사고는 연탄가스 때문이었다. 새벽녘 깊은 잠에 빠져 있던 나는 누군가 문을 열고 방으로 들어오는 소리에 잠에서 깼다. 화장실에 가고 싶어 일어선 나는 어머니를 보고 "오셨어요?"라고 말하며 방에 쓰러졌다. 어머니와 형제들은 나를 깨우며 큰오빠가 밖으로 업고 나가 인공호흡을 시키고 찬물을 뿌리고 하여 겨우 깨어났다.

깨어나서는 동치미 국물 한 대접 마시고, 큰오빠가 학교 담임선생님께 연락해 나의 상황을 전해, 집에서 하루 쉬고 다음 날 등교를 하였다.

그날은 마침 시골에서 어머니가 오시기로 한 날이기는 했지만, 그 새벽에 오시다니 이상한 일이었다. 어머니는 2남 4녀를 키우시느라 몸이 약한 편인데도 몸을 아끼지 않으며 일을 하셨다. 어느 날부터 몸이 자꾸 굳어지는 현상이 생겨, 해미에 계신 도사님께 여쭤보니, "시골과 기운이 맞지 않으니 떨어져 아이들을 돌보며 사세요."라고 하시며, "서울 아이들에게 가게 되면, 바로 가지 말고 친척 집에 하루 묵었다 가도록 하세요."라고 말씀하셨다.

도사님의 당부에 따라 그날도 어머니는 고모 집에서 하룻밤을 묵고 아침밥까지 드신 후에야 우리들에게 오실 예정이었다. 그런데 새벽 6시에 어머니가 오신 것이다!
어머니에게 "빨리 일어나라. 집에 가라."는 남자분의 큰 음성이 반복해서 들렸다 한다. 가족들은 하늘에서, 도사님께서 보살펴 주셔서 살아난 것이지 큰일 날 뻔 했다며, 도사님의 보살피심으로 어려움이 막아졌다고 입을 모았다.

그 후 가족들이 해미를 방문했을 때 도사님께서는 "정말 큰일 날 뻔 했네. 다 천지신명 하나님전에서 보살펴 주심이니 감사드려야 해요." 하시며 웃으셨다 한다.

세 번째는 수두에 걸린 일이었다.
내가 중2 때 우리 집 근처 사는 큰언니네 두 살 된 조카가 수두를 앓아 병원을 다녔다. 그런데 어느 날부터 내 몸에 붉은 홍점이 여기저기 생겨나며 가렵기 시작하였다.

이틀째는 점점 심해지며 온몸에 열꽃이 핀 것처럼 올라오고 물집이 생기기 시작했다. 어머니는 "막내가 어릴 때 수두를 앓은 줄 알았는데 그때 수두를 겪지 않았나 보다. 만지면 흉터 생긴다. 만지지 마라." 하시는 것이었다.

다음 날 큰언니가 학교 담임 선생님께 나의 몸 상태를 알리며 전달하니 주변 학생들한테 옮길 수 있으니, 치료를 잘 받고 완전히 다 나으면 학교에 나오라고 신신당부를 하셨다고 한다. 나는 별다른 병원 치료 없이 그냥 일주일간 학교에 가지 않고 집에서 가려움을 참으며 찬 수건으로 열을 식히며 그렇게 수두를 지나 보냈다.

우리 집은 큰오빠가 병원 다니는 것과 양약 먹는 것을 신뢰하지 않아서 가족이 병원에 가는 일과 약을 먹는 일이 거의 없었다.

네 번째는 교통사고였다. 골목길에서 빠른 속도로 달리던 오토바이와 반대편에서 마주 오던 승용차를 피하려고 하는데, 오토바이가 내 옆을 지나가면서 부딪친 것이다. 오른쪽 가슴에 통증이 느껴졌다.

"도사님……!", "도사님……!" 나도 모르게 도사님을 부르며 바닥으로 쿵! 떨어진 것 같은데, 문득 주변의 소음이 생생하게 들려왔다. 잠시 의식을 잃었던 것이다. 눈을 떠보니 옷이 찢어져 있고, 몸을 잘 움직일 수 없었다.

그래도 그런 사고를 당한 것치곤 정신도 멀쩡하고 부러진 데도 없었다. 가슴에 묵직하게 남아 있던 통증 역시 시간이 가면서 점차 사라져갔다. 목격자들은 믿을 수 없다는 표정이었다. 자칫 대형사고가 되고도 남을 상황이었기 때문이다. 그 후, 괜찮은 것 같아 집에 가려고 하자 승용차 운전자가 후유증이 있으면 나중에 고생한다며 나를 병원에 데리고 갔고, 일주일 정도 병원에 입원해 있게 되었다.

'휴우…… 도사님! 감사합니다. 이렇게 지켜 주셨군요. 언제나 그러셨던 것처럼요…….'

그랬다. 지난 몇 년 동안, 도사님은 언제나 나를 지켜 주셨다. 어려운 고비마다 무언가 보이지 않는 힘이 나를 지켜 주고 있음을 나는 느끼고 있었다. 그리고 그 힘이 어느 분에게서 오는 것인지도 나는 느끼고 있었다. 바로 도사님이셨다. 기쁘거나 슬프거나 어느 순간에도 내가 마음을 다해 도사님을 부르면 도사님은 나를 외면하지 않으셨다. 그것은 뭐랄까 말로는 표현할 수 없는 '느낌'이었다.

이번에도 그랬다. 사고의 순간, 나는 나를 지켜 주시는 도사님의 기운을 생생하게 느낄 수 있었다. 그렇게 될 줄 미리 알고 지켜 주시는 도사님의 자애로우심을 말이다. 아니나 다를까 가족들은 얼마 후 도사님께서 지나가듯 하셨다는 말씀을 전해왔다.

"큰 사고수가 있었는데 그만 해서 다행이네."

학창 시절

집안 어른들의 영향인지 나는 학창 시절 친구들을 편중되게 사귀지 않았다. 아이들 중에는 부족한 친구들을 놀리거나 괴롭히는 경우가 종종 있었는데, 조금 심하게 하는 친구가 있으면 내가 그러지 말라고 화를 내면서 말리기도 하였다. 나의 그런 모습에 어떤 친구들은 부족하고 바보 같은데 애들을 '왜 챙겨 주느냐?', '싫지 않느냐?' 하였다.

그러면 나는 '친구잖아.', '친구를 왜! 괴롭히느냐.'고 했다.

　초등학교 때 같은 학년에 몸이 조금 불편한 두 살 많은 언니가 있었다. 두 살 많은 그 친구랑 많이 친해져서 어느 날 자기 집에 놀러 가겠느냐 해서 갔다. 그 어머니가 밥과 김치, 반찬을 챙겨 주면서 자기 딸이 처음 친구를 데리고 온 거라 하시며 '먹을 만한 반찬이 없다.' 하시며 밥이라도 많이 먹으라고 챙겨 주시며 한쪽에서 눈물을 훔치셨다.

　초등학교는 6년 개근상을 받으며 학창 시절 학교생활은 보통 학생처럼 즐겁게 잘 지냈다. 밝고 활달하고 긍정적인 성격에 친구들과 교우 관계가 좋았다.
　어려서는 공부를 잘한 작은언니, 오빠를 따라 공부를 제법 했는데, 운동부를 하면서 공부에 많은 관심이 없어지며 공부 실력은 고등학교에 들어서니 차이가 나는 것을 느끼게 되었다.

　고등학교 1학년 때부터 학교 공부보다 적성에 맞는 것을 미리 준비하고자 했던 나는 고1 때 방학 후 미용을 배우고 싶다고 했다. 다른 가족들은 그러라고 하는데, 큰오빠가 미용을 하면 팔자가 세진다고 안 된다고, 절대 안 된다고 했다.

　큰오빠가 여동생이 미용사가 되는 것에 대한 거부감이 많은 것은 먼 8촌뻘 되는 고모의 영향이 컸다. 자취하는 집 가까운 거리에 고모가 작은 미용실을 했는데, 모아둔 돈을 고모부가 사업을 한다고 하고 가져가서 사업이 안 되는 상황을 가까이에서 지켜보면서였다.

　또한 도사님께서도 미용사, 조경사 등등 생명체를 직접적으로 자르는 직업은 마냥 좋지만은 않다고 하셨다 한다.
　고2 때는 조금 안정된 직업의 컴퓨터 관련 프로그램을 방과 후 배우고 싶다고 했더니, 또 반대하며 고등학교 졸업 후 해미 가서 도사님 모시고 살 게 아니라면 사회적으로 안정적인 교육계 선생님이 되라고 했다.

우리 집안의 분위기는 큰오빠의 말이 절대적이었다. 그 당시 아버지가 사기를 당해 어려워진 살림으로 부모님이 남해로 이사를 가서 더욱 큰오빠에 대한 말이 절대적인 영향을 미쳤다. 큰오빠는 학교 선생님처럼 안정적인 학과를 지원하라고 주장했고, 나는 나의 관심 분야를 다 내려놓아야 했다.

나는 사람마다 다 자신의 적성에 맞는 일을 즐겁게 일을 해야 된다는 가치관을 가지고 있었다. 더군다나 공직 사회는 그 직업에 맞는 사명감이 투철해야 하며 특히 교사는 어떤 직업보다도 더욱 아이들을 바르게 이끌어 주어야 된다는 사명감으로 되어야 한다는 마음인데 나는 아이들을 가르치고 싶은 사명감은 솔직히 거의 없었다.

나는 억지로 하는 교육계 선생님은 되고 싶지 않았고, 고2 때부터 내 인생과 가족에 대해 번뇌를 하는 사춘기를 겪으면서 공부를 일부러 더 안 하게 되는 시기를 보냈다.

우리 집안은 시대가 지났는데도 전형적인 가부장적인 장남 중심의 집안 분위기였다. 물론, 어려서부터 똑똑하고 경영학을 전공한 큰오빠를 믿고 자식들 관련한 모든 일들을 큰오빠에게 일임하는 부모님이셨다.

내가 하고 싶어 하는 일들이 있으면 부모님과 다른 형제들이 적성에 맞아 괜찮겠다고 찬성해도 큰오빠가 반대를 하면 다 아무 말도 못 하고, 내 편을 들어주지 못하는 집안 분위기를 계속 겪으며 점점 집안에 있는 것이 답답하고 가족들과 이야기를 하는 것이 싫어지게 되었다.

스물, 세상을 바라보다

그럭저럭 세월이 흐르고, 나는 어느새 스무 살 성인이 되었다. 지난해, 큰오빠의 주장으로 원하지 않는 학과에 지원했다 고배를 마신 터라, 고민이 많던 나는 우연찮게 경찰서 게시판에 경찰시험이 있는 것을 보고, 여 경찰이 되기로 결심했다. 내 의견을 번번이 반대했던 가족들도 경찰은 공무원이고, 안정된 과로 지원을 하면 된다고 하며 찬성이었다.

어려서부터 나라에 충성하며 바르게 살기를 원했던 나는 기대에 찬 마음으로 경찰 시험을 준비하며 경찰 공무원 학원에도 등록하고 도움이 되는 자격증을 준비하였다. 먼저 운전면허증을 취득하면서 동네에 있는 특공무술 도장에 다니기 시작했다.

첫 달 특공무술 도장에 다닐 때부터 남다른 운동 감각에 관장님은 굉장히 잘한다고 칭찬을 하였다. 관장님이 어느 날 사무실로 불렀고 여성 무술배우를 해 볼 생각이 없느냐고 물으며 진지하게 생각해 보라고 하였다.

관장님의 그 이야기를 듣고 있는데 순간적으로 비디오 돌아가듯이, 내가 무술배우를 하게 되면 어느 날 그쪽 일 관련한 사람들이 모인 술자리에 참석하며 정말 하기 싫은 술 시중을 하는 모습 등등이 순간적으로 보여지는 것이다.

나는 속으로 '이게 뭐지?' 하는 마음이었지만 겉으로는 차분하게 있으며 "저는 경찰시험을 목적으로 운동을 하고 있습니다."라고 했다. 그랬더니 관장님은 물론 경찰 공무원도 좋지만 가지고 있는 뛰어난 재능이 아깝다며 여성 무술배우 하는 것을 며칠 깊이 검토해 보라고 하였다.

그 당시 특공무술 관장님은 충무로 영화 무술 배우 활동을 같이 병행하고 있었다. 사범은 관장님이 꽤 이름있는 영화 액션 배우라고 간혹 이야기를 하곤 했다. 사실 초등학교 때 한때는 잠시 TV를 보면서 코미디언이 되고 싶던 때도 있었고, 배우가 되고 싶었던 때도 있었다. 잠시 고민이 되기도 했지만, 워낙 국가적 사명이 있는 직업을 좋아해서 그 후에도 몇 번 관장님의 여성 무술배우 권유에도 그냥 웃기만 했다.

그러던 중, 큰오빠는 내게 뜻밖의 얘기를 꺼냈다. 전부터 고등학교만 졸업하면 도사님 밑에서 기도하며 살았으면 좋겠다고 입버릇처럼 얘길 하더니, 해미에 도사님을 보필할 사람이 없으니 당분간 가 있으라는 거였다. '그렇게 좋으면 오빠가 가서 있지.' 하는 마음에 반감이 들었지만, 도사님을 모실 사람이 없다는데 모르는 척할 수는 없었다.

잠시 망설이던 난 그러마고 약속을 했다. 도사님께 경찰이 되게 해달라고 부탁도 드리고, 장래에 대해 여쭈어도 볼 겸 보필할 사람이 있을 때까지 잠시 가 있겠다는 가벼운 마음이었다.
도사님의 "한 번 해봐요.", "해도 괜찮지." 하는 말씀이 계시면 그 일은 이루어지는 경우가 많았기 때문이었다.

그런데 막상 경찰이 되겠다는 소망을 들으시고도 도사님은 묵묵부답이셨다. 도사님께 부탁을 드린 후 본인의 실력으로는 가능하지 않았던 국가 공무원 시험에 합격한 사람을 알기 때문에 기대를 가지고 여쭤본 말에 대답이 없으시더니,

"경찰이 되면 2~3년 후 안 좋은 일이 있어 그만두게 돼." 하시는 것이다.

"네?" 의외의 말씀에 깜짝 놀라는데, 아……! 도사님께서 말씀하시는 '안 좋은 일'이 영화 속 장면처럼 눈앞에 스쳐 지나가는 것이었다!

내가 경찰이 되고, 형사가 되어 열심히 일하다가, 공직 생활에 점점 실망하고 회의를 느껴가던 어느 날 악한들과 열심히 싸우는데, 으악! 악한에게 크게 다쳐 입원하고, 결국 사표를 내는 모습이었다! 가족들에게는 경찰이 되면 안정된 과를 지원하겠다고 약속했지만, 내심 경찰이 되면 형사가 되려 하는 내 마음을 아셨던 모양이었다.

'뭐야, 내가 지금 뭘 한 거지? 생생해……. 미래를 본 거 같은데, 도사님께서 보여 주신 걸까?'

모든 것이 어리둥절했다. 얼떨떨해 앉아 있자니 차츰 안정이 되며 이번에는 실망감이 몰려왔다. 웬만해선 반대를 하지 않으시는 도사님께서 그렇게 말씀하실 때엔 다 이유가 있는 걸 아는 데다 내가 직접 미래를 보고 나니 경찰은 이미 물 건너간 일이었다.

다음 날, 잔뜩 낙담해서 수도를 하고 있는데 도사님께서 나오셨다. 도사님께서 잘못하신 것은 하나도 없는데, 괜스레 서운한 마음이었다. 차라리 여쭤보지 말 걸 하는 마음이었다. 그런데 다 아시면서도 그런 마음을 모르시는 것처럼, 도사님께서 지나가듯 하시는 말씀이란!

"여기서 기도하면서 살래?"

순간! 난 말 그대로 굳어버렸다.

말을 배우기도 전부터 귀가 닳도록 들어온 '기도할 운명', 막내는 도사님 모시고 기도하라던 오빠의 얘기, 처음 해미에 갔던 때, 도사님이 예언처럼 하셨던 말씀……. 모든 것이 영화 필름처럼 스쳐 지나갔다.

도사님께서 그런 말씀을 하시는 데는 분명 이유가 있을 텐데도, 뜻하심이 계실 텐데도, 뭔가 대답을 해야 할 텐데도, 난 아무 말도 할 수 없었다. 그저 억지 미소를 지으며 어정쩡하게 도사님을 뵈었을 뿐이다.

시간이 흘러갔다. 여전히 어떤 대답도 드리지 못한 상태였다. 당시 해미에는 기氣나 신神의 세계를 공부하거나 기도·수도를 하기 위해 찾아오는 사람들 말고도 치료를 위해 해미를 찾는 사람들이 많았다. 많은 사람들이 완쾌되어 해미를 떠났는데, 그중에는 이미 병원에서 손을 놓은 중증 암 환자도 있었다. 이래저래 해미는 늘 사람들로 북적댔다.

나야 치료차 해미에 온 것은 아니지만 어쩌다 보니 치료를 하게 되었다. 어려서부터 죽을 고비를 여러 번 넘긴 나는 고등학교에 들어가면서부터 유난히 코피를 자주 흘리고 몸이 많이 피곤했다. 새벽에 자다가도, 등굣길에도, 학교에서도 코피가 쏟아졌다. 어머니는 그런 나를 보시며 겉으로만 건강해 보이지 몸이 약해서 걱정이라 하셨고, 난 잦은 코피가 어려서 연탄가스를 마신 후유증이라고 생각하고 있었다.

그러던 중 목 안에 작은 강낭콩만 한 몽우리가 하나둘 생기더니 자꾸 커지기 시작해서 나중에는 큰 몽우리가 목 안 여기저기에 대략 5~6개 정도나 잡혔다. 가족들에게는 얘기하지 않고 속으로만 걱정하던 나는 스무 살 때 혼자 종합병원에 가서 검진을 받게 되었다.

의사는 목의 작은 혹을 여기저기 만져보며 육안으로는 단정해서 이야기할 수는 없다며 정확한 것은 조직 검사를 해 보라고 권유를 하였다. 알았다고 대답은 했지만, 겁도 나고 '일찍 죽어도 어쩔 수 없지.' 하는 생각에 걱정은 하면서도 조직 검사는 하지 않았다.

그런 상황에 해미에 온 터라 도사님께 그런 상황을 아뢰었다. 도사님께서는 내 목에 손을 대시고 가만히 계시더니, 잠시 후 손을 내려놓으시며 "예전에 임파선 암은 논두렁에 가다가 목이 뚝 떨어지기도 했어. 무서운 병이지." 하고 말씀하셨다.

순간, '내가 임파선 암이구나!' 하는 느낌이 확 오는 것이었다. 차마 겁이 나서 "제가 임파선 암인가요?" 여쭙지는 못했지만 말이다. 도사님께서는 그런 나를 걱정하시며 치료의 기를 연결시켜주셨다. 내게 목 안의 혹을 만지며 무엇이 있는지 보라고 하셨다. 서서히 느껴보니 흰색 실지렁이 같은 기운이 뭉쳐 있는 것 같았다. 손으로 만지며 관을 하면서 "작아져라. 보이는 악신 죽어라. 보이는 악신 죽어라. 다 녹아라 녹아라 녹아라."를 계속하라고 하셨다.

도사님의 말씀대로 하자 목 안의 강낭콩 같은 작은 덩어리들이 점점 작아지기 시작했고, 시간이 흐를수록 덩어리들은 처음과는 확연한 차이가 날 정도로 작아져갔다. 그렇게 도사님의 큰 보살핌 속에 내 몸을 추스르고 있는데도, 나는 해미에 있는 것이 점차 지루해져갔다. 텔레비전도 없고 주위에는 온통 논밭뿐인 시골이 지루해 마음은 이미 서울에 가 있었다.

그러던 어느 날, 많은 이들에게 교육을 해 주시던 도사님은 내게 하늘의 별을 보라고 하셨다. 그냥 평범한 말씀 같지만 관법(觀法-육안으로는 보이지 않는 신의 세계나 기의 형체를 영안을 통해 볼 수 있는 능력)을 연결해 주신 것이었다.

도사님께서 말씀으로 "……해 봐." 하시면, 말씀을 통해 도사님의 기가 그 사람에게 자동으로 연결되는 것이다. 아니나 다를까, 도사님의 말씀과 함께 내 눈 가득 수많은 별들이 보였다. 방 안 가득 별이 뜨다니 신기한 일이었다. 마치 내가 우주 속에 있는 것 같았다.

그런데 정작 도사님께서 별이 보이는지 물으셨을 때, 나는 보이지 않는다는 대답을 했다. 불과 얼마 전에도 내 미래를 관법으로 본 적이 있었지만, 그 별들은 내 상상인 듯했다. 그때만 해도 "관觀"이라면 현실에서 사물을 보는 것과 똑같이 보는 것인 줄 알았기 때문에, 상상으로 떠올린 것을 봤다고 하면 거짓말이 될 것 같아서였다.

도사님은 "왜 안 보일까? 이상하네, 정말 안 보여?" 하시며 재차 물으셨지만, 나는 굳건히 안 보인다는 대답만 되풀이했다.

지금에야 당시 도사님께서 내게 관을 연결하시고, 신의 세계를 보고 듣는 관법 공부를 시키려 하신 뜻을 짐작하지만 당시엔 그것까지 헤아릴 수 없었다. 열넷에 처음 도사님을 만나 뵙고, 계속 조금씩 공부를 하긴 했지만 본격적으로 기도·수도를 하라 하시면 그것만은 엄두가 나지 않았다.

'그래, 죽을 때 죽더라도 세상에서 하고 싶은 일은 실컷 해 보자! 아직 스무 살인데 어떻게 기도를 하며 살겠어? 세상에서 원 없이 한번 살아보는 거야! …… 도사님, 도사님껜 정말 죄송해요. 전 아직 세상에서 해 본 게 없어요. 아직은 해 보고 싶은 게 너무 많아요.'

결국, 내 결심을 마음으로만 아뢰며 나는 해미를 떠났다. 며칠 서울에 다녀오겠다며 해미를 나섰다. 아주머니들은 얼른 다녀오라며 성화였지만 도사님만은 빙그레 웃으시며 아무 말씀도 없으셨다. 자녀가 먼

길을 돌아 결국 돌아올 줄 알면서도 길을 비켜주는 어버이처럼, 도사님은 그렇게 빙그레 웃고 계셨다.

방황과 고통 속에 세상을 잊다

스무 살의 꿈은 나를 참 바쁘고 열심히 살게 했다. 경찰보다는 많이 안정되고 힘들지 않겠다고 판단하여 결심을 하고 여군의 꿈을 향해 가족들 몰래 준비를 했다. 공무원 시험을 준비하는 학원에 다니며, 아르바이트를 했는데, 친동생처럼 대해 주던 사장님이 여자가 군대 생활을 하는 데 있어 여러 가지 어려움을 이야기해 주면서 극구 말렸고, 나는 한 달 가까이 고민하다 결국에는 여군이 되기를 포기했다.

경찰 공무원 시험을 어렵게 포기하고 미래의 직업에 대해 고민하던 중 내게 맞는 사명감 있는 직업으로 안정된 일반 공무원이 되기로 마음을 먹었다. 공무원 시험을 준비하면서 광고 회사, 관공서 아르바이트하며 밤에는 학원에 다녔다. 일과 공부를 병행하는 것은 쉽지 않았다. 학원에 가서 조는 경우가 많았다. 공무원 시험은 2번 보았는데 낙방을 했다.

스무 살 땐 세상살이 원 없이 해 보자고 다짐했는데, 막상 세상에서 부대껴 보니 모순뿐인 세상이었다. 어디를 가도 마찬가지였다. 사람보다는 회사의 이익이 중요하고, 정직하지 못한 사람들이 바르고 성실한 사람들을 발판 삼는 것은 드문 일도 아니었다. 세상에서 사는 것이 다 이런 걸까? 의문과 회의가 커져갔다.

그러던 중, 몸은 심각한 이상 신호를 보내왔다. 당시 몇 년 동안 근무하던 곳은 모기업의 고객 센터였는데, 많은 컴퓨터와 기계들이 있어 원래 공기가 탁한 데다 사람의 왕래가 잦다 보니 자연 먼지도 많았다. 전에 연탄가스를 마신 일로 폐와 기관지를 심하게 상한 데다 먼지 알레르기가 있으니 내게는 최악의 환경이었다. 결국 일 년이면 반 이상을 감기와 기침에 시달리게 되었다.

사실 나는 겉보기와 달리 그리 몸이 튼튼하지 않았다. 어머니가 나를 가졌을 때 할머니와 고부간의 갈등이 생길 때마다 마음이 상하니 밥과 음식을 잘 드시지 않았다고 한다. 어머니는 36살에 낳은 늦은 막내인 데다 임신했을 때 잘 챙겨 먹지 않아 육이 약함에 대해 늘! 미안해 하셨다.

또 건강이 악화된 다른 이유가 하나 있었다.
작은언니가 결혼하여 부산에서 살게 되면서 나는 어쩔 수 없이 큰오빠네 새로 이사한 집에 같이 살게 되었다. 큰오빠는 새로 이사한 집에 대해 도사님께 보고를 드렸고, 도사님께서 새로 이사할 집은 안방이 터가 나쁘니 세를 내어 남에게 주라고 하셨다고 한다.
그러나 큰오빠네는 집안 여건상 그 안방을 내게 주며 쓰게 했다. 큰오빠네에서 생활하는 2년 가까운 세월 동안 계속 끊임없이 비염과 천식증세가 악화되며 본격적으로 아프기 시작하였다.

나중에서야 도사님께서 이사한 집의 안방의 나쁜 기운에 대해 말씀하신 내용을 알게 되면서 가족에 대한 서운함과 함께 육의 아픔이 얼마나 정신적인 고통까지 더해져서 사람에게 악영향을 끼치는지 알게 되는 계기가 되었다.

건강이 악화되면 주변에 어려움을 알리고 치료를 받아야 했지만, 가족들에게 신세지기를 싫어하는 성격이다 보니 혼자서 고통을 감당하면서 병은 커져만 갔다. 어느 때부턴가는 폐가 찢어질 듯 아파왔고, 점차 숨쉬기가 곤란했다.

병원에서는 심한 천식과 알레르기성 비염이라 공기 좋은 곳에서 살아야 된다고 하며, 치료를 해 주고 약을 지어 주었지만 그때뿐이었다. 약도 듣지 않고, 몸은 점점 약해지고 있었다. 밤새 기침을 하는 날이 잦아지고, 몸이 끊어질 듯 아파오자 자연히 해미에 계신 도사님을 찾는 밤이 많아졌다.

'도사님, 너무 아파요. 저 이렇게 살 거라면 차라리 죽게 해 주세요. 편안하게 아프지 않고 죽게 해 주세요.'

엎친 데 덮친다고, 아픈 것은 몸만이 아니었다. 내게는 약 일 년 전부터 만나던 사람이 있었다. 사촌 오빠의 소개로 믿고 만난 그는 고향인 남해 사람으로 화목한 가정에서 자란 평범한 사람이었다. 일 년쯤 만나다 보니 좋은 감정이 생겼고, 전부터 결혼 후에는 남해에 살았으면 하는 생각이 있던 차라 결혼을 결정하게 되었다.

공기 좋은 시골에 살고 싶은 마음도 있고, 형제들이 모두 고향 밖에서 살다 보니 나라도 남해에 살며 부모님의 노후를 지켜드리고 싶었던 것이다.

그런데 내 생각과는 달리 가족들은 결혼을 반대했다. 가족들이 보기에 내세울 만한 장점이 있는 것도 아닌 데다, 나이 차가 일곱 살이나 되니 안 된다는 것이었다.

"그동안 가족들이 하라는 대로 다 했어요. 진학이고 진로고 제가 하겠다는 일마다 말렸어도 가족들의 뜻대로 하려고 노력했어요. 가족들이 하라는 거면 싫어도 다하려고 노력했어요. 그렇지만 이번엔 정말 이해가 안 돼요. 우리 집안도 특별한 게 없으면서 그 사람이 마음에 안 드니 무조건 헤어지라구요?

가족이라면, 제가 잘되기를 정말 바라면, 한 번쯤은 제가 뭘 하고 싶어 하는지, 뭘 생각하는지 생각해 주셔야 하잖아요!"

사실이 그랬다. 그동안 가족들이 원하는 모습에 맞춰 살려 하다 보니, 어느 것 하나 마음대로 해 본 것이 없었다. 대학 진학 때도 그랬고, 진로 선택에도 그랬고, 취업에 있어서도 그랬다. 가족들이 보기에는 어땠을지 몰라도 내 나름대로는 가족들이 원하는 모습으로 살기 위해 노력해 온 세월이었는데, 결혼 문제마저 그렇게 나오니 나도 양보만 할 수는 없다는 생각이 들었다.

내가 고집을 꺾지 않자 나와 가족 간의 실랑이는 계속되었다. 나는 고민 끝에 당시 만나던 사람에게 부모님을 찾아가 무릎을 꿇고 빌어 보면 어떻겠느냐고 물었다. 그런데 그 사람은 자신을 반대하는 부모님께 절대 먼저 숙이고 들어가지는 않겠다는 대답을 했다. 나로서는 가족과 힘겨운 싸움을 벌이고 있는데, 본인은 자존심을 꺾지 않으니 내심 실망과 회의가 느껴졌다.

한편, 내가 쉽게 고집을 꺾지 않으니 걱정이 된 어머니와 작은오빠는 해미로 달려갔고, 더욱 완강해져 돌아왔다. 처음에 아무 말씀이 없으시던 도사님께서 이런 말씀을 하셨다는 것이다.

"막내는 결혼하면 아파서 오래 살지 못해. 막내가 마음먹고 정리하면 될 텐데……."

나 역시 좋은 소식은 듣지 못 할 거라고 어느 정도는 예상하고 있었다. 그냥 보통 정도의 소식이 전해지길 바랐는데, 어머니와 작은오빠에게 그런 이야기를 전해 듣게 되니 내심 놀랐다. 차라리 듣지 않았다면, 차라리 도사님을 믿지 않았다면, 이번만큼은 내 뜻을 꺾지 않았을 것이다. 그러나 도사님은 내게 너무도 크신 분이었다. 도사님께서 틀리신 것은 단 한 번도 본 적이 없는데, 그 사람과의 결혼이 그런 불행을 가져오다니…….

어떻게 해야 할까? 가족 한 명이 아파도 온 가족이 신경을 쓰며 마음 아파하는데, 결혼해서 내가 아프면 나도 힘들고 가족들은 얼마나 힘들까. 결국, 나는 그러한 이유들로 그 사람과의 이별을 결심했다.

얼굴을 보면 마음이 약해질까 봐 사실 무섭기도 해서 한 번만 만나고 싶다는 그 사람의 부탁마저 냉정히 거절했다. 그 사람에게도, 나를 예뻐해 주셨던 그 사람 부모님께도 너무 죄송했다.

마음이 아파왔다. 가족도, 세상도, 허물어져 가는 내 자신도 모든 것이 싫었다. 살아있는 것조차 구차스러웠다. 이런 것이 바로 내가 원했던 삶일까? 기도하며 같이 살자던 도사님을 뒤로 하고 선택했던 삶이 겨우 이 정도 밖에 안 되는 것일까? 이젠 어떻게 살아야 할까? 아니, 살아갈 수나 있는 걸까? 할 수만 있다면, 고요히 갈 수만 있다면 세상을 등지고 싶었다. 내가 할 수 있는 일은 아무 것도 없었다.

이를 악물고, 길었던 머리카락을 한 올도 남김없이 밀어버리면서도 마음은 조금도 시원하지 않았다. 그저 머리카락처럼 시름도 슬픔도 사라지기를 바랬을 뿐…….

2. 도사님의 예언

도사님께 가는 길

아팠다. 몸도 마음도 제자리로 돌아가지 않았다. 심한 우울증, 찢어질 듯 아파오는 폐. 병세는 점점 악화되었다. 하루 종일 방에 누워 멀거니 천장만 바라보며 죽고 싶은 마음만 가득했다. 그냥 이러다 죽겠지 하는 마음으로 기침을 쏟아내며 병마의 고통을 고스란히 겪고 있을 뿐이었다.

그런 내 모습을 보다 못한 큰오빠는 나를 청량리의 '도장'이란 곳에 데려갔다. 해미의 도사님 밑에서 공부하던 대광 선생님이라는 분이 도사님의 허락을 받아 개원한 곳이라는데, 장소는 작아도 안정된 느낌이었다.

대광 선생님은 뭐랄까, 카리스마가 대단한 분이셨다. 처음 뵙지만 사람을 인도하는 강한 흡인력과 위엄이 느껴졌고, 내면에 가지고 계신 도력이 크신 분이라는 느낌이 강하게 들었다. 당시 상황 때문에 그분에 대해 따로 생각한 적은 없었지만, 여러 번 뵐수록 믿음이 가는 분이었다. 평소에는 솔직하고 유쾌하신 데다 농담도 잘하시지만, 신의 세계에 대해 알려 주시거나 신적神的인 상황에 대해 설명하실 때면 모든 것이 그렇게 명쾌할 수가 없었다.

큰오빠에게 우리 공부에 대해 이야기를 들을 때만 해도 이해가 잘 되지 않고, 평범한 사람은 하기 어렵겠다는 생각을 해 왔는데, 직접 겪은 바를 설명하시고 괜한 제약도 두지 않으시니 '신의 세계를 공부하는 것도 재미있겠다.'는 마음이 들었다. 수도를 하시는 측면에서도, 인간적인 면에서도, 어떤 면을 보아도 대광 선생님은 강하게 믿음이 가는 분이셨다. 뭐랄까, 대광 선생님께는 이미 어느 경지에 이른 분의 여유 같은 것이 있었다.

그런 믿음으로 나는 때로 도장을 찾게 되었다.
그곳에서 몸이 건강해지는 수도를 하기도 하고, 당시 신의 세계를 잘 보던 강OO이라는 50대의 여자분에게 기치료를 받기도 했다. 이때, 치료법은 참 독특했다.

대광 선생님의 설명에 의하면, 이 땅에는 수없이 많은 신神들이 살고 있고, 사람 몸에도 수많은 신들이 들락거리는데 아픈 사람 몸에는 그 사람을 아프게 하는 신들이 있다는 것이었다.
'신'이 병을 일으킨다고 하면 대개는 무속인들이 신병을 앓는 것만을 떠올리는데, 사실 신의 세계를 알고 보면 모든 병의 근원에는 신이 있다는 것이다.

특히 병원에 가도 원인을 못 찾는 '신경성 질환' 같은 것은 거의가 신에 의한 고통이라는 것이었다. 치료법이란 바로 그러한 신들을 사람 몸에서 정리하여 무無가 되게 하고, 신이 빠진 자리에는 좋은 기를 채우는 것이었다. 실제로 그곳 도장에서는 많은 사람들이 그러한 치료법을 통해 건강을 되찾았다. 그중에는 20년 가까이 관절염으로 고생하다 일주일 만에 치료가 되어 걸어 나간 경우도 있었다.

그런데 웬일인지 나의 병은 나아지는 기미가 없었다. 병이 워낙 뿌리가 깊은 데다, 내가 낫고자 하는 마음보다는 빨리 죽고 싶다는 마음이니 나아질 리가 없는 것이었다. 한동안 나를 지켜보시던 대광 선생님은 내게 몇 달만이라도 백일기도 하며 해미의 도사님께 가 있는 게 어떻겠느냐는 제안을 해오셨다. 몸도 마음도 깊이 병들어 있음을 아셨던 것이다.

순간, 벌써 여러 해 전에 해미에서 같이 살자고 하시던 도사님을 뒤로 한 채 서울로 올라왔던 내 모습이 떠올랐다. 결국 이럴 것을 왜 그랬을까. 착잡함에 눈시울이 붉어졌고, 나는 천천히 고개를 끄덕였다.

"저…… 해미로 갈래요."

며칠 뒤, 나는 해미로 향했다. 큰오빠가 운전을 하고, 대광 선생님이 옆자리에 타 계셨으며, 나는 강OO씨 등과 함께 뒷좌석에 앉게 되었다. 몸과 마음을 치유하며 100일간 기도를 하며 지내기로 결정한 것이다. 3년 만의 방문이었다. 몸도 마음도 가누기 어려웠지만 한편으로는 길을 어렵게 돌아 집으로 돌아가는 느낌이었다.

착잡하기 그지없었다. 세상에 대한 미련은 접었지만, 삶의 의지도 같이 접어버렸다. 왠지 해미의 도사님께로 가야 할 것 같은 느낌에 해미행을 결정했으면서도, 한편으로는 과연 잘하는 일인지 확신이 서지 않았다. 그런 복잡한 마음을 대변하듯, 해미로 내려가는 여정마저 순탄치는 않았다.

가는 도중 사고를 당한 것이다. 3중 연쇄 추돌 사고였으니 심각하다면 심각한 사고였다. 앞차가 지나가는 강아지를 보고 갑자기 서는 바람에 우리 차도 급정거를 해서 간신히 사고를 모면했는데 뒤에 오던 갤로퍼 승용차가 미처 피하지 못하고 우리 차에 부딪친 것이다.

다행히 갤로퍼가 정면이 아닌 왼쪽으로 부딪쳐서, 대형 사고는 막을 수 있었다. 차도 많이 손상되고, 사람도 다쳤지만 병원 검사 결과 큰 이상은 없었다. 뒤차 운전자는 입원부터 해야 한다며 신신당부를 해왔지만, 보행을 못할 정도는 아니라 해미 행을 강행했다. 대광 선생님은 "너 백일기도하러 가는 데 첫날부터 방해가 심하네." 하시며 웃으셨다.

결국, 사고를 수습하고 해미에 도착한 것은 밤 12시가 가까운 시각이었다. 사고 소식을 들으신 도사님께서는 차량과 관련된 동토를 정리해야 한다 하시며 어깨에 손을 얹어 주셨다. 어깨를 통해 뜨거운 기운이 들어왔다. 그 새삼스러운 느낌에 나는 조심스레 도사님을 올려 뵈었다.

"놀랐겠네. 저녁들 안 먹었지? 얼른 밥부터 먹어야지."

아아, 너무도 인자하신 그 미소. 친할아버지와 같은 걱정의 말씀을 듣고 나니, 말할 수 없는 편안함이 느껴졌다. 3년이라는 세월을 훌쩍 뛰어넘어 바로 어제까지 뵀던 손녀딸을 대하시듯 도사님은 아무렇지도 않은 표정이셨다. 그래, 역시 잘 온 거야. 오길 잘했어. 서울을 떠나올 때의 불안감은 그렇게 사라지고 있었다.

너무 큰 공부, 너무 작은 사람들

당시 해미는 '기도를 하는 곳'이라 해서 기도원으로 불렸다. 당연히 세상에 널리 퍼진 기도원들과는 상관없는 곳으로 우리들은 그곳을 "해미도량"이라고 불렀다. 기도원은 전국에서 모인 사람들로 늘 북적거렸다. 도를 구해 방황하는 사람, 도사님에 대한 소문을 듣고 어떻게든 능력을 받아보려고 찾아온 무속인이나 종교인, 의학으로는 고칠 수 없는 병을 고치려고 찾아온 사람, 가족이나 지인을 따라 방문한 사람 등등 각양각색의 사람들이 해미를 찾아왔다.

도사님께서는 찾아오는 사람들 누구에게나 신의 세계의 비밀이나 하늘 세계, 기신영육氣神靈肉, 윤회와 전생 등에 대해 교육해 주셨다.
아직 기氣에 대한 인식조차 없던 때에 신의 세계에 대해 말씀하시니 놀랍기도 하고 낯설기도 했다. 교육이 있을 때면, 도사님께서는 평생을 거쳐 이루신 도를 연결해 주시고, 능력을 연결해 주셨다.

놀라운 것은 도사님께서 "……하세요.", "……해 봐." 하고 말씀하시기만 해도 사람들이 능력을 연결받아 행위를 할 수 있게 된다는 사실이었다.
예를 들어, 도사님께서 "……을 보도록 해." 하시면 관이 열려, 보이지 않던 신의 세계를 볼 수 있게 되었다. 또 "천서를 써봐." 하시면, 신의 세계와 통신이 되어 하늘의 말씀을 적을 수 있게 되었다.
또 "기그림을 그려봐." 하시면, 전혀 생각지도 않은 그림을 그려 자신의 전생을 찾고, 자신의 삶을 방해하는 악의 연결고리를 찾아낼 수 있었다.

정식으로 공부를 시작하고 보니, 배우면 배울수록 신의 세계는 참 놀라웠다. 그중에서도 가장 놀라운 것은 이 땅에 신神들이 너무도 많다는 사실이었다. 사람의 몸에 자리를 잡고 생기를 빨아먹는 악신들, 여자들의 하복부에 무수히 많은 악신의 알들, 사람을 완전히 지배하기 위해 만들어 놓은 악신의 굴레…….

신이 때리면 그저 얻어맞고, 신이 방해하면 그대로 일이 틀어짐을 당하는 사람의 삶. 신을 상대하려면 도가 있어야 하는데, 도가 없으니 그저 신에게 당하기만 하는 사람의 삶. 그 수많은 신들의 틈바구니에서 사람이 살아간다는 것 자체가 놀라울 뿐이었다.

'그랬구나. 세상이 그렇게 모순투성이인 이유를 조금은 알 거 같아. 악한 사람이 착한 사람을 짓밟고도 잘 사는 이유를 알 거 같아. 악신이 이렇게 많은데 어떻게 세상이 제대로 돌아가겠어? 악신이 있는 한 세상은 악으로 가득할 수밖에 없는 거야. 어쩌면 내가 세상에서 그렇게 힘들었던 것도 따지고 보면 악신으로 가득 찬 현실 때문이 아니었을까……?'

때로는 해미에서 듣는 모든 것이 꿈 같고, 영화 같았다. 실제로 그런 일이 가능할까 생각하며 고개를 갸웃거리기도 했다. 공중, 지하, 사람의 몸속……. 지구 곳곳에 들끓는 악신들이라니. 그러나 하루에도 수차례, 밤낮없이 수많은 악신들을 정리하시는 도사님을 생각하면 그 모든 것이 현실보다 더 현실 같았다.

그럴 때면 잠시나마 서울에서의 일들이 먼 꿈처럼 느껴졌다. 한 가지 확실한 것은 도사님께서 하시는 일이 너무도 중요한 일사라는 사실이었다. 도사님은 이 땅의 오직 한 분이셨던 것이다. 스스로 이루신 너무도 크신 능력으로 이 땅의 악한 신들을 정리하시고 심판하시는, 신계의 대전투를 치르시는 단 한 분! 말이다. 어렴풋이나마 알 것 같았다. 도사님께서 해미의 수도생들에게 그토록 많은 능력을 주시고, 신의 세계를 알려 주시는 이유가 바로 악신의 정리에 있다는 것을…….

그러나 도사님의 뜻하심과 상관없이 도량은 늘 능력을 얻고자 하는 이들로 북적거렸다. 그토록 크신 도를 지니신 분께서 누구에게나 도를 연결해 주시니, 도를 구하는 이들은 탐욕스러울 만큼 도사님이 가지신

도를 탐했고, 더 많은 도를 연결받고 싶은 욕망에 눈이 멀었던 것이다. 물론 그중에는 진실하게 바른 도를 구하는 이도 있었지만, 대개는 능력을 탐하는 이들이었다.

세상 속담처럼 염불에는 관심이 없고, 젯밥만 탐내는 격이었다. 그런 사람들은 해미에 머물며 도량 일을 돕는 이들 중에도 있었다. 주방에서는 부엌일을 돌보는 아주머니들끼리 주도권 쟁탈전을 벌이며 상식 이하의 신경전을 벌였다. 도사님 드시라며 남이 애쓰게 해온 반찬을 자기가 한 게 아니라는 이유로 도사님께는 알려드리지도 않고 통째로 버릴 정도였다.

남자들은 남자들대로 '내가 선배다.', '우리와 맞지 않으니 도량을 떠나라.', '내가 도가 더 높다.' 해가며 서로를 시기 질투하기에 바빴다. 도사님께서 조금만 칭찬을 하시면 어깨가 으쓱해서 다른 사람을 무시하고, 자신의 도를 과시하는 사람이 많았다.

심한 경우, 그들은 바르게 가고자 하는 이들을 모함하기도 했다. 당시 해미에 계속 다니는 수도생들 중 가장 깊이 있게 공부를 하신 분은 대광 선생님이셨다. 워낙 도사님에 대한 신뢰가 크다 보니, 해미생들이 어떤 행위를 하든 뒤에서 뭐라 하든 신경 쓰지 않으시고 당신의 도를 닦으시며, 외길만을 걷는 분이셨다. 그런데 그 점이 그들에게 불편했는지, 그들은 대광 선생님께도 해미를 떠나라는 식의 말도 안 되는 요구를 하기도 했다.

사회적인 단체에서도 선배 대접은 하는 것이 일반적인데, 자신들이 들어오기 몇 년 전부터 해미에서 공부를 해오시고, 자신들이나 해미에 어떤 해로움도 끼치지 않는 분께 해미를 떠나라 마라 하다니 말도 안 되는 일이었다. 대광 선생님 역시 그런 황당한 요구를 받아들일 이유가 없었고, 대광 선생님을 몰아내려던 그들의 작태는 대광 선생님에 의해 간단히 제압되었다.

훗날 대광 선생님께 당시 상황을 들으니, 그런 일이 있고 얼마 안 돼 그때 그 사람들이 다 떠나게 되어 조용해졌는데 하루는 도사님께서 대광 선생님을 부르셨다 한다. 그러시더니 "대전 김선생 보내도록 해." 하셨다는 것이다.

순간, 가슴이 덜컥 내려앉은 대광 선생님은 바로 그 자리에서 무릎을 꿇고 앉아 "용서하여 주십시오. 앞으로 그런 일들이 없을 것입니다. 지금 이곳에 사람도 없는데, 저도 정리할 일들 때문에 서울에 자주 다녀와야 할 것 같습니다. 지금 기도원과 관련해 이것저것 관리할 일도 많고 하니 대전 김선생이 도사님 수발도 해 드리고 기도원 관리도 하면서 공부하며 있게 해 주십시오." 하고 대전 김○○씨 대신 용서를 빌고 부탁을 드리셨다 한다.

도사님께서는 그런 대광 선생님을 말씀 없이 바라보고만 계시더니 "그럼 그렇게 해." 하고 허락을 해 주셨고, 대광 선생님은 감사를 드린 후 방을 나오셨다 한다. 그 후 대광 선생님은 근처 가게에서 맥주를 한잔 하시며, 큰일 날 뻔했다고 안도의 숨을 쉬고 계시는데, 마침 대전 김○○씨가 가게에 들렀고, 그 얘기를 들려주시자 대전 김○○씨는 믿어지지 않는다는 듯 깜짝 놀라는 눈치였다 한다.

때때로 나는 도사님께서 하시는 일사를 이해하지 못하는 경우가 있었다. 도사님께서는 사람의 마음을 꿰뚫어 보시고, 누구에게 잘못이 있는지 다 아시면서도, 못된 이들의 모습에 질려 해미를 등지고 떠나는 사람을 붙잡지 않으시는 것이었다.

그저 지나가는 말씀처럼 "지는 것도 바보지. 왜 지나?" 하실 뿐이시니, 도저히 뜻하심을 짐작할 수 없었다.

저마다 도사님의 눈에 들어 후계자가 되고 싶어 하는 것이 분명한데도, 도사님께서는 후계자가 누구인지도 밝히시지 않으셨다. 그뿐인가. 도사님이 주신 능력을 가지고 그 능력이 처음부터 자기에게 있었던 양 자만하는 사람에게 "최고예요." 하시며 그 사람의 자만을 지켜보시기도 하고, 외길을 걷는 대광 선생님에게는 오히려 엄하게 대하시는 것이었다.

'왜 다 아시면서도 왜 잘잘못을 가려주지 않으시지? 내가 봐도 사람들이 잘못하는 게 보이는데……. 대광 선생님께만 특히 더 엄하신 이유는 또 뭘까? 악신들과의 전투가 너무도 급하셔서 그냥 두고 보시는 걸까? 뭔가 분명 이유가 있으실 텐데…….'

여하튼 도사님의 뜻하심은 짐작할 수 없어도, 해미의 수도생 대부분이 좋지 않은 모습인 것은 분명했다. 도사님께서는 어떻게 사시나 싶을 정도로 잠도 안 주무시고 악신惡神과 싸우시는데, 수도생이라고 하는 사람들이 도사님이 무얼 하시나에는 관심도 없고, 어떻게 하면 능력이나 받을까 욕심내고, 자기들끼리 누가 옳다 누가 그르다 싸우고 있으니 이제 막 정식으로 공부를 시작한 내가 보기에도 좋지 않은 모습이었다.

그러나 당시의 나는 여전히 너무 지쳐 있었고, 그런 것들을 진지하게 생각하기에는 아직 몸도 마음도 정상으로 돌아오지 못한 상태였다. 몸은 해미에 있지만, 마음은 여전히 서울의 삶에서 맴돌고 있었던 것이다.

꿈속에서 천신님을 만나다

　기도원에 오기 전, 나는 가끔 악몽에 시달리곤 했다. 꿈속에서 악한 신들이 나와 괴롭히면 나는 그 신들을 향해 "악신 죽어라"하며 싸우곤 했다. 그럴 때면 만화 속 손오공의 손에서나 나오는 장풍 같은 기운이 나오곤 했다. 그렇게 밤새 악신들과 싸우고 나면 아침에 일어나도 개운하지가 않고 피곤하고 힘들었다.

　어린 시절부터 해미에 오가며 보고 들은 바가 있으니 그것이 나쁜 신인 것은 알지만, 공부를 본격적으로 하지 않던 때라 어떻게 해야 할지 몰라 힘이 많이 들었다.

　간혹 꿈에 나오는 악신이 내가 감당하기 어려울 정도라 곧 죽을 것 같으면 "도사님 살려주세요." 하고 외치곤 했다. 그러면 어디선가 큰 손이 날아오셔서 나쁜 악신들을 없애주시곤 하셨다. 큰 악신에게 가위눌림을 당해 너무 힘들 때도 "도사님 살려주세요." 하면 하얀 구름 같은 기운이 오셔서 그 악신을 정리해 주시곤 하셨다.

　해미에 가 있는 것도 아닌데 그렇게 지켜 주시곤 하신 것이다. 그런 꿈을 꿀 때 특이한 점은 악신들이 본체를 드러내고 나타나는 경우도 있지만, 가족이나 주변의 지인 등 사람의 형상으로 변장하여 나타나는 경우가 많다는 것이었다. 그 모습을 보며 악신이라 해도 변장술 등의 능력을 가지고 있다는 것을 알았다.

　해미에 오고부터 밤이 참 편안했다. 사회생활을 할 때처럼 나쁜 신들에게 시달리지도 않고 편히 잠을 잘 수 있었다. 아직 몸과 마음이 회복된 상황은 아니지만, 밤이 편해지니 여러 가지로 한결 나았다. 아침이면 편안하게 눈을 뜨며, 모든 것이 도사님께서 보호하여 주시기 때문임을 절실히 느꼈다. 한편으로는 나는 이렇게 편안히 자는데, 하루에 30분밖에 주무시지 않으신다는 도사님께 죄송하기도 했다.

대광 선생님이 한동안 도사님의 방에서 같이 지내셨는데, 도사님께서는 매일매일 하루에 30분 정도만 낮에 잠깐 주무신다고 하셨다. 그러고 보니 내가 더 어릴 때 방학이 되어 작은오빠랑 한동안 해미에 와있으면, 도사님께서 방에서 자게 해 주시기도 하셨는데, 그때마다 도사님께서는 낮에만 잠깐 주무시곤 하셨다.

그런데 해미에 온 지 얼마 되지 않은 어느 날, 나는 너무도 특별하고 생생한 꿈을 꾸었다. 꿈이라고 하기엔 너무도 생생했다. 꿈이 아니라, 마치 내가 신의 세계로 옮겨가 그 현장을 목격한 듯 꿈을 깬 후에도 장면 장면이 너무도 생생했다.

꿈에 보이는 해미의 기도원은 크고 웅장하고 튼튼한 궁성이었다. 궁성 안 중앙에는 도사님과 똑같이 보이시는 키가 크시고 멋있고 위엄 있는 천신님께서 계셨다. 주위에는 수많은 무관신들이 보좌하시고, 궁성 안에는 셀 수 없이 많은 신장신들, 갑옷을 입은 장군신 등 무신들이 정렬을 하고 선 모습이었다.

나는 방탄복같이 튼튼한 갑옷을 입고 선 모습이었다. 서서 궁성 주변을 둘러보는데 깜짝 놀랐다. 멀리서 구름 같은 기운이 기도원을 향해 몰려오는 것이었다. 천신님께서는 "오늘 악신들이 기도원을 총공격해 대전투가 될 거야. 조심해서 잘 보도록 해."라고 말씀하셨다.

기도원의 궁성 곳곳에는 군사 시설이 연결되어 있었다. 최첨단 무기들이 쉴 새 없이 악신들을 향해 발사되는 모습이었다. 궁성을 중심으로 한 외곽에는 셀 수 없이 많은 신장신들과 장군신들이 수많은 악신들을 상대로 용맹하게 싸우는 모습이었다.

동서남북, 공중, 땅속에서 악한 신들이 기도원을 총공격해 왔다. 엄청난 전투이며 엄청난 상황이었다. 꿈속인데도 정신이 하나도 없었다. 이곳저곳에서 공격이 엄청났다. 공중에는 날개 달린 무서운 사자신, 호랑이신, 무시무시한 사천왕신, 큰 날개의 시커먼 사탄신, 날아다니는 공룡신, 날아다니는 온갖 종류의 새신 등이 공중을 뒤덮고, 지하 깊은 곳에서는 종족을 알 수 없는 온갖 괴물신과 지네신, 두더지신 등이 총공격을 하며 위로 올라오는 것이었다. 동서남북에서 공격해오는 악신들 또한 가지각색이었다.

동물, 식물, 어족, 곤충 등 생명체라는 존재는 모두 다 악신의 모습을 하고 있는 듯한 모습이었고, 언뜻 보아도 만화신, 기계신, 외계신 등도 엄청난 대열을 이루어 총공격을 해왔다. 그중에는 지구에서 생명체로 살고 있는 모습의 신들도 있었지만, 생전 보도 듣도 못한 모습의 악신들도 많았다.

언뜻 보기에도 아름답고 멋진 모습의 신들은 전혀 없었다. 나는 셀 수 없이 많은, 엄청난 수로 공격을 퍼붓는 악신들의 모습에 너무 놀라 입을 다물 수가 없었다. 악신들의 공격은 기도원의 궁성으로 연결되는 경우도 있어, 바로 내 옆으로 폭탄 같은 것이 터지기도 하고 간혹 공중에서 엄청난 불을 뿜으며 공격하는 용신들도 있어 깜짝 놀라기도 했다.

공격은 엄청났지만 나는 천신님께서 옆에 서 계신 데다 관복이 워낙 튼튼해서 전투 상황으로 인한 영향은 전혀 받지 않았다. 전투가 계속되는 중에 천신님께서는 누군가를 부르셨다. 천신님께서는 기도원 궁성의 최고 책임자라 하시며 늠름하고 멋진 대장군신을 소개시켜 주셨다.

내가 인사를 드리자, 천신님께서는 대장군신에게
"앞으로 이 아이를 부탁하네. 열심히 교육시켜 훌륭한 천군이 되게 키우도록 해."라고 하시고, 내게는 "앞으로 대장군신께 교육 잘 받아. 훈련이 강할 거야. 열심히 하도록 해."라고 하셨다. 대장군신께서는 예를 갖추시며 천신님께 "궁성 밖의 상황이 악신들과의 전투가 심각하여 둘러보고 오겠습니다." 하시며 인사를 드리고는 나를 데리고 나가셨다.

대장군신께서는 신장군신들과 악신들의 전투가 심각한 곳을 여러 군데 다니시며 전투 지휘를 하셨고 악신들을 향해 도술법을 펼치시며 크고 사악한 악신들을 많이 없애셨다. 대장군신께서 동작을 하며 방언을 하시니, 양손에 불칼이 만들어져 공격하는 악신들에게 날아가서 큰 악신을 맞춰 없애기도 하셨다. 불칼은 도술법으로 연결되어 복사되듯 계속하여 악신들을 향해 날아가며 공격을 했다. 여러 도술법이 멋지게 연결되었다.

대장군신께서는 내게 "너도 다른 신장군신들을 따라가서 악신들과 싸워보도록 해." 하셨다. 나는 지하의 땅속에 들어가서 악신들과 싸우기도 하고, 공중으로 날아가는 듯 악신들과 싸우기도 했다. 실전은 처음이라 정신이 없었다. 거의 특수 훈련을 받는 것 같았다. 처음이라 그런지 내가 혼자서 직접 싸우기보다는 주위의 남 신장군신들의 보호를 받으며, 공격술을 배웠다.

간혹 내가 감당하기 어려운 큰 악신의 공격을 받을 때면 대장군신께서 불의 기를 날려 주시어 큰 악신을 없애주시곤 하셨다. 정말 무섭게 생긴 사탄신, 공룡새신, 천사마귀신들을 가까이서 보고 머리 위에서 보니 정말 악신들은 괴물같이 못생기고, 엄청나게 사나웠다.

한참의 전투 후 남은 악신들이 여기저기서 이상한 소리를 내며 서서히 후퇴하기 시작했다. 날아가듯 도망가는 공중의 악신들, 지하에서 공격해 온 땅속의 악신들, 지상에서 공격해 온 악신들, 서해안 바다 쪽에서 공격해 온 어족 악신 등 후퇴를 시작하는 악신들이 점차 많아졌다. 우리 쪽 신장신, 장군신들은 남아 있는 악신들을 없애는 데 총력을 기울였다.

기도원의 궁성 밖은 악신들의 잔재가 여기저기 남아 있었다. 기도원 내부의 궁성은 대체로 깨끗했고, 궁성 밖의 상황들은 남아 있는 우리 신들이 정리했다. 책임자인 대장군신께서 천신님께 보고를 드렸다. 제령으로 무가 된 악신들은 수십억이 넘는다고 하셨고, 우리 쪽도 크고 작게 부상을 입은 신들이 수천이 넘는다고 하셨다.

아침에 눈을 뜨며 나는 너무도 생생한 꿈속 장면들을 떠올리며 고개를 갸웃거렸다.

'천신님께서는 도사님이셨고, 대장군신은 분명 대광 선생님 같았는데……. 왜 도사님께서 나를 대광 선생님께 보내신 걸까? 이 꿈의 의미는 대체 무엇일까? 분명 뭔가 의미가 있는 것 같은데…….'

그때만 해도 나는 그 꿈의 의미를 알지 못했다. 다만 꿈이 너무 생생해서 뭔가 큰 의미가 있는 꿈일 거라고, 나중에 기회가 되면 도사님께 여쭤봐야겠다고 생각했다. 그날 이후로도 나는 한동안 꿈에서 대장군신께 특수훈련을 받았다.

날아다니는 전투술을 배우기도 하고, 공중에서 날아 땅속을 파듯이 내려가는 전투술, 도술, 마술법 등 여러 가지 전투술을 많이 배웠다. 꿈에서 깰 때마다 늘 꿈의 의미가 궁금했지만, 당시만 해도 몸과 마음이 온전히 편안하지 못한 데다, 왠지 그 꿈에 대해 함부로 이야기하면 안 될 듯해서 그 꿈에 대해서는 가슴에 묻어 두고 있었다.

용감한 하늘의 군인이 되어!

시간이 흘러갔다. 해미에서의 삶은 대체로 평화로웠다. 아침이면 일어나 수도를 하고, 점심에는 건강을 위해 가볍게 산책을 한 후 수도를 하고, 저녁이면 다시 수도를 하고 밤 10시면 잠자리에 들었다. 시간이 흐르며 조금씩 서울 생활을 잊어버리고 있었지만, 여전히 몸도 마음도 회복되지 않은 터였다.

밤낮으로 기침을 하고, 건강을 위해 산책을 할 때면 마음은 극도로 우울해졌다. 꼭 졸음이 오는 것처럼 멍해지면서 '이대로 죽었으면…….' 하는 바람을 나도 모르게 되뇌곤 했다. 아무리 신의 세계를 공부해도, 내게 있어 죽음은 행복한 잠처럼 느껴졌다.

그러던 어느 날, 도사님께서는 교육 중에 이런 말씀을 하셨다.
"분신들이 나갈 때는 조심해야 해요. 바른 마음으로 기도를 많이 해야 해요. 좋지 않은 생각과 마음을 가지면 분신들에게 좋지 않은 영향이 많이 가요. 죽음을 생각하거나 자살을 생각하는 것은 더욱 좋지 않아요. 자살을 하는 사람들은 아무리 도를 많이 닦았다 해도 구원을 받지 못해요."

순간, 몽롱한 잠에서 확! 깨는 듯 정신이 들었다. 도사님께서 모든 것을 알고 계시다는 사실을 까마득히 잊고 있었던 것이다. 너무도 죄송했다. 해미에 내려온 후, 한 말씀도 하시지 않고 내가 회복되기만을 기다려 주신 도사님이셨다. 3년 전, 그렇게 해미를 떠나면 젊어서 죽어야 하는 나의 운명을 바꿀 수 없음을 아시고 붙잡으셨는데 나는 무심히 해미를 떠나왔고, 몇 년을 방황하다 지친 몸과 마음으로 해미에 돌아왔다. 그런데도 여전히 뚜렷한 목표도, 의지도 없이, 절망하는 모습만 보여드렸으니…….

'그래, 이렇게는 안 되겠어. 절망만 하고 있을 순 없어. 도사님을 뵐 낯이 없잖아. 힘들겠지만 이겨내 보자! 그래, 조금만 힘을 내는 거야. 더구나 분신……. 분신들에게도 너무 미안하잖아!'

당시 도사님께서는 신계의 대전투에 분신들을 투입하셨다. 사람의 몸에는 누구나 자신과 닮은 신이 있는데, 그것이 바로 인신人神이다. 인신이 신의 도를 닦게 되면, 더 강하고 멋진 모습으로 변화되는데, 도사님께서는 수도생들의 몸에서 인신을 닮은 분신들을 뽑아내셨고, 분신들은 용맹한 군사가 되어 도사님의 편에 서서 악한 신들을 정리했던 것이다. 사탄, 마귀, 용, 호랑이, 목귀신……. 수많은 악한 신들과 싸우는 분신들! 마치 만화 같지만 신의 세계에서 실재하는 일들이었다.

몰랐다면 모를까, 알면서도 내 분신들이 내 약한 마음 때문에 나쁜 영향을 받게 할 수는 없는 일이었다. 그날 이후, 내 몸과 마음은 점차 회복의 길로 돌아서게 되었다. 마음을 굳게 먹고 보니, 자연히 몸의 회복도 빨라졌다.

하루에도 몇 번씩 흘렸던 눈물도 점차 줄어가게 되었다. 마음을 돌이켜 보니, 어쩌면 그런저런 일들을 겪었던 것이 오히려 좋은 경험일지도 모른다는 생각도 들었다. 비로소 내 마음에 안정이 찾아들기 시작한 것이었다.

그 후로도 도사님은 수도생들의 몸에서 나온 분신들이 어떻게 지내는지를 자주 말씀해 주셨는데, 그중에는 전투를 잘해 신장님의 계보로 높이 가셨다는 대광 선생님의 분신에 대한 말씀도 있으셨다.

그러던 어느 날, 도사님께서는 여자 기도생들을 남자방으로 부르셔서 같이 기도를 하라고 하셨다. 기도원 근처에 악신들이 자주 쳐들어온다 하시며, 다음과 같이 직접 말씀으로 기도하시며 직접 전투를 하셨다.

"기도원 근처와 땅속으로 연결되어 있는 악신들의 궁성과 숨어 있는 악신들은 전체 다 제령되어 무가 되라."

우리는 "악신 죽어라"를 외우며 전투에 들어갔다. 한 시간이 넘었을까. 한참 전투를 하고 난 뒤, 도사님께서는 기도원 근처에 숨어 있던 악신들이 많이 죽었다는 사실을 알려 주셨다. 그러시며 지금은 전쟁 중이니 악신 죽어라를 많이 하라고 하시던 중 이런 말씀을 하시는 것이다.

"오늘 전투로 신장님의 분신들이 많이 나왔어요. 갓난이가 전투를 잘하대. 용감하게 전투를 잘해 신장님 분신들로 많이 만들어졌어요."

도사님께서는 간혹 나를 부르실 때, 이름 대신 '갓난이'라고 부르셨다.

"하늘에는 많은 분야의 분신들이 많이 필요해. 특히 악신들을 두려워하지 않는 분신들이 군인으로 많이 가지. 갓난이의 분신들이 전투를 잘해 하늘의 여 군인으로 배치를 많이 받았어. 여 헌병, 여 순찰대 등 하늘 일을 하며 충성되게 많은 공을 세우고 있어. 세상의 경찰이나 군인보다 더 멋있지. 세상의 경찰이나 군인은 세상에 충성하지만 하늘의 군인들은 하늘 일을 하며 하늘에 충성하지. 세상에서 되지 못한 것이 부럽지 않지?"

"네!"

도사님의 밝은 미소에 나는 활짝 웃으며 크게 대답을 드렸다. 그러고 보니, 해미에 와서 처음으로 웃는 큰 웃음이었다. 마음이 뿌듯해왔다. 그동안 사회생활에서 이루지 못했던 꿈들, 이래저래 상처 입은 마음, 모순투성이였던 세상사들이 영화 속 장면들처럼 떠오르다 사라졌다. 나는 가만히 가슴에 손을 올려 보았다.

그동안 가슴을 짓누르던 먹먹함이 조금씩 사라지고 있었다. 너무도 크시고 바른 하늘 세계! 하늘에서라면 바른 충성과 바른 순종만큼 쓰임자리가 있으리라 생각하니, 도사님 말씀처럼 세상에서 이루지 못한 것이 아무렇지도 않게 느껴졌다.

'그래, 이제 난 하늘의 군인이야! 도사님께서도 인정하신, 용감한 하늘의 군인인 거야!'

중요한 것은 능력이 아닌 바른 마음

조금씩 마음이 안정되면서 나는 자연스레 기도에 열중하게 되었다. 도사님은 고단한 하루를 보내시면서도 아침이나 저녁이면 시간을 내셔서 수도생들에게 교육을 해 주시곤 했다. 그럴 때면 전에 기도하시며 어려웠던 경험을 말씀해 주시기도 하고, 당시의 하늘 상황, 사람에게 많은 영향을 미치는 악한 신들에 대해 교육해 주셨다.

그러다 기도를 연결시켜 주시기도 했는데, 도사님께서 직접 이루신 '…… 기氣'를 내려 주시기도 하고, 때로는 사람이 받기에는 너무도 큰 능력을 내려 주시기도 했다. 어느 날은 너무도 큰 능력을 주시는데 놀라서 이렇게 여쭙기도 했다.

"이 많은 능력을 받아 다 어디다 써요?"

"받은 사람이 바른 마음으로 기도를 열심히 해서 분신들이 많이 나와야 해. 바른 기도를 해야 하늘에 충성스러운 분신들이 나오지. 나쁜 마음과 생각을 하면 분신들이 영향을 받아 사고를 내는 분신들도 간혹 나와. 사람들 몸에서 나오는 분신들은 100% 완벽한 성신은 아니지. 순수한 마음으로, 바른 마음으로 기도할 때 분신이 만들어지면 그래도 괜찮은 편이지. 공부하는 사람들의 생각과 마음이 참 중요해."

결국 도사님께서 그 많은 능력을 내려 주셨던 것은 그 능력을 개인을 위해 쓰라 하심이 아니고, 악한 신과 싸워 이기라고 하심이었다. 그러니 내가 바르지 못해 바르지 못한 분신이 나온다면 어떻게 악과 싸워 이길 수 있겠는가?
중요한 것은 능력이 아니라 마음 자세였던 것이다. 후에도 도사님께서는 분신에 대해 많은 말씀을 해 주셨는데, 때로는 일반적인 상식으로는 받아들이기 쉽지 않은 어려운 부분도 있었다.

"기도원 근처에서 보초 서는 분신들 중에 예쁜 여자신을 쫓아가느라 자리를 비운 경우가 있어요. 한참 따라가다 여우신이 변장한 걸 알아채고 도망 나오다 여우신들에게 들켜 실컷 얻어맞은 경우가 있어요."

"상주하는 남자들 분신 중에 기도원 근처에 보초를 서는 분신들이 있는데, 새벽 보초를 서다 말고 서산 뜨끈이 해장국집에 놀러가서 해

장국을 먹고는 여기저기 폼 잡고 돌아다니다 정찰 나간 장군신한테 붙잡혀 와서 요즘 근신을 받고 있는 경우가 있어요."

"무서운 큰 악신들이 공격해 오면 여자 분신들이 숨는 경우는 이해해도, 남자 분신들도 도망을 와요. 남자 분신들이 말썽이 많아요. 공부하러 왔으면 정신 차리고 공부 열심히 해요."

도사님께서는 공부하는 사람들이 바르게 수도를 해야 좋은 인기가 분신들에게 가는데 좋지 않은 인기를 주기 때문에 그런 일들이 일어나는 것이라며 엄하신 표정이셨다. 처음 들을 때는 분신들이 왜 그러나 싶어 황당했는데 이내 두려운 생각이 들었다.

나는 과연 어떤 모습인지, 내 분신들에게 좋은 인기를 연결시키고 있는지, 내 분신들은 과연 100% 바른 모습인지 자신할 수 없었기 때문이다. 상주하는 남자분들 역시 나와 비슷한 생각을 하고 있는지 붉게 상기된 얼굴로 긴장한 모습이었다.

'도사님께서 언제나 신에 대해 말씀하시고, 인간적으로는 어떻게 해야 한다고 하시지를 않아서 몰랐는데, 신도神道를 닦는 사람들에게 심도心道는 기본이었구나. 큰 공부를 하는 사람에게 인격은 당연히 갖추어야 하는 거라서 따로 말씀을 하시지 않으셨던 거야.'

도사님의 교육

그렇게 매일의 교육을 통해 도사님께서는 수많은 은사를 내려 주시고, 기도·수도법을 연결해 주셨다. 때로는 전투와 관련된 부분에 대해 교육해 주시기도 하시고, 실생활에 필요한 부분을 알려 주시기도 하시고, 인간의 법과는 다른 신의 세계의 법 등에 대해서도 교육을 해주시곤 하셨다. 그중 몇 가지를 소개하고자 한다.

■ 악신 죽어라와 정구업진언수

"악신 죽어라"와 "정구업진언수"는 도사님께서 "지금 이 땅에는 이 두 주문 외에는 그 어떠한 주문도 통하지 않는다."라고 하시며 특히 강조하셨던 두 가지 주문법이다.

"악신 죽어라를 하면 우선 자신 안에 있는 악신들부터 없어지는 거야. 수십 조경 동안 윤회 속에 연결된 악신들이 자기 자신 안에 얼마나 많은 것을 알면, 아마 다 기절할 거야. 인간이라면 누구나 1억이 넘는 악신들이 자기 자신 안에 있으니……."

도사님께서는 "악신 죽어라"를 평생 해야 한다고 강조하셨다.
"악신 죽어라"를 많이 해서 힘이 길러지면 자신 안의 악신들을 없애며 힘이 강해지고, 자신의 주위에서 자신을 방해하는 악신들을 없앨 수 있는 힘이 생긴다고 하셨다. 또, 바른 마음으로 악신 죽어라를 많이 하면 힘이 생긴다 하셨다.

남자들이 가는 군대를 생각하면 된다 하시며, 처음에 악신 죽어라를 하면 '이등병' 정도의 힘을 가지지만, 바른 마음으로 악신 죽어라를 계속 하면 '일등병', '상병', '병장'의 단계를 밟듯 점점 힘이 강해져 많은 악신들을 없앨 수 있고, 나중에는 계급이 높은 악신들도 없앨 수 있다는 설명이셨다.

여기서 항상 명심해야 할 것은, 선천의 악신들의 계급은 왕급王級의 신들이 셀 수 없이 많았으며, 그보다 더 높은 신들 또한 많았음을 명심하며 전투를 할 때에는 자만과 교만은 금물이라 하셨다.

그런데 악신 죽어라를 정확히 주문 외우듯 말하면 하품을 하거나 눈물이 나오고 구역질이 나며 토하고 싶어지거나 침을 자주 뱉거나 재채기를 하기도 하고 방귀가 자주 나오는 증상을 겪기도 한다.
신적으로는 악신들이 입과 눈과 코 등으로 나오기 때문이다.

악신 죽어라를 열심히 하면 자신의 몸 안과 주변의 악신이 없어지는데, 악신 죽어라를 하는 사람의 도가 약할 경우에는 악신들이 몸에서 빠져나와 도망가는 경우도 있다.

도사님께서는 또 "정구업진언 수리수리 마하수리 수수리 사바하" 주문을 많이 하라 하셨다.

정구업진언수 주문술은 사람들의 업·연·살을 벗기는 기도로써 제일이라 하셨다. 본래 정구업진언수 주문술은 다른 종교에서 이야기하는 것처럼 몇 번 외우고 마는 것이 아니라 수도 없이 많이 해야 한다고 하시며, 그 주문만 많이 해도 현생의 업과 전생의 윤회 속의 많은 업으로 인해 지은 많은 죄를 사함 받는 거라 하셨다.

정구업진언수 주문술을 외우는 경우, 관을 해서 보면 눈, 코, 입 등에서 썩은 물의 기운이 쏟아져 나오기도 하는데 그 속에는 크고 작은 악신들이 많은 모습이다. 또, 알 수 없는 글씨와 숫자들이 입에서 쏟아져 나오기도 한다.

정구업진언수를 외우자, 나의 입과 눈과 귀 등에서 나쁜 기운과 알 수 없는 글씨들이 줄줄 나오는데, 내가 보아도 참 더럽다는 마음이 들 정도였다.

나는 도사님의 말씀에 따라 악신 죽어라와 정구업진언수 주문술을 열심히 외웠다. 그 두 주문을 외울 때면 쉴 새 없이 하품이 나왔고, 눈물과 콧물 또한 쉴 새 없이 쏟아졌다. 하품을 하고, 눈물과 콧물을 흘리며, 나쁜 신들이 계속 빠져나가는 것이었다. 그래서 그 주문을 외울 때면, 옆에 항상 두루마리 화장지를 마련해 두었다. 언제라도 쓸 수 있도록.

■ 치매예방법

도사님께서는 치매 예방과 같이 실생활에 관련된 부분도 설명해 주셨다. 우황청심환을 5일 간격으로 5번 먹으면 치매가 예방되는데, 주의할 점은 반드시 국내산의 환으로 된 약을 먹어야 한다는 점이다.

아직 치매가 오지 않은 60세 전후의 사람들이 먹는 것이 가장 좋으며, 날짜를 꼭 지켜야 한다. 예를 들어, 5일에 한 알을 먹었으면, 10일, 15일, 20일, 25일에 각각 한 알씩 먹으면 되는 것이다. 이렇게 한 번 먹으면 되는 것으로, 매년 먹을 필요는 없다.

혹시 집안에 70세가 넘었어도 치매에 걸리지 않은 노인이 있는 경우에는, 늦었지만 우황청심환을 먹어도 된다고 하셨다. 또, 머리 쪽에 병이 있거나 약한 경우에는 젊은 나이라 해도 그 사람의 상황에 맞춰 우황청심환을 먹어야 하는 경우도 있다고 하셨다. (우황청심환 복용 시, 복용 설명서 참조) 그리고 치매는 나이 든 사람에게만 생기는 병이 아니라 하셨다.

- **살생의 의미**

도사님께서는 살아 있는 생명체를 함부로 살생하여 먹으면 안 된다고 하셨다. 음식을 먹으려면 적어도 3단계를 거친 음식을 먹어야만 생명체를 죽인 죄가 되지 않는다는 설명이셨다. 우리는 일반적으로 살생이라고 하면 자신이 그 생명체를 직접 죽이는 것만 생각하지만, 생명체를 죽인 후 3단계 이상을 거치지 않은 경우에는 생명체를 죽인 죄를 받게 되는 것이다.

아무리 본인들의 돈으로 고기, 생선, 물건 등을 사서 쓰지만, 그 모든 것은 자연을 해하여, 먹고 마시고 쓰는 죄라 하셨다. 그래도 3단계를 거친 음식을 먹는 것은 살생의 죄가 되지 않는다고 하셨다. 어부나 농부, 가축을 기르는 사람 등은 어쩔 수 없이 생계를 유지하기 위해 살생을 하지만 그렇다 해도 그것도 죄라 하셨다. 알게 모르게 살생의 죄를 지은 사람들은 자신들의 죄를 사함 받아야 하며 자연에 감사한 마음으로 제를 정성들여 지내야 한다는 말씀이셨다.

그리고 사람들이 가축들을 잡아먹고, 죽이고 하는 것이 앞으로는 사람들에게 많은 영향을 주게 될 것이라 하셨는데, 그래서 그런지 요즘 문제가 되고 있는 조류독감이나 광우병 등이 심상치가 않다.

- **조상의 죄업과 후손의 삶**

도사님께서는 하늘의 일에 대해 여러 가지를 말씀해 주시던 중, 하늘법에 대해 말씀하셨다.

"예전에는 하늘은 선천 법으로 본인들의 죄와 잘못이 후손 3대까지 연결이 되었는데, 이제는 하늘법이 바뀌어 본인의 죄와 잘못은 본인이 죽기 전까지 그 죗값을 받고 마무리돼요."

나는 그 말씀을 듣고 너무 기뻤다. 어린 시절, 어른들의 말씀 중 가장 이해가 되지 않는 부분이 조상이 잘못하면 그 벌을 후손이 받는다는 부분이었다. 좋은 것은 받지 않으면서, 왜 나쁜 것만 후손에게 오는지, 아무 잘못도 하지 않았는데 후손이라는 이유만으로 왜 벌을 받아야 하는지, 본인이 잘못하고 죄를 지었으면 본인이 죽기 전에 죗값을 받아야지 왜 아무 잘못도 없이 바르게 노력하는 후손들까지도 조상의 죄를 자동으로 연결받아야 하는지, 늘 불만이었던 것이다.

그래서 나는 도사님께 이렇게 여쭈었다.
"정말요? 저는 어려서부터 그 부분이 정말 이해가 안 됐어요. 본인의 잘못을 왜 후손이 받아야 하는지 불공평한 법이라고 생각했는데 정말 잘 됐습니다!"

"그럼. 죄는 죄를 지은 본인이 벌을 받아야지. 바르게 잘 살려고 노력하는 사람이 받으면 안 되지."

도사님은 웃으시며 그렇게 말씀하셨고, 나는 손뼉을 치며 기뻐했다. 어린 시절부터 가져온, 선천 시대의 법에 대한 불만 하나가 완전히 사라지는 순간이었다.

해미 사람들의 일화

앞에서도 이야기했던 것처럼 당시 해미에는 참 많은 사람이 오갔다.

도사님께서는 해미에 와서 공부하는 사람들 모두를 공평하게 대하시며 많은 능력을 연결시켜 주셨지만, 주신 능력을 바르게 사용하는 경우와 그렇지 못한 경우가 있어 사람마다 도의 차이가 많았고, 사람에 따라서는 어처구니없는 실수를 하는 경우도 많았다. 그중 몇 가지 재미있는 일화를 소개하고자 한다.

■ 여신女神에게 입을 맞춘 남자

어느 주말이었다. 도사님께서 교육을 하시는데, 대광 선생님이 손을 드시더니 다음과 같이 보고를 드리는 것이었다.

"서울의 김OO 몸에 여신이 보이는데, 이 여신이 김OO씨와 함께 살겠다고 합니다."

도사님께서 웃으시며 낮에 무슨 일이 있었는지 물으시니, 김OO씨가 얼굴을 붉히며 상황을 이야기했다.

"오늘 기도원 마당에 정원을 꾸미는 일을 해서 도와줬는데, 관을 하는 OOO씨가 제가 심은 꽃나무에 예쁜 여신이 있다면서, 조심해서 나무를 심어 줘서 고맙다며 여신이 뽀뽀를 하고 싶어 한다고 했습니다. 그래서 그만 꽃에 뽀뽀를 했는데……."

도사님께서는 옥황상제님전에서 통신이 왔다 하시며 다음의 상황을 전해 주셨다.
"큰일이네. 그 꽃나무에 있던 여신이 꽤 도력이 있는 신인데, 옥황상제님전에 올라가서 이 사람이 자기에게 뽀뽀를 했으니 같이 살겠다고 옥황상제님께 고해서, 그 일로 상제님 전에 계시는 열두 분의 천신님들이 재판을 하시기로 정해졌어."

"저는 OOO씨가 시켜서 했을 뿐인데요."

"이 일은 관을 해서 보고 알려 준 사람의 잘못보다는 행위를 한 사람의 잘못이 더 크다고 웃전에서 결정이 났어. 도 공부를 하는 과정에 있는 사람이 누가 시킨다고 해서 함부로 행위를 하면 되나. 이제 도 닦기 어려우니 중지하고 그 신하고 살아야겠네."

순식간에 그곳 분위기는 심각해졌다. 잠시 후 도사님께서는 다시 결정 사항을 전해 주셨다. 아홉 분의 천신님들께서는 김OO가 무조건 잘못했다고 결정하시고, 세 분의 천신님들은 관을 하는 사람이 알려 준 것을 신의 법을 잘 몰라서 그랬으니 잘못에 대해 가볍게 벌주라 하셨다는 결정을 내리셨다고 전해 주셨다.

그 결과, 잘못함에 대한 벌은 바로 백 배 죄사함 기도를 하고, 죄사함 기도가 끝난 후부터 묵언 기도를 하며, 차후에 마음자리를 본 후 다시 말씀이 내리신다는 통신이었다. 그 자리에는 마침 김OO씨의 아내 되는 사람도 있었는데, 도사님께서는 남편의 일이니, 아내도 같이 죄사함 기도를 하라 해서 부부가 함께 백 배 죄사함 기도를 했고, 죄사함 기도 후 김OO씨는 바로 묵언 기도에 들어갔다. 도사님께서는 다음과 같이 원리를 설명해 주셨다.

"관을 한다고 해서 얘기를 하는 사람도 잘못이지만, 정도를 닦겠다고 공부하는 사람으로서 함부로 아무 신에게나 접신한 그 행위의 잘못이 더 커요."

도사님께서는 관을 해서 본 것이라 해도 이야기를 해야 하는 부분과

하지 않아야 하는 부분이 있고, 그것은 본인들이 바르게 분별해야 한다고 하셨다. 며칠 후, 도사님께서는 옥황상제님전에서 "도사님 제자이니 도사님께서 잘 지도하시라."라는 통신을 받으셨다고 하셨다. 그것으로 김OO씨의 묵언기도는 풀렸지만, 김OO씨는 그 일로 인해 한동안 아내와 불편한 관계로 지내야 했다.

■ **도깨비와 연애하는 아주머니**

주말이 되면 여자 방에 모이는 여자들의 수가 만만치 않았다. 여자들은 이런 얘기, 저런 얘기들을 나눴는데, 듣기가 거북한 내용도 있었고, 남의 말을 하는 여자들도 있었다. OO 엄마는 특히 남의 말 하기를 좋아하는 여자였는데, 이혼 후 아이와 살고 있었고 관을 하는 여자였다.

우리 공부를 하는 사람의 자녀들 중에는 간혹 관을 하는 아이들이 있었는데, OO이 그런 경우였다. OO은 초등학교 6학년으로 관을 잘했고, 착하고 예쁜 여자아이였다. 유난스러운 엄마가 이것저것 시키는 일에 대해 아이는 부담을 느끼고 있는 듯 보였다. 그러던 어느 날, 이 아이가 해미의 기도원으로 전화를 해왔다.

"할아버지. 우리 엄마는 저녁마다 도깨비랑 연애를 해요. 엄마가 관을 해서 보고 멋있는 남자신이라고 하는데 도깨비예요. 어쩌면 좋죠? 그리고 학교에 가기가 무서워요. 학교에서 공부하고 있으면 엄청나게 큰 도깨비신들이 저를 괴롭혀요."

도사님은 교육 시간에 아이의 이야기를 말씀하시며 걱정을 하셨다. "본인은 도깨비를 멋진 남자로 보지만, 아이가 보는 것이 맞아요. 엄마가 그러니 걱정이네. 아이를 보호해 줘야 하는데······."

그 후, 아이가 방학을 하고 모녀는 일주일 정도 해미에 머물렀다. 아이 엄마는 자신의 상황을 아는지 모르는지 여전히 남의 흉을 보며 시끄럽게 떠들어 대고 있었다. 도사님께서는 낮에 여자방으로 오셔서 교육을 해 주시며, 은연중에 아이 엄마가 깨닫도록 다음과 같은 말씀을 해 주셨다.

"혼자 사는 여자들이 꿈에 멋진 남자랑 잠자리를 하는 것은 대부분 도깨비가 변장한 경우가 많아요. 예전에 어떤 남자 수도생은 저녁마다 배우같이 예쁜 여자가 옷을 다 벗고 찾아와 밤마다 연애를 하니 버틸 힘이 있나. 아침만 되면 비실대지. 혼자 사는 사람들 중 기도하는 사람은 기가 많으니 신들이 자주 찾아오지.

남자들은 여우신들이 예쁜 여자로 변장해서 꿈에 잠자리를 하며 남자의 기를 뺏어 가고, 여자들은 도깨비신이 멋진 남자로 변장해서 꿈에 잠자리를 하며 여자의 기를 뺏어 가며 여자 자궁을 통해 악신들이 신들을 생산하지."

"세상적으로도 그 원리를 모르면, 종교나 도 단체에 소속된 사람들이 자신을 찾아오는 신들의 정체가 성스럽게 변장한 악신인 줄 모르고 OO를 영접했다고 하지. 그런데 그런 것이 다 악신들의 변장술로 가능한 일이지."

- **아내와 사랑을 나누는데 악신이 보여······.**

당시 박OO씨는 무척 예민하고 남자로는 드물게 관을 하는 사람이었다. 어느 날 박OO씨의 아내가 공부하는 남편을 만나러 고기와 술을 사가지고 해미에 왔다. 해 질 무렵, 마당 한쪽에서 장작을 패고 석쇠에 고기를 구워 술을 한 잔씩 하던 중, 박○○씨의 아내는 술김에 웃지 못할 이야기를 꺼냈다. 박○○씨가 오랜만에 집에 간 날, 부부가 오랜만에 사랑을 나누는데, 남편이 갑자기 사랑을 하다 말고 벌떡 일어나더니 발가벗은 채 뭐라고 중얼거리면서 손을 휘두르더라는 것이다.

아내는 남편의 그런 행동에 어이가 없고, 화가 나기도 해서 서둘러 옷을 입었다. 그래서 남편에게 물어보니 아내 몸에서 갑자기 구렁이 신, 여우신 등이 보이기 시작했다는 것이다. 그래서 그냥 놔두면 안 되겠다 싶어 사랑을 하다 말고 그 악신들과 싸웠다는 것이다.

그 얘기를 들은 아내는 더 어이가 없고 화가 나서 남편이 해미에 내려갈 때까지 말도 하지 않았다는 것이다. 내가 듣기에도 너무 어이가 없고 황당하여 웃기만 하는데, 옆에 있던 어른들은 박○○씨를 몹시 타박했다. 일단은 마무리를 하고 싸워야지 어떻게 그럴 수 있느냐고…….

■ **사람의 속을 꿰뚫어 본 '떴다 보살'**

당시 해미에서 공부하던 정○○씨는 간혹 해미생들에 대해 이야기를 하곤 했는데, 어느 날은 '떴다 보살'이라 불리는 이에 대한 이야기를 해 주었다. 20대 초반의 여자 무속인으로 용하게 잘 보고 잘 맞춘다 해서 사회에서 그렇게 불린다는 것이다.

하루는 그 떴다 보살이 해미에 왔는데, 도사님께서 그 여자에게
"얼마나 잘 보나, 여기 있는 사람들 한 번 봐봐." 하고 말씀을 하셨다 한다.

당시 남자방에 있던 사람들이 떴다 보살을 중심으로 원을 만들어

앉았다. 대광 선생님, 큰오빠, 대전 김OO씨, 서울 이원장 등이었다. 떴다 보살은 눈을 감고 한 명씩 돌아가며 그 사람들에 대한 것을 보고 이야기를 했다 한다.

서울 이원장을 보고는
"어, 할아버지!! 이 사람이 할아버지 자리를 탐내는데요. 이 사람 조심하세요."라고 말하고,

큰오빠를 보고는
"이 사람은 옷이 왜 이래. 좋은 옷에 폭탄을 맞았나. 누더기 옷같이 너덜너덜해졌네."라고 말했다 한다.

대전 김OO씨를 보고는
"이 사람은 이상하네. (인신이) 왜 관복이나 도포를 입지 않고 양복을 입고 있지."라고 말해, 대광 선생님이 대전 김OO씨가 무안할까 봐 "아, 그 사람은 도사님 비서라 양복을 입고 있는 거예요."라고 말을 돌리셨다 한다.

대광 선생님을 보고는
"할아버지, 여기 새끼 도사 한 사람 있네요. 다음에 할아버지처럼 도사 될 사람이네요."라고 말했다 한다.
그 이야기를 전하는 정OO씨는 대광 선생님에 대해 특히 놀란 듯했다.

그러고 보니, 전부터 알고 있던 대광 선생님에 대한 몇 가지 일화가 떠올랐다. 떴다 보살 말고도 대광 선생님의 공부가 깊으신 것을 알아본 사람들이 있었던 것이다. 대광 선생님을 뵙고 "선생님이 금불상의 부처님처럼 보입니다. 무슨 공부를 하십니까? 예사분이 아니시네요.

영광입니다." 하고 조심스레 말을 건네는 사람도 있었고, 대광 선생님이 가끔 가시던 술집의 여주인은 대광 선생님만 가면 시키지도 않는 안주를 계속 내오는 때도 있었다.

대광 선생님이 그 이유를 물어보시니, 여주인이 말하기를 본인은 무속인이 되기 싫어 피하는 중인데 사람들을 보면 신적인 모습이 보인다는 것이다. 그 이야기를 하며 그 여주인은 "제가 여러 사람을 봤지만, 선생님 같은 분은 처음이에요. 선생님께서 이곳에 처음 들어오실 때 장군님 같은 금색의 갑옷을 입고 양쪽에 큰 칼을 차고 오시길래 귀한 분이 오셨구나 싶어서 대접이라도 해 드려야 되는데 딴 건 없고 해서 안주를 챙겨 드린 거예요."라고 말했다.

사람 안에는 그 사람과 똑같은 모습의 인신人神이 있고, 그 인신의 모습은 공부의 정도에 따라 달라지게 된다. 떴다 보살이 본 것은 바로 인신의 모습이었던 것이다. 바른 도를 닦게 되면 인신이 관복을 입게 되고, 도가 깊어짐에 따라 옷의 모습이 변하게 된다. 한편, 도를 닦는다 하며 마음이 바르지 못한 경우에는, 본인도 모르는 사이에 내려 주신 관복이 바래는 것이다.

내가 그 자리에 있지는 않았지만, 도사님께서 떴다 보살에게 사람들을 봐 주라 하신 것은 떴다 보살의 이야기를 들으며 스스로의 모습에 대해 돌아보도록 기회를 주신 게 아닌가 하는 생각이 들었다.

'그래, 우리 공부는 밖으로 드러나는 모습이 중요한 게 아니구나. 신의 모습이 모든 걸 말해 주는데 거짓으로 꾸밀 게 뭐가 있겠어. 남한테 보이는 모습보다 바른 마음을 갖도록 노력해야겠어.'

■ 해미 기도생들의 전생조사

해미의 기도생 중 OOO씨는 사람들과 관련된 전생조사를 잘했다. 그림을 그려 사람 몸 안에 자리 잡고 있는 악신과 전생에 연결되어 아프게 하는 신, 전생 등을 잘 맞췄는데, 다른 여자들과 달리 야심이 많은 사람이었다. 하루는 도사님께서 OOO씨에게 해미생들의 전생을 조사해 주라는 말씀을 하셨다. OOO씨는 전생조사를 하더니 이런 이야기를 했다.

서울 이원장은 전생에 복면 쓴 강도로 여자를 범하기도 하고, 사람을 다치게 하고 죽이기도 해서 그 전생의 업으로 인해 현세에서 말을 더듬거리고 마스크를 잘 쓰고 다닌다는 것이다. 이런 경우, 현생에서 사람들을 위해 헌신하고 봉사하며 좋은 일을 많이 해야 한다고 했다. 작은오빠는 전생에 물도깨비로 태어난 적이 있는데, 그 전생의 영향으로 현세에서 주관하는 신이 도깨비라는 것이다. 현재는 기도·수도에 정진하여 하늘에서 관련된 도깨비신을 정리해 주셨다.

대광 선생님은 한 전생에서 선천의 천마왕신으로 윤회를 한 적이 있는데, 당시 1억이 넘는 별을 관장하던 큰 신이었다고 한다. 다른 사람들의 전생이야 그냥 그러려니 했지만, 대광 선생님의 전생은 참 놀라웠다. 선천의 시대에 별을 1억이 넘게 관장했으니, 그 힘과 능력이 얼마나 컸을지 짐작이 되지 않았다.

그런데 이러한 선생소사 내용을 듣고, 당시 대광 선생님께 공부를 배우던 윤OO씨 자매가 도사님을 방으로 찾아뵈었다. 당시 대광 선생님은 도사님의 인준 하에 서울에서 도장을 운영하시며 사람들을 가르치고 계셨다. 도사님께서 대광 선생님에게 해미의 기도생들과 기도원 등을 찾아오는 사람들에게 하늘의 신앙과 도에 대해 알려 주라고 하시며, 특히 관을 하는 사람이나 아픈 사람 등에게 공부의 원리와 자기 스스로 자기 몸을 치유하는 자가치유에 대해 가르치도록 오래전부터 인준해 주신 상황이었다. 윤OO씨 자매는 당시 대광 선생님께 배우는 사람 중 하나였다.

윤OO씨의 여동생이 오랫동안 허리 디스크를 앓고 있던 중 대광 선생님께 배우면서 관이 되고, 자가치유를 통해 각종 병원이며 도 단체 등에서 포기한 허리디스크를 금방 고치게 되었다. 그러면서 관을 하며 앉은 자리에서 앞에 앉은 사람의 몸을 손도 대지 않고 고치는 큰 능력을 갖게 되었다. 동생의 큰 능력에 윤씨 자매의 언니가 동생을 몹시 질투하기도 했다.

그러던 중, 전생 조사 이야기를 들더니 윤씨 자매 중 언니 되는 이가 동생을 데리고 도사님을 찾아뵌 것이다. 이유인 즉 이랬다. 대광 선생님이 선천의 천마왕신으로 악신의 계열이라, 자기 여동생이 쓰는 능력도 그쪽의 연결을 받은 것이니 반납하겠다는 것이었다.

도사님께서는 "괜찮아. 그냥 그대로 써도 돼." 그렇게 말씀을 하셨다.

그런데도 윤씨 자매 중 언니는 부득불 "그냥 싫습니다. 다 없애 주십시오." 하며 능력을 없애달라고 우기는 것이었다. 결국, 도사님께서는 "그러면 여자방에 가서 김원장이 준 능력이 다 나가라고 계속 해." 하셨다. 내가 듣기에는 참 어이없는 일이었다.

대광 선생님의 전생이 어떠하셨든지, 지금은 도사님 밑에서 공부를 하시고 도사님께서 인준하여 주시니 당연히 바른 천기가 연결되었음이 분명하고, 도사님께서 그렇게도 써도 된다 하시는데도 부득불 동생의 능력을 없애 달라는 것을 보니, 내심 동생에 대한 질투로 그러는 듯했다.

　두 자매는 여자방에 가서 소리를 내어 "나가라."는 말을 계속 하고, 대광 선생님은 우연히 거실을 지나다 그 소리를 듣게 되셨다고 한다. 워낙 방음이 안 되는 집이다 보니, 방안에서 나는 소리가 다 들렸던 것이다. 그날 저녁에도 평소대로 도사님께서 남자방에 교육해 주시러 오셨다. 윤씨 자매로 인해 마음이 불편했던 대광 선생님은 도사님께 문의를 드렸다.

　"도사님. 제가 연결한 능력을 상대가 싫다 하며 없애 달라고 할 때는 어떻게 해야 하는지요?"
　"내게서 ○○○에게 들어간 능력은 다 거둬져라 하고 기도를 하면 되지."

　그다음 날 새벽같이 윤씨 자매는 해미를 떠나 집으로 갔다. 두 자매가 떠난 후, 도사님께서는 아침 식사를 하시며 이런 말씀을 하셨다고 한다.

　"그 능력이 어떤 능력인데, 자기 혼자 수천 년을 닦아도 얻지 못할 능력을 언니가 그런다고 해서 반납하는 바보가 어딨나."

　도사님의 말씀에 옆에 있던 여자분이 "그럼 그 능력은 어디로 간 겁니까?" 하고 여쭙자, 도사님께서는 "몰라, 누구한테 있는지. 한번 찾아봐. 혹시 거기에 있는지 딴 사람한테 있는지……."라고 하시며, 아시면서도 모르시는 척하셨다.

　도사님의 그 말씀 한마디에 해미는 다시 한번 발칵 뒤집혔다. 혹시 자기에게 그 능력이 들어온 것이 아닌지 찾는다며, 해미의 여자 기도생들이 저마다 그 능력이 되는지 시험해 보며 법석을 떨었던 것이다.

내가 생각할 때에는 대광 선생님께서 주신 능력을 윤OO씨가 반납했으니 당연히 그 능력은 대광 선생님께 돌아갔을 것 같은데, 자기에게 그런 능력이 왔을지도 모른다고 생각하는 사람들을 보니 참 어이가 없었다.

하늘의 여하나님께서 내려오신 날

해미에는 종종 세상 사람들의 시각으로 볼 때에는 이해하기 어려운 일들이 일어났다. 그날 역시 그랬다. 내게는 너무도 큰 기쁨이고 영광이고 복된 날로 기억되고 있지만, 신의 세계와 하늘 세계를 모르고, 당시 해미 기도원이 신의 세계에서 얼마나 큰 곳이었는지 모르는 사람들에게는 받아들이기 쉽지 않은 일이 일어났던 것이다.

그날은 평일이었다. 기도원에는 언제나처럼 여러 사람들이 있었고, 나 또한 평소와 다름없이 지내는데 도사님께서 말씀을 내리셨다. 하늘의 여하나님께서 도사님께 일이 있으시어 기도원에 오셨다 하시며, 천제를 올려드리는 하나님전(하나님께 감사와 경배와 찬양의 예를 다하며 천제를 올려드리기 위해 모신 곳)에는 들어가지 말고, 거실에서 하나님전을 향해 경배를 드리라는 말씀이셨다.

'여하나님께서 오셨다니……. 하나님전에 계시는 너무도 높으신 분이신데, 그토록 높으신 분이 오시다니……!'

나는 들뜨고 벅찬 마음으로 거실에서 하나님전을 향해 삼배를 드렸다. 순간, 관이 열리며, 하얀 빛의 너무도 아름답고 우아하시며, 큰 후광이 비추이시며, 눈부시게 빛나시는 여하나님께서 경배를 드리는 우리를 보고 웃으심을 뵐 수 있었다.

그 아름다우심과 빛나심에 그만 정신없이 우러러 뵙고 있는데, 그런 나를 보시고는 아름다운 미소를 지으시며

"반가워요. 기도 열심히 하도록 해요."라고 말씀을 내리셨다.

나는 꿈인가 생시인가 하며 너무도 설레고 기쁜 마음에 한참을 가슴이 벅차 왔다. 그토록 크신 분께서 내려오셔서, 경배를 올려드린 것도 영광인데, 존영을 뵙고 말씀까지 받게 되니 어찌나 설레고 행복한지 잠들기 전까지 계속 기쁨으로 웃다 잠이 들었다. 나의 마음을 누가 알까마는 내게는 너무도 크고 복된 날이었다.

은사를 내려 주심의 바른 의미

어느 날, 대광 선생님이 서울에서 오셨다. 그날따라 남자 방에 사람이 거의 없고, 대광 선생님과 나, 서울의 박OO씨뿐이었다. 도사님께서 오셔서 의자에 앉으시더니 말씀을 시작하셨다.

"환자를 치료하는 사람은 강해야 돼요. 그렇지 않으면 치료자가 크게 다치는 경우가 있어요. 치료하는 사람의 기운이 좋지 않으면 오히려 치료받는 사람을 다치게 하고, 치료하는 사람의 기운이 약해 빙의 환자나 암 환자 등 중병에 걸린 환자를 잘못 치료하게 되면 치료하는 사람이 크게 다치거나, 빙의가 되거나, 잘못되면 죽는 일도 생기니 조심

해야 돼요."

열심히 듣고 있는데 도사님께서 말씀을 이으셨다.

"사람을 치료하는 치료자는 사람의 병을 고치는 은사를 받아야 하며, 특히 암을 상대하는 사람은 암 환자를 치료할 수 있는 은사를 받아야 해. 그래야 치료자에게 암 환자의 병이 전염되지 않지."

그렇게 말씀을 하시며, 도사님께서는 당시 청량리 도장을 운영하고 계시던 대광 선생님을 나오라 하시며, 도사님을 향해 앉아서 다음의 기도를 하라고 말씀하셨다.

"저에게 암을 치료할 수 있는 핵의 원소를 주시옵소서."

도사님께서는 대광 선생님에게 합장하고 기도를 하라 하시며, 두 손을 드시고 방언을 하시며 기도를 하셨다. 관을 통해 보니, 대광 선생님의 두 손에 붉고 뜨겁고 크고 동그란 기운이 연결된 모습이었다. 해미에 온 지 얼마 되지 않은 후부터 어떤 상황이 되면 관이 열리며 해당되는 모습이 보이곤 했는데, 그날도 그러한 모습을 볼 수 있었던 것이다.

도사님께서는 서울의 박OO씨가 뒤에서 앉아 그 모습을 바라보고 있는 것을 보시더니, 그 사람에게도 "기도해 보세요." 하고 말씀하셨다. 그런데 서울의 박OO씨에게 담기는 기운은 대광 선생님께 연결된 기운과는 다른 모습이셨다. 도사님께서 대광 선생님에게 내리신 은사와 달리, 전에도 간혹 주시곤 하셨던 약기를 주시는 것이었다.

'아아, 암 치료의 은사는 대광 선생님에게 주시려고 하셨구나.'

간혹 교육 시간에 내려 주시는 은사를 관을 통해 보면 은사에 따라 담기는 기운의 모습이 다르고, 사람마다 은사를 받는 양이 달랐다. 사람에 따라서는 은사를 전혀 받지 못하는 경우도 있었다. 교육 시간에 도사님께서 약기를 받으라고 하실 때 하늘에서 수도하는 방으로 약기가 내려오는데, 인신이 먼저 건강해야 육이 건강해진다 하시며 약기藥氣를 주관하시는 약사 하나님전에서 산삼이나 녹용 등의 기운을 내려 주셨다.

많은 약의 기운 중에서도 산삼은 유독 향기가 많이 나는데, 내 앞으로는 산삼이 많이 내려와 두 손으로 몇 번이나 받아먹었다. 약기를 내려 주실 때면 관을 하는 남녀 기도생들은 내려 주시는 산삼을 서로 먹으려고 조금씩 다투는 경우도 있었다. 하나님전에서 각자에게 필요한 것을 내려 주시고, 계속해서 약기를 내려 주시는데도 조금이라도 더 많이 먹으려고 그렇게 욕심을 부리는 것이었다. 내려 주신 약기 중 다 먹지 못하는 기는 사람들의 머리를 통해 들어가기도 하는데 말이다.

비단 약기만이 아니었다. 도사님께서는 너무도 많은 은사를 해미생들에게 내려 주셨다. 도사님께서 해미의 기도생들에게 얼마나 많은 은사를 내려 주셨는지 일일이 다 적을 수도 없고, 말로 표현하기도 어렵고, 헤아릴 수도 없을 정도였다. 어느 날은 그토록 많은 은사를 내려 주시는 이유가 너무도 궁금하여 도사님께 여쭤본 적이 있다. 도사님께서는 이런 말씀을 내려 주셨다.

"하늘에서 내려 주신 은사는 기도·수도를 하여 자신의 업을 벗기라고 주시는 거야. 악신들과 싸워 이기며 전생의 자신의 적신과 싸워 이기라고 연결하여 주시는 거지. 하늘에서 내려 주신 은사를 함부로 쓰거나 하늘의 인준 없이 사람을 치료하면 본인이 다치는데 사람들은 그걸 몰라. 기도하는 사람은 악신 죽어라를 열심히 하면 자신의 업도 벗기며 도가 높아지는데 그걸 아는 사람이 별로 없어. 다 사람의 욕심이 많아서 그래."

도사님께서는 예전에 축지법도 쓰시고, 사람들을 치료하시는 등 여러 가지를 하셨지만 세상적인 곳에 능력을 쓰면 하늘의 도를 이루지 못하신다 하시며, 공부하는 수도사들도 이 점을 유념해야 한다고 자주 말씀하셨다.

선천의 시대에서 후천의 시대로!

그럭저럭 해미에서 공부를 시작한 지도 달포가 지났다. 불과 얼마 전까지도 죽음을 생각했던 걸 놓고 보면 일 년처럼 긴 세월이었다. 일단 마음을 잡겠다고 결심하자 나의 몸과 마음은 눈에 띌 만큼 빠르게 안정되어 갔고, 기도와 수도에도 점점 재미를 붙여가고 있었다.

그러던 중, 나는 이 땅 아니 전체 하늘을 통틀어 너무도 크고, 너무도 역사적인 순간을 증거하는 증거자의 운명을 맞이하게 되었다.

그날의 일은 정말 사람으로서는 쉽게 말하기 어려운 하늘의 크신 일사였고, 비밀이었다. 각 도계에서 그토록 떠들던 '선천'의 시대가 끝나고 마침내 '후천'의 시대가 새로이 열리게 된 것이다!

1997년 12월 1일!

그날은 마침 각지에서 사람들이 모이는 날이었다. 각자 자신이 공부해 온 천서(하늘에서 내려 주시는 말씀을 글로 받는 기도법)며 그림

등을 점검받았다. 그러던 중, 대광 선생님은 심각한 얼굴로 천서를 받았다고 하셨고, 도사님께서는 발표를 하라는 말씀을 내리셨다.

대광 선생님이야 워낙 기도·수도에 열심이신 분이고, 그동안에도 천서를 통해 악신들의 연결망을 찾아내고, 하늘에서 내리시는 교육의 말씀을 받아오셨기 때문에 또 뭔가를 찾으셨거니 하는데, 그날은 분위기가 전과 달랐다. 천서를 읽기 시작하는 대광 선생님의 얼굴에 예사롭지 않은 긴장감이 흐르고 있었다.

태초의 말씀의 하나님전의 말씀이라.
제국천 천법과 천명으로 선포하노라.

말씀이라.
처음에도 주이시며 나중에도 주이신 주 알파와 오메가님께서,
대웅 엘리야 도사 신령 하나인님이심이라.

태천의 주이신 대웅 엘리야 도사 신령 하나인님께서
전체 우주와 하늘의 주인이심이라.

셀라 셀라 셀라 셀라 셀라 셀라 셀라

태초의 말씀의 주이신 대웅 엘리야 도사 신령 하나인님
주 알파와 오메가님전에 입전 입각하시옵소서.

선천의 전체 우주와 하늘을 통일하시어
전체 십사만 사천 통일성령 하나님전에 입전 입각하시옵소서.

셀라 셀라 셀라 셀라 셀라 셀라 셀라

동서남북 24방 5방 6방 12진방 천상천하 천지자연
우주만물과 무주공천에,
전체 우주와 하늘이 후천이 되었음을,
하나로 통일되었음을 선포하노라.

셀라 셀라 셀라 셀라 셀라 셀라 셀라

선천에서 후천으로? 막상 천서를 들으면서도 어리둥절하기만 했다. 너무도 크고 중요한 일이 일어났음은 틀림없는데, 그 내용이 너무도 커서 미루어 짐작만 할 뿐 정확히 이해했다고는 할 수 없는 순간이었다. 더구나 하늘의 주인께서 밝혀지신 터라 어떻게 받아들여야 할지 엄두가 나지 않았다. 그런데 바로 그 순간, 하늘에서 커다란 문서가 펼쳐졌고, 그 문서가 증거가 되어 하늘에서는 급박한 상황이 펼쳐지기 시작했다!

발표가 시작되며, 순간 내 눈앞에 동영상과 같은 큰 화면이 생겼다. 지구본의 모습이 보이고, 어디선가 갑자기 큰 구름이 보이며 구름 사이로 수많은 천신님과 보좌하는 무관의 신들이 O자 형태를 갖추고 계신 모습이었다.

잠깐 확대되어 보이는 모습은 중앙에 남녀 천신님들이 계시고, 중앙의 중심으로 남녀 무관의 신들이 셀 수 없이 많은 모습이었다. 중앙에 계신 남천신님들은 머리에 금빛의 면류관을 쓰시고 하얀색의 도포를 입으시고 하얀 수염이 배꼽까지 닿으시며 하얀 머리카락이 허리까지 내려오시는 모습이었다.

남천신님들은 셀 수 없이 많으셨는데, 신령님의 모습을 하시기도 하고, 황금빛 관을 쓰시고 관복을 입으신 모습을 하고 계시기도 했으며,

평상시 도사님 안의 신령님의 모습을 간혹 뵙곤 했는데 바로 그분과 똑같은 모습이셨다. 남천신님들의 뒤에는 수많은 여천신님들께서 보이시는데, 하얀 빛의 의복과 여러 형태의 관복을 입으신 모습으로 평소 도사님께서 말씀해 주신 여천신님들의 모습이셨다.

중앙에 계신 남녀 천신님들을 보좌하는 대장군신, 신장군신, 나폴레옹 군대의 제복 같은 관복을 입으신 제군신 등 수많은 신들이 보이는데, 남녀 구분이 없는 모습이며 무관직의 신들 또한 수없이 많은 모습이셨다. 또, 분홍빛 의복과 여러 형태의 관복을 입은 선녀님 모습의 여신들 또한 셀 수 없이 많은 모습이셨다.

순식간에 천신님들과 보좌하는 무관의 신들은 하늘로 빠르게 올라가시는 모습이셨다. 마치 순간 이동이라도 하시는 듯 너무 빠르셔서 그 과정은 자세히 보이지 않았다.

순식간에 하늘의 수없이 많은 별들의 궁성이 보였다. 여러 별들이 잠깐잠깐 보이는데, 궁성은 여러 모습이었다. 겉으로 봐서는 온통 불덩어리 같은 별, 검은 숯덩이 같은 큰 별, 검은 유리로 안이 잘 안 보이는 별의 궁성, 안이 보이는데 온통 알 수 없는 엄청나게 큰 나무신들이 있는 별의 궁성, 이상한 보호막으로 만들어진 셀 수 없이 많은 도깨비신들이 전투태세를 갖춘 별의 궁성, 옛날 신화에서 나오는 날아다니는 공룡신들이 엄청나게 많은 별의 궁성, 까만 큰 날개가 달린, 언뜻 보면 천사마귀 같은 느낌이 오는 신들이 가득한 별의 궁성, 동화에 나오는 피터팬처럼 생긴 요정들이 사는 별의 궁성, 실제로 사람과 비슷한 모습을 하고 있는 별의 궁성도 있고, 신화에서 보았던 각종 짐승과 반인반수의 신 등이 사는 별의 궁성 등 순식간이었지만 아름답고 멋진 성신님과 천사님 같은 신들께서는 거의 보이지 않았다. 간혹 밝은 빛의 궁성이 보이기는 했지만, 순식간에 보여서 다 보지는 못했다.

천신님들을 보좌하며 앞줄에 서 있는 수많은 무관의 신들이 보이는데, 각 별에 들어가기 전에 대장군신 같은 대표 한 명씩이 오른손의 금빛 통지서 같은 것을 펼치는 모습이었다. 순간 대장군신의 모습이 확대되어 보이는데, 해미 기도원을 지키는 신장신들 중 무관직을 맡고 있는 대광 선생님의 대장군신들을 본 적이 있는데 그분들과 똑같거나 비슷한 모습의 대장군신들이었다.

대광 선생님 모습의 대장군신께서 포고문을 펼치시니, 포고문은 크게 커지면서 궁성 안으로 들어가는 모습이었다. 순간, 문서를 받은, 별의 최고신이 있는 궁성 안에서 엄청난 일들이 벌어지는 모습이었다. 그 문서를 받은 별의 궁성에 나팔 소리, 종소리, 이상한 소리가 울리며 각 별에서 악신들이 전투태세를 갖추며 순식간에 각 별이 난리도 아닌 모습이었다.

그러더니 갑자기 궁성의 중앙과 여기저기에서 천신님들이 계시는 쪽으로 공격을 해오는 것이었다. 순간 엄청난 화살과 각종 무기들과 알 수 없는 기운들이 쏟아졌다. 놀라서 천신님들 계신 쪽을 보니, 이미 상황을 아시고 전투태세를 갖추시어 공격에 들어가신 상황이었다.

성신님들께서 이미 악신들의 별의 궁성으로 돌진하며 공격에 들어가신 곳이 많은 모습이었다. 너무 놀라운 것은 그렇지 않아도 셀 수 없이 많으시던 남녀 천신님들과 보좌하시는 무관의 신들께서 점점 수가 많아져 배가 되는 것이었다. 마치 손오공의 분신 도술법처럼 2배, 4배……로 말이다.

각 별의 악신들의 총공격은 엄청난 모습이었다. 말로는 표현하기 어려울 정도였다. 각 별의 최고의 신들의 모습도 보이며, 큰 공격을 하는 모습도 보였다. 수많은 남녀 천신님들은 크신 동작술을 하시며 들어가시는 모습이었다. 어마어마한 붉은 용광로 같은 뜨거운 기와 뭐라 표현할 수 없는 도술법이 펼쳐지며, 악신들의 별과 궁성에 쉴 새 없이 공격이 쏟아지며 지뢰가 터지듯 궁성 여기저기가 폭파되는 모습이었다.

0자 형태로 천신님들을 보좌하는 문무대신의 신장신, 장군신, 제군신들은 공격 태세를 흐트러뜨리지 않으며, 크고 작은 별에 들어서기 전부터 여러 가지 도술 도법으로 전투를 하는 모습이셨다. 잠깐씩 보이는 각 별의 모습은 갑작스런 천신님들의 입전 입각과 보좌하는 무관신들의 공격으로 아비규환이 된 모습이었다. 특이한 별들도 순간순간 보여졌다.

중립신 계열인 듯한 날개 달린 금색 거북이신들, 봉황의 신들, 여신들만 있는 궁성 등 도사님께 들었던 중립신 계열 신들의 궁성에서는 최고의 신들이 궁성 입구로 나와 천신님의 입전 입각을 맞이하는 모습이었는데, 그런 궁성들도 많았다.

잠깐의 시간이었지만, 하늘별과 궁성들은 빠른 시간에 정리되는 모습이었다. 각 별의 궁성 안에서 항복의 의미로 흰 깃발을 드는 곳이 많아지며, 악신들의 궁성의 전투가 점점 줄어드는 모습이었다. 그 모든 상황은 마치 비디오를 보듯 순식간에 지나갔지만, 너무도 엄청나고 생생한 모습에 벌린 입을 다물지 못할 지경이었다.

도사님의 정식 명호는 대웅 엘리야 도사신령 하나인님이셨다.
그간 대웅 엘리야 하나인님께서 기도를 하실 때,
선천의 최고신이셨던 아미타불신, 여호와신, 네피림신께서 각각 "대웅", "엘리야", "도사 신령 하나인"이라는 명호를 주셨다.

도사님께서 육을 가지고 공부하시며,
선교 계열의 공부를 통과하셨을 때,

여호와신께서 엘리야의 명호를,
불교 계열의 공부를 통과하셨을 때,
아미타불신께서 대웅의 명호를,
유교 계열의 공부를 통과하셨을 때,
네피림신께서 도사 신령 하나인의 명호를 주신 것이다.

당시 도사님께서는 마음으로 "태초의 말씀의 하나님"을 신앙하고 계셨고, 세 분의 신께서 그러한 명호를 주실 때 어떻게 하셔야 할지 망설이셨다 한다. 이때에 점성별에 계시던 태초의 말씀의 하나님께서 영을 통해 대웅 엘리야 하나인님께 그러한 명호를 받으라는 통신을 하셨다. 말씀을 통해 통신하시면 악신들도 들을 수 있기에 영으로만 통신하시어 받으라 하셨던 것이다.

그리하여 도사님께서는 각 계열의 최고신께서 내리시는 명호를 받으셨으며, 대웅 엘리야 하나인님이 되셨던 것이다. 이로써 도사님께서는 선천의 여호와신, 선천의 아미타불신, 선천의 네피림신 전의 부하나님의 위치에 오르시게 되었다.

사람이 신의 도를 닦아 각 계열의 부하나님의 위치에 오르는 것.
이는 육을 가진 인간으로서는 누구도 이룰 수 없는 도의 경지였다. 도사님께서 그러한 경지에 오르실 수 있었던 데는 선천의 최고신들조차 알 수 없었던 엄청난 비밀이 숨겨져 있었다. 이는 도사님의 영께서 바로 전체 우주만물의 주인이신 태초의 주님이신 "알파와님"이셨기 때문이었다!

태초에, 우주에는 하늘도 땅도 없었고 해도 달도 어떠한 생명체도 존재하지 않았다. 아무것도 존재하지 않았기에 무주공천無宙空天이라 하였다. 이 무주공천에서 움직임이 있어 스스로 나오신 분께서 바로 태조太祖이시며 하나신령님이신 "알파와"님이셨다. 후에 무주공천에 "말씀"이 흐르시며 운행하시니 "태초의 말씀의 하나님"이시며, 천지만물을 창조하신 어머니 하나님이시다.

이 두 분께서 바로 태초의 어버이님이시다.

이후, 천지만물이 창조되며 각 창조된 곳을 주관하시는 12하나님전이 계시고, 각 하나님전을 보호하시는 12신령님이 계시니 태천太天이 완성되었다. 그 후, 별이 별을 낳고 우주가 우주를 창조하며 자연스럽게 창조가 진행되었다.

우주가 광범위해짐에 따라, 동식물 등 여러 족속의 신들 중 힘이 센 신을 뽑아 능력을 주어 왕으로 삼으시고 우주의 일사를 관리 감독하게 하셨으며, 이들이 일을 잘 수행하도록 각 하나님전에서 능력의 은사를 더하셨다.

시간이 흐르면서 성신님들의 수보다 이들 여러 족속의 수가 더 많아지게 되었으며 이들 왕의 세력은 더욱 강성해지게 되었다. 그러던 중 이 왕들이 하나님전의 천좌를 탐하여 서로 결탁하여 반란을 일으켜 마침내 우주 전체를 장악하게 되었다.

이때, 어머니 하나님이신 태초의 말씀의 하나님께서는 점성별로 몸을 피하셨고, 태초의 주님이신 알파와님께서는 우주를 떠나 영으로서 윤회를 거듭하시며 후천의 완성된 우주와 하늘을 이루실 것을 예비하셨다.

이때가 바로 선천의 시작이었다. 천좌를 탐하며 우주 전체를 장악한 여러 족속의 왕들은 스스로를 하나님이라 칭하며, 많게는 수조에서 적게는 수억의 별을 다스리며 영화를 누려왔고, 각 계열별로 자기들의 세력을 확장하여 전체 우주를 장악하기 위한 서로 간의 전쟁을 수조 억만 년 동안 되풀이한 것이다.

이때, 선교 계열을 주관한 신이 여호와신이며, 불교 계열을 주관한 신이 아미타불신이며, 유교 계열을 주관한 신이 네피림신이었다. 결국, 땅이 그토록 어지러웠던 것은 우주만물의 참된 어버이님전의 주재하심 아래 평화롭던 태천이 무너지고, 악한 신들에 의해 선천 시대가 계속되었기 때문이었다!

그러던 중, 마침내 선천의 문란해진 하늘을 정리할 때가 이르러, 태초의 하나 신령님이신 "알파와님"께서 이 지구의 대한민국에 육肉·신神·영靈으로 오시게 되신 것이다.

이때, 마지막에 오셨다 해서 "오메가님"이시라 하니, 처음에도 계셨고 나중에도 계신다 하여 "알파와 오메가님"이 되심이다. 그분께서 바로, 너무도 가까이 계셨기에 아무도 알아 뵙지 못했던 해미의 도사님이셨던 것이다. 언제나 인자하게 웃어주시던 바로 그분께서……!

결국, 도사님께서 일생 동안 도를 닦으시며 다른 누구도 오를 수 없었던 경지에 오르실 수 있으셨던 것은 도사님의 영께서 바로 전 우주만물의 주인이신 태초의 주님이셨기 때문이었다. 도사님께서는 선천의 하늘을 정리하시고자, 해미에 머무시며 계속하여 악한 신들을 정리하시며 앞일을 예비하신 것이다.

그러던 중, 마침내 때가 이르러, 태초의 말씀의 하나님전에서는 도사님의 유일한 정식 제자인 대광 선생님에게 대리대제 특사인의 권한을 주시어, 태초의 말씀의 하나님의 말씀을 선포하라 하신 것이다.

1997년 12월 1일. 그날에 발표한 천서는 바로 배역으로 문란해진 하늘의 역사를 바로잡는 엄청난 일사였던 것이다!

그렇기에 대광 선생님이 천서를 읽으신 바로 그 순간! 하늘에 문서가 펼쳐지게 된 것이다. 그 문서가 하늘에서는 증거의 기록이 되었기 때문에, 그동안 배역으로 하나님전의 천좌를 차지한 선천의 세 분 최고신께서는 곧 자리에서 물러나 쉬시게 되었으며, 대광 선생님이 "……입전 입각하시옵소서."의 구절을 발표하시자, 마침내 전체 우주와 하늘의 주인이신 주 알파와 오메가님께서 태초의 말씀의 하나님과 함께 주님전에 입전 입각하신 것이다.

이로써, 문란했던 선천의 모든 것이 무너지고, 비로소 새로운 태천세계 즉 후천의 시대가 열리게 된 것이었다!

대광 선생님이 당당하고 위엄 있게 천서를 발표하시고, 상황이 급박하게 정리된 후 도사님께서는 대광 선생님이 받은 천서를 인준하여 주시는 의미로 대광 선생님의 노트에 빨간 싸인펜으로 동그라미를 그려주셨다. 바로 그 순간, 방 크기보다 높은 너무도 큰 옥새가 내려와 노트에 찍히는 것이 아닌가?

"혼자서 하면 3천 년이 걸릴 것을 김원장과 여러분들이 도와주어, 이렇게 앞당겨 정리하여 끝내서 이룰 수 있었어요. 고마워요."

도사님의 눈에는 눈물이 고여 계셨다. 도사님께서는 이날을 위해 오래전부터 준비하셨다 하시며, 계속하여 수많은 분신들을 무주공천의 비밀 장소에 준비하시고, 예비하셨다고 말씀하셨다. 대광 선생님의 분신들이 충신으로 많이 나와 문무대관으로 하늘에 함께한다 하셨으며, 해미에 공부하던 수도생들의 분신들도 우주의 별에 배치받았다 하셨다.

도사님께서는 우주의 별들이 수경이 넘으니 바른 기도와 수도로 열심히 공부하여 분신들이 많이 나와 하늘 궁성에 많이 배치받을 수 있게 하라고 당부하셨다.

도사님께서는 또한 하늘이 통일되고 후천이 열린 상황으로 그동안 신의 세계에서 유일하게 도사님을 도우셨던 관세음 왕께서 그간의 크신 공으로 관세음 하나님전에 오르셨다 하시며, 그로써 불교는 구제받았다는 말씀도 해 주셨다. 도사님의 이루심으로, 하늘에서 신들의 통신은 대한민국의 말로 통일되었으며, 하늘의 시간 또한 대한민국의 시간에 맞춰지게 되었다고도 하셨다.

1997년 12월 1일! 이날은 전 우주와 하늘의 참 주인께서 이 땅에 육신영으로 오셔서, 선천의 모든 배역의 역사를 마무리하시고, 스스로 주인의 자리로 돌아가시어 하늘을 통일하시며 후천의 하늘을 여신, 참으로 크고 크신 대역사의 날이었다.

한편, 도사님께서는 천서를 발표하시어 하늘의 대역사를 도우신 대광 선생님의 공로를 인정하시며, 대광 선생님의 분신들이 주님전과 전체 하나님전을 보좌하는 성신님전에 함께하도록 해 주셨다.
그리하여 대광 선생님의 분신들은 주님전이신 극락전의 12대문을 지키는 극락신장 대원수가 되시고, 각 하나님전을 받들어 모시는 천사국의 총독도 되셨다.

그동안의 공으로써 주님전과 전체 하나님전을 보좌하는 전체 성신님전에 대광 선생님의 분신께서 함께하실 수 있게 된 것이다. 훗날, 대광 선생님은 제자들에게 이날의 상황을 설명하시며 이런 말씀을 하셨다.

"사람이 도만 닦아서는 하늘에 오름은 힘든 일이에요.

나 또한 도를 닦아서가 아니라 신앙을 통해 이루었어요.
나의 스승님이신 하나인님께서 분신들을 하늘로 올려 주셨기에 가능한 일이었어요. 그리고 내 분신들이 주님전과 십사만 사천 하나님전을 보좌하는 성신님전에서 함께하기에, 그 맥으로 여러분에게 신앙과 도를 연결시킬 수 있는 거예요.

사람들에게 공부를 시키고, 그 사람들이 기원을 하면 십사만 사천 하나님전을 보좌하는 성신님전에 가 있는 엘리사의 분신들이 연결되어, 각자의 기도를 받아주시는 하나님전으로 그 기도를 올려드리는 거예요. 여러분이 기도하고 수도함이 바로 그러한 맥으로 가능한 거예요.

우리의 가는 길은 자신의 신앙을 통해 자신이 성령과 성신으로 거듭나기 위해 가는 길이에요. 신앙의 과정에서 하늘께서는 수없이 많은 분신들을 뽑아 주시는 거예요.

그러니 한 해 한 해가 그저 무익하게 흘러가는 것이 아니에요.
바른 신앙과 바른 도를 통해 자기 자신은 성령으로 잉태되어 성신으로 거듭나고, 자신을 닮은 분신은 자기의 신앙과 도만큼 계속 나오는 거예요."

도사님의 개인 지도

선천에서 후천으로의 변화. 그렇게 큰일이 일어났는데도 세상은 너무 고요했다. 아무리 신의 세계에서 일어난 일이라 해도, 아무 일 없다는 듯 살아가는 사람들을 보면 신기할 정도였다. 해미의 생활 역시 큰 변화는 없었다. 사람들은 여전히 지극히 작은 문제로 서로를 헐

뜰었고, 대광 선생님 같은 분은 주위에서 뭐라 하든 기도·수도에 정진하시는 모습이었다.

나는 도사님께서 가끔 부르셔서 개인 지도를 받는 일이 늘어갔다. 도사님은 영기도라 하시며 "천문방언"을 연결시켜 주시기도 하고, 천문을 쓰게도 하시며, 음정을 하게도 하셨다. 도사님이 나를 개별적으로 찾으셔서 공부를 시켜주시는 일이 늘어나자, 사람들은 나를 몹시도 부러워하며 도사님 방에서 뭘 했는지 꼬치꼬치 캐묻기도 했다. 그러던 어느 날, 도사님은 도사님의 아픈 곳을 치료해 보라고 말씀하셨다.

"내가 무릎 꿇고 기도를 많이 하니 종아리가 많이 아프네.
 호리병으로 뽑으면서 왜 아픈지 보고, 무릎에 손을 대고 안수를 하고, 방언하고 기원 드리며 치료해 봐."

호리병이란 신의 세계에서 사용하는 무기의 일종으로, 모양은 표주박처럼 생겼지만 깨지지도 않고 모양이나 색도 아름다우며, 크기도 자유자재로 변형되고, 속에는 불의 기가 있어 악한 신을 빨아들여 녹이는 기구이다. 나는 먼저 호리병으로 좋지 않은 신들을 뽑은 후, 도사님의 말씀대로 방언을 했다.

"치료를 잘하네. 치료를 하면 기가 합해져 평상시에 잘 안 빠지는 신들이 잘 나가지. 내 몸은 원래의 내 기가 있어 신들이 잘 안 나가. 사람들을 만나면 그 사람한테서 지남철처럼 연결되기 때문에 한 번 들어온 신들은 잘 안 나가. 밖에서 물건을 사오거나 사람들이 오면 나한테 다 연결돼. 그렇다고 사람들을 안 만날 수도 없고, 누가 이렇게 빼주고 치료해 주면 잘 나가지. 간혹 와서 치료해 줘."

그날 이후, 나는 낮이면 도사님의 부름을 받고 찾아가 치료를 해 드렸다. 그때마다 도사님은 기도를 시키시거나 원리를 설명해 주셨다. 도사님께 불려 가고 싶어 하는 많은 사람들은 모른 척하시며, 그냥 조용히 공부하는 나를 부르셔서 그렇게 많은 공부를 시키시다니. 참 이상한 일이었다.

여하튼 그즈음 나의 공부는 많은 발전을 이루게 되었다. 어린 시절부터 해미를 다니기는 했어도 정식으로 꾸준히 공부를 하지는 않았던 터라 기도·수도적인 발전이 없었던 지난날과 비교한다면, 조금씩 신의 세계를 보게 되는 등 짧은 시간 안에 전과는 비교할 수 없을 만큼 많은 발전을 이룬 때였다.

어쩌면 도사님께서는 그때 이미 나의 앞날을 예비하셨던 것인지도 모르겠다. 신의 세계를 감찰하는 감찰사로서, 지금은 스승님이 되신 대광 선생님의 옆에서 하늘의 일사를 증거하는 증거자로서의 삶을 말이다.

자가치유로 관법을 익히다

해미에서의 시간은 바쁘게 흘러갔다. 업과 살을 벗기 위한 업화살 기도를 하기도 하고, 악신과의 전투도 열심히 하면서 많은 것을 익혀 가는 시간이었다. 그러던 중 하루는 대광 선생님이 해미에 오셨다.

기도를 하다 보니 몸이 더워 반팔 옷을 입고 인사를 하는데, 대광 선생님은 오돌토돌한 내 팔을 보시고는 "여자 살결이 그게 뭐야. 넌 엄마 뱃속에서 몸을 고쳐서 다시 나와야겠다." 하시며 놀리셨다. 해미에 온 후 전보다야 많이 나아졌지만 완전히 회복이 안 되다 보니 피부 상태마저 몹시 나빴던 것이다. 대광 선생님은 잠시 뭔가 생각하시더니 이런 말씀을 하셨다.

"네가 엄마 뱃속에 들어갔다 나올 수는 없으니, 네 몸은 자가치유를 해서 스스로 고쳐라."

"자가치유요? 그게 뭔데요?"

"너 신체구조 알지? 뇌는 어떻게 생겼고, 신경 혈관은 어떻고, 오장육부는 어떻고 하는 것 말이야. 기가 연결되면 기원을 드리고 셀라를 외우면서 그 기를 운행하도록 해. 머리부터 차근차근 몸의 구조를 생각하며 기를 움직이면 되는 거야. 몸의 안 좋은 부분이 보이면 기원 드려 건강하게 해 달라고 기도하고, 안 좋은 기운이나 나쁜 기운이 있으면 없어지게 해 달라고 기도해.

기의 색깔이 보일 거야. 붉은 기는 불의 기로 안 좋은 기를 태우고 녹이며 없어지게 하는 기이고, 녹색의 기는 생기이며 약기야. 자가치유를 하다 보면 처음에는 몸의 안 좋은 부위에 영향을 미치는 기의 형상을 보다 나중에는 그 기에 해당하는 신의 모습을 보게 될 거야. 몸이 아프니까 누워서 하되, 잠이 들면 처음부터 다시 하는 거야. 궁금한 게 있으면 나중에 질문하고."

대광 선생님은 설명을 마치신 후, 안수를 해 주셨다. "다 하고 숙제 검사할 거다." 하시며 밖으로 나가셨는데, 그러고 보니 내 머리 위에 붉은 기운이 손바닥만 하게 담겨 있었다.

"셀라 셀라 셀라……"를 반복하니 정말로 기사진을 통해 기가 들어왔다. 붉은색의 '불의 기'와 녹색의 '생기'가 안개처럼 머리 중앙을 통해 들어왔다.

붉은 기는 뜨거운 줄 알았는데 전혀 뜨겁지 않았다. 인체의 구조를 생각하며 생각으로 기를 서서히 움직여 보았더니, 신기하게도 내가 생각한 대로 기가 움직이는 것이었다!

머리 구조를 생각하니 뇌가 보이기 시작했다. 왼쪽 뇌는 검은 기운이 엷게 덮여 있고 비교적 건강한 데 비해 오른쪽 뇌는 검은 기운이 많았고 뇌 속까지 검은 덩어리가 많이 들어가 있었으며 왼쪽 뇌에 비해 찌그러져 있었다. 뇌의 신경, 혈관은 여러 군데가 막혀 있고 오른쪽 뇌는 특히 더 많이 꼬여 있고 어혈 덩어리도 있었다. 평소에 심한 두통이 거의 없어 괜찮은 줄 알았는데, 오른쪽 뇌는 많이 약해 보였다.

그러고 보니, 일곱 살 때 큰오빠가 글씨쓰기 숙제를 안 하고 놀다 와서는 했다고 거짓말을 한다고, 나를 방에서 마당으로 집어 던져 머리를 다친 적이 있는데, 그때 머리에 손상이 간 모양이었다. 성장하면서 어느 때부터인가 오른쪽 눈이 심한 안구건조증에 시달렸고, 오른쪽 뇌의 묵직함을 느꼈다.

아파도 부모님이 걱정하실까 봐 내색하지 않고 참는 편이라서 병을 더욱 악화시켰나 보다. 한번은 큰오빠가 대학교 방학 때 시골집에 와서 동생들과 놀아주며 장난을 치고 놀다 내 왼쪽 팔이 빠져서, 3일 동안 고생하다가 읍내 약방에 가서 겨우 넣은 적도 있었다.

나는 배운 대로 "뇌의 나쁜 기운은 다 뽑아져 없어지게 하여 주시옵소서."라고 기원을 드렸다. 기원을 드리고 셀라를 외우며 불의 기를 양쪽 뇌로 이동하니 신기하게도 불의 기가 이동하며 뇌의 전체를 덮었다.

잠시 후, 내 머리 위로 굴뚝이 만들어진 것처럼 검은 기운들이 빠져나가 바로 사라졌다. 아궁이에 불을 피우면 연기가 굴뚝으로 나가는 것처럼 재미있는 모습이었다. 한참을 연기가 나고, 뇌가 많이 깨끗해진 모습이었다.

이어서 "뇌가 건강하게 해 주시옵소서." 기원을 드리자, 녹색의 생기가 뇌의 구석구석까지 꽉 차는 모습이었다. 갑자기 뇌가 숨을 쉬듯이 조금씩 움직이더니, 서서히 찌그러진 부분이 펴지며 정상으로 돌아가는 것이었다!

이어서 눈, 눈의 신경과 혈관, 귀와 입, 코, 이, 목, 기관지, 폐······ 자가치유를 진행할수록 내 몸이 얼마나 좋지 않은지 확연히 알 수 있었다. 대광 선생님은 앞으로도 꾸준히 자가치유를 하라 하시며, 그 원리를 설명해 주셨다.

"사람 안에는 누구나 인신이 있는데, 병을 고치려면 인신부터 치료해야 해. 항상 치유는 인신이 먼저이고, 육이 따라가는 거야. 그러니 하루아침에 병이 나을 수가 있나. 완전히 나을 때까지 매일매일 빠뜨리지 않고 자가치유를 해야 인신이 건강해지면서, 육도 서서히 나아가는 거야. 자가치유를 하다가 악신이 보이더라도 무서워하지 말고 없어지게 해 달라고 기원드리도록 해."

"네."

"사람의 병은 윤회공전 속에 지은 업과 죄와 살과 가피로써 연결되어 있는 거야. 사람의 병은 양파 껍질과 같은 거야. 한 겹의 업과 관련된 것이 벗겨져 없어지면, 또 다른 한 겹의 업과 관련된 것이 나타나는 거야. 그렇기에 그 업에 해당하는 것을 기원과 자가치유를 통해 벗겨야 해. 수십조겁 동안 윤회공전을 했기에 평생을 기도와 수도를 통해 벗겨야 해. 평생을 해도 윤회 속의 업과 죄와 살과 가피를 벗기지 못하는 거야.

자가치유를 해가다 보면 많은 것을 알게 될 거야."

그렇게 대광 선생님으로부터 가르침을 받는 일은 자가치유를 통해 시작되었다. 도사님께서는 크신 일사를 행하시며, 세상적인 것은 대광 선생님이 연결할 수 있도록 해 주셨기에, 대광 선생님은 도사님께서 주신 도로써 사람들을 가르치시며 도를 연결하여 주셨던 것이다.

대광 선생님의 말씀을 명심하며, 나는 그날부터 하루도 빠짐없이 자가치유를 하기 시작했다. 그러면서 나의 육체는 서서히 건강을 회복해갔다. 몇 년 동안 나를 괴롭히던 기침과 가래가 줄어들고, 처음 대광 선생님께 자가치유를 연결받게 된 계기가 된 닭살 피부가 점점 부드러워지기 시작한 것이다. 동시에 나의 눈에는 점차 보이지 않던 기의 형상이며 신의 모습들이 선명하게 들어오기 시작했다.

처음에는 몸 안의 기운을 보았지만, 나중에는 내 몸을 아프게 하는 원인이 되는 신들의 형상을 보게 된 것이다. 바로 그때부터 나는 비로소 '관법'의 개념을 명확히 알게 된 것이다.

"관이란 눈에 보이는 물체를 보는 게 아니라, 신적으로 보이는 현상을 보는 거야. 영화를 보듯 환하게 보이기도 하지만, 느낌이나 상상처럼 연결되는 경우도 있어."라는 대광 선생님의 설명 그대로 나는 점차 보이지 않는 세계를 보는 것이 무엇인지 터득해 갔고, 처음에 느낌이나 상상처럼 보이던 관은 점차 영화를 보듯 선명하게 그려지기 시작하였다.

생각하면 참 놀라운 일이었다. 그저 대광 선생님의 가르침을 충실히 따랐을 뿐인데, 어느새 나는 건강을 되찾았음은 물론이고 관법을 기본부터 충실하게 익혀갈 수 있게 된 것이다.

대광 선생님, "엘리사"의 천명을 받으시다

12월 1일의 대사건이 일어난 후 어느 주말, 도사님께서는 기도생들에게 천지신명 하나님전에서 각자의 천명을 내려 주신다 하시며 각자 자신에게 내려 주시는 천명을 받아 도사님께 점검을 받으라는 말씀을 하셨다.

나의 경우에 처음에는 천명을 바르게 받는 데 실패하고 두 번째에 "이화사"라는 천명을 받았다. 도사님께 점검을 받으려고 가니 "맞게 잘 받았네." 하셨다.

대광 선생님은 어떤 천명이신지 궁금해서 여쭤보았다. 대광 선생님은 세 분의 하나님전에서 천명을 내려 주셔서 받았다며 도사님께 천명을 보여 드리니, 도사님께서 천명을 보시고 이렇게 말씀하셨다고 하셨다.

"태초의 말씀의 하나님전에서 내려 주신 '엘리사'라는 천명이 맞아. 성경책을 봐. 거기에 선지자 엘리야와 제자 엘리사에 대한 기록이 있어. 읽어보도록 해."

성경에 나오는 "엘리사"께서는 선지자 "엘리야"님의 제자로 엘리야께서 하늘로 승천하실 때 땅에 남겨둔 유일한 후계자이며 제자였다. 도사님의 정식 명호이신 "대웅 엘리야 도사신령 하나인님"의 명호 중 "엘리야"의 명호가 있으신데, 대광 선생님의 천명이 "엘리사"이시니 우연이라고 하기엔 너무도 엄청난 비밀이 담긴 듯했다.

도사님과 대광 선생님의 천명과 성경에 기록된 상황을 조금만 깊이 생각해 보면, 도사님께서 대광 선생님을 제자로 인정하심이 명백한 상황이었다.

그러나 당시 해미의 기도생들은 자신들이 천명을 받은 것에만 마음을 쓸 뿐 대광 선생님이 받으신 큰 천명의 의미에 대해서는 깨닫지 못하는 눈치였고, 세월은 흘러갔다.

대광 선생님의 51% 대사건

그토록 크게 이루신 후에도 도사님의 교육은 계속되었다. 지금 생각해 보면, 모든 것을 이루신 분께서 굳이 가르침을 계속하셨던 것은 남겨진 제자에 대한 사랑이 아니셨을까 싶다. 당신께서는 모든 것을 이루셨지만, 제자에게 조금이나마 더 주시고 싶었던 어버이의 마음……. 어쩌면 당신께서는 당신께서 더 이상 함께하시지 않게 된 후에, 당신 대신 사람들을 이끌어갈 제자의 성장을 바쁜 마음으로 기다리셨을지도 모르겠다.

대광 선생님이 "51% 대사건"의 주인공이 되신 것은 바로 그즈음이었다. 그날은 마침 여자방에서 교육을 해 주셨다. 대광 선생님은 선천의 신으로부터 받은 통신 내용을 도사님께 보고드렸고, 도사님께서는 이를 발표하라 하셨는데 다음의 내용이었다.

저 천마왕 감찰령신은
대웅 엘리야 도사신령 하나인님께 고하나이다.
수도생 중 OOO(대광 선생님)은 선천의 천마왕 계열에서 왔으며,
천마왕 계열에서 관리하던 중,
선천의 계보를 통과해서 성신의 계보로 전향하였으므로,
대웅 엘리야 도사신령 하나인님께 OOO을 인계하나이다.
OOO은 선천의 천마왕 계열과 계보의 모든 것을 반납하고,

대웅 엘리야 도사신령 하나인님께 예를 올리도록 하라.

또한, 서울의 김OO은 불마왕 계열에서 왔으며,
대전의 김OO은 우마왕 계열에서 왔음을 알려드리나이다.

대광 선생님이 읽기를 마치자, 도사님께서는 급히 서울의 김OO씨와 대전의 김OO씨를 불러 오라 하시고는 두 손을 들고 방언을 하셨다. 정확히는 몰라도 대광 선생님께 신적으로 큰일이 일어난 것을 직감할 수 있었다.

아닌 게 아니라 도사님께서는 대광 선생님은 물론이고, 대광 선생님이 천서에서 받은 다른 두 선생까지도 하늘께 예를 올리게 하셨다. 다들 무슨 일인지, 좋은 일인지 나쁜 일인지 궁금해하는데 마침내 상황이 끝났는지, 도사님께서 설명을 시작하셨다.

"이제 OOO(대광 선생님)은 51%가 넘었어요. 해미에 찾아오는 많은 사람들이 본인들은 공부하러 왔다고 하지만, 사실은 악신의 계열에서 나를 해하고 기도를 방해하러 왔어요. 이렇게 한 사람이 통과했으니, 앞으로 다른 사람들도 OOO처럼 본인들의 악신의 연결고리를 찾아 반납해야 돼요.

사람 몸은 누구나 할 것 없이 그 사람의 근본이 되는 영의 비율이 20%이며 악신의 비율이 80%예요. 영의 비율이 15% 이하인 사람은 악한 사람이며 구제가 안 되는 사람이에요. 기도하고 수도하는 사람들은 성신의 비율이 50%를 넘어야 해요. 그래야 죽어서 신의 세계에 가도 배역을 하지 않아요.

기도하는 사람이 죽기 전까지 성신의 비율이 50%를 넘지 못하면 아무 소용이 없어요. 여러분들도 기도·수도로써 노력하여 이 사람처럼 자기 스스로가 50%를 넘어야 해요. 사람들은 누구나 자기를 주관하는 악신의 계열이 있어요."

사람은 누구나 악이 80이고 선이 20이라는 말씀이셨다. 기도와 수도를 통해 선의 비율을 높여 50%를 넘어야 악의 지배가 아닌 성신의 지배를 받게 된다는 것……. 그렇다면 내 안에도 악이 선보다 훨씬 많겠지? 순간, 사람이 선과 악을 말한다는 것이 우습게 느껴졌다.

기도와 수도를 통해 내 안의 선이 커져야 악의 지배에서 벗어나게 되는 것인데, 사람들은 얼마나 많은 도덕적 기준을 세워두고 그것들에 스스로를 끼워 맞추고 있는지……. 내 안에 악이 가득하고, 내가 아직 악의 영향을 받고 있는데, 스스로 착하다고 생각하며 정직하게 살려고 노력하며 살아왔다는 것이 약간 허무하기까지 했다.

'대광 선생님이 10년을 넘게 공부해서 50%가 넘으셨는데, 나는 이제 공부를 조금 아는데……. 나도 10년을 하면 50%가 될 수 있을까?'

나는 진심으로 대광 선생님이 부럽고 존경스러웠다. 그동안 얼마나 기도·수도에 매진해 오셨는지 잘 아는 터라 그런 분께서 십 년 넘게 공부하여 50%를 넘으셨다는 것이 막막하기도 했지만, 한편으로는 사람이 악을 뛰어넘을 수 있다는 사실에 큰 감동을 받았다.

그런데 당시 여자 방에 모여 있던 사람들은 상황을 잘 모르는지 무덤덤한 반응이었다. 아무래도 당시 그곳에 모인 분들이 대개 할머니나 아주머니들이다 보니, 상황을 잘 이해하지 못한 모습이었다.

대광 선생님은 그간의 기도와 수도 등 스스로의 노력을 통해 당신을 주관하는 악신의 계열과 계보를 찾아낸 것이다. 그렇게 해서 천서를 통해 "저는 선천의 천마왕 계열에서 왔습니다. 선천의 악귀 악신 계열의 모든 것을 반납하나이다."라고 밝히셨고, 이 땅에서 유일하게 성신님의 계열이신 도사님께서 대광 선생님을 악신 계열에서 성신 계열로 인수인계하여 주신 것이다.

이를 통해 대광 선생님을 주관하던 선천의 악귀와 악신 계열의 모든 연결이 끊어졌고, 그 순간 대광 선생님은 성신의 비율이 50%에서 51%로 높아지신 것이다.

숫자상으로야 50이나 51이나 큰 차이가 없어 보이지만, 성신의 비율이 49인 것과 50인 것, 51인 것에는 너무도 큰 차이가 있다. 49%일 때는 아직 악신의 지배를 받는 것이며, 50%일 때는 그 힘이 대등하지만, 51%가 되면 그때부터는 악신의 비율보다 성신의 비율이 높아진다.
이는 곧, 성신이 악신과의 싸움에서 승리함과 같은 것이다. 한 사람이 악의 질긴 고리에서 벗어나 비로소 성신의 삶을 살아가게 되는 것이다.

도사님께서는 대광 선생님의 성공을 두고, "우선 한 사람이 통과해서 밝혀졌으니 다른 사람들도 연결고리가 끊어져야 한다." 하시며 다른 수도생들의 연결고리를 끊어주신다고 말씀하셨다.

"스스로가 악신의 계열과 계보를 찾아서 반납한 사람이 나왔기 때문에 다른 사람도 해 주는 거예요."

잠시 후, 그때까지도 어떤 일이 벌어졌는지도 모르고 남자방에 있던 여러 수도생들이 불려 왔다. 당시 해미의 수도생들은 저마다 도사님께서 하늘의 일사를 이루심을 방해하고, 도사님을 해하기 위해 악신의 계열과 계보에서 온 사람들이었다. 그러다 보니 모든 수도생들에게는 악신 계열의 힘과 사명의 정도에 따라 각기 악신 1호, 악신 2호, 악신

3호 하는 순번이 있었다.

당시 수도생들 중에서 대광 선생님이 1호, 서울의 김OO씨가 2호, 대전의 김OO씨가 3호, 본신이 각기 손오공, 저팔계, 사오정으로 불리던 손오공 삼 형제 수도생들이 4·5·6호, 큰오빠가 9호, 서울 이원장이 13호, 내가 29호였던 것으로 기억한다.

그런데 "1호"에 해당하는 대광 선생님께서 스스로의 노력으로 악을 버리고 성신 쪽으로 전향을 하게 된 것이다. 그 결과, 도사님께서는 한 사람이 이루셨음을 들어 2호, 3호 등 다른 사람들의 "악의 연결고리"도 끊어주시게 된 것이다.

"주관하는 계열이 밝혀진 경우에 그 연결고리는 끊어주겠지만, 그러한 악신들의 가피는 스스로들이 싸워 이겨 벗어나야 해요.

OOO(대광 선생님)은 본인이 스스로 싸워 이겨 찾았으니 천마왕의 가피가 벗겨졌어요. 또 옥황상제님전에 OOO 모습의 천신이 올라갔어요. 육을 가진 사람으로서 기도생 중에 신으로서는 처음으로 천신이 된 거예요. 이 땅의 천자이며 천군이 된 것이지요. 나머지 사람들도 열심히 하도록 해요."

교육이 끝난 후, 나는 대광 선생님께 진심으로 축하 인사를 드렸다. 대광 선생님은 밝게 웃으시며 열심히 공부하라고 말씀하셨다. 대광 선생님의 51% 대사건 이후, 벌써 10년 가까운 세월이 흘렀다. 그러나 나는 아직도 그날의 일을 마음 깊이 새기곤 한다.

'대광 선생님처럼 크신 분도 10년을 공부하셔서 51%를 이루셨어. 기도를 시작할 때, 악이 80%였는데, 내가 기도를 했다고 해도 %가 높

아졌으면 얼마나 높아졌겠어? 자만하지 말고 욕심내지 말자. 일 년에 1%씩만 간다고 생각하고 가는 거야!'

모함 당하는 대광 선생님

당시 대광 선생님은 서울 청량리에서 도장을 내고 계셨다. 공부하는 사람들이 함께 모여 기도·수도도 하고, 신에 의해 고통받는 사람들에게 도움을 주기도 하고, 사람들에게 기와 신의 원리를 알리고자 하신 것이다. 대광 선생님이 도장을 내겠다는 의지를 밝히자, 도사님께서는 나중에라도 필요에 따라 사람들을 구제 중생해주며 산속에서 조용히 본인의 도를 닦던지, 세상에 펼치려거든 다음과 같이 하라는 당부의 말씀을 주셨다.

"성령과 성신의 종파를 세우도록 해. 그리고 후천의 하늘 신앙을 사람들에게 널리 알릴 수 있는 성지를 정하고, 사람을 구하되, 사람들의 배신을 주의하며 바른 사람을 구하도록 해."

"하늘에서는 세상에 사람을 내보내실 때 처음에는 일류를 내보내지만, 일류가 잘못하면 이류를 예비하셔. 그러니 시작하게 되면 바르게 잘해서 성공하도록 해."

대광 선생님이 청량리 도장을 내실 때, 해미의 수도생 중 몇 사람이 뜻을 같이했다. 서울 이원장, 큰오빠, 김OO씨, 강OO씨, 함OO씨 등이 뜻을 모았는데, 큰오빠와 김OO씨는 개인 사정으로 그만두고 대광 선생님, 이원장, 강OO씨, 함OO씨 그렇게 넷이서 도장을 운영하게 되었다.

그중 서울 이원장이라 불리던 사람은 당시 50대의 남자로 대광 선생님보다 3년 정도 늦게 공부를 시작했다. 사람들에게 한약을 지어 팔고 원장이라고 해서 한의원 원장인 줄 알았는데, 알고 보니 정식 한의사가 아니며 무면허로 아는 사람들의 소개를 통해 암암리에 약을 지어 팔고 있었다.

도장을 열 때, "도장에 다니는 사람에게 약을 팔 경우 전액을 도장에 성금하고, 외부인에게 약을 팔 경우 반액을 성금 하겠다."는 의사를 밝혀, 대광 선생님이 "이원장님이 도장 밖에서 개인적으로 약을 파는 것은 몰라도 도장에 오는 사람들을 상대로 약을 파는 것은 안 됩니다."라고 원칙을 밝히셨고, 이원장도 그러마고 약속을 했다.

강OO씨와 함OO씨는 아주머니로 처음부터 관을 하던 사람이 아니었는데, 대광 선생님을 만나 뵙고 관이 열렸다 한다. 특히, 강OO씨는 대광 선생님을 뵌 날, 대광 선생님의 뒤로 큰 후광이 보이면서 눈에서 뭔가가 확 벗겨지듯이 관이 열리더니 그 후부터는 사람 안에 자리잡은 온갖 신들과 사람을 아프게 하고 방해하는 신들, 조상신들을 보게 되었다는 것이다.

대광 선생님은 당신에 의해 관이 열린 강OO씨와 함OO씨를 바른 쪽으로 이끌기 위해 노력했고, 능력에 치우쳐 악신에게 이용당하게 될까봐 때로는 엄한 교육을 하기도 하셨다.

도장에 찾아오는 사람들은 대부분 병원에서 손을 놓은 사람들이었다. 사람들이 병을 호소하면 대광 선생님은 직접 안수를 해서 병을 고쳐 주시기도 했다. 그중 한 사람은 오랜 무릎 병으로 고생이 심했는데, 안수를 받은 지 몇 시간 만에 무릎이 다 나았다. 그 사람의 경우, 무릎 병의 원인이 무릎에 박힌 악한 신이기 때문에 무릎에 손을 대서 신을 녹이니 병이 금세 나은 것이다. 15년 동안 관절염을 앓아 잘 걷지 못하는 환자를 3일 만에 완치하신 것이다.

그런데 그것을 본 다른 환자가 몹시 화를 냈다. 본인도 똑같이 무릎 병인데 왜 자기는 안 고쳐주고 다른 사람만 고쳐주느냐는 것이었다. 본래 병의 원인은 전생의 업이나 조상신과 관련된 경우가 많다. 그런 경우, 업을 해결하거나 몸에 들어온 조상신을 좋은 곳으로 보내야 병의 근원이 해결되는 것이다.

특히 업으로 인한 병일 경우, 치유 기간이 오래 걸릴 수 있다. 또, 병이 발생한 시기가 오래된 경우에도 치유 기간이 길어진다. 그간 병이 심화되어 육체적 손상이 일어났기 때문이다. 그런데도 그 환자는 자신의 업이나 병의 정도는 생각하지 않고 다른 환자와 비교하며 일단 원망부터 하는 것이었다.

환자들 중에는 조상신의 영향으로 몸이 아픈 경우가 많았다. 당시 도장에 다니던 한 아주머니 역시 그런 경우였다. 대광 선생님이 조상신의 영향으로 몸이 안 좋으니 병을 고치려면 조상제를 해야 한다는 사실을 설명하셨다. 그러자 아주머니가 몹시 화를 내는 것이었다. 그러려면 진작 얘기를 해야지 약까지 다 먹게 하고 조상제를 하라는 경우가 어디 있느냐는 항의였다. 이원장이 대광 선생님 몰래 약을 판 것이었다.

뒤늦게 상황 파악에 들어가니, 도장 안에서 이원장의 약을 산 사람이 한둘이 아니었다. 심지어 약을 몇 재씩 먹고 가족까지 약을 먹었는데 차도가 없어 뒤에서 말이 나오는 경우도 있었다.

그런 일이 있을까 봐 대광 선생님이 처음부터 이원장에게 "도장 내에서 약을 팔지 않는다."라는 약속을 받아낸 것인데, 대광 선생님 몰래 뒤에서 이익을 챙긴 것이다. 그 일로 대광 선생님은 몹시 언짢아하셨고, 이원장의 거짓말이 다 드러나 두 분은 서로 서먹한 입장이 되었다.

그러던 중, 대광 선생님이 경미한 사고로 며칠 동안 도장을 비우게 되었다. 내가 백일기도 차 해미에 오던 첫날 일어난 바로 그 교통사고 때문에 서울에 오시자마자 검사를 위해 며칠간 병원에 입원하고 계셨던 것이다. 불과 일주일도 안 되는 동안인데, 그 사이 이원장은 관을 하는 함OO씨와 함께 도장을 휘두르기 시작했다.

함OO씨는 대광 선생님께 관법을 배우는 입장인데, 선생님이 안 계신 틈을 타 도장은 비워 두고 이원장과 함께 밖으로 나가 관법을 함부로 사용하기 시작한 것이다.

대광 선생님이 퇴원 후 함OO씨에게 그 행위를 나무라시며 앞으로 도장에 나오지 말라고 하셨고, 이원장은 기다렸다는 듯이 함OO씨와 함께 도장 근처에 있는 함OO씨 집에서 대광 선생님이 하고 있는 일을 똑같이 흉내 내며 사람들을 불러 모았다. 그러더니 급기야는 함OO씨가 관을 해서 보니 대광 선생님이 운영하는 청량리 도장 지하에 나쁜 신이 많다고 도사님께 보고를 드리고 대광 선생님을 모함하기 시작한 것이다.

두 사람이 청량리 도장 지하에 악신이 많다고 보고드리자, 도사님께서는 대광 선생님과 강OO씨를 부르셨다. 도사님께서는 상황을 전해 주시며 관을 하는 강OO씨에게 상황을 보게 하셨고, 강OO씨 역시 도장 지하에 신들이 있다고 보고드렸다. 사실 당시에는 악한 신들과의 전투가 한참이라 어디에나 악신들은 있었다. 오히려 도장을 열었으니, 도장을 방해하기 위해 더 많은 악신들이 연결된 것이었다.

중요한 것은 악신이 얼마나 있는가가 아니라, 도장을 여는 사람이 얼마나 바른가 하는 것인데, 자신들에게 연결된 수없이 많은 악신은 보지 못한 채 청량리 도장 지하에 신들이 연결된 것이 무슨 큰일이나 되는 듯 행동하는 것이었다.

도사님께서 대광 선생님에게 "어떻게 할 거야?" 하고 물으시자, 대광 선생님은 "다 저의 잘못입니다. 제가 책임지고 청량리 도장과 관련된 모든 것을 다 정리하여 철수하겠습니다."라고 대답하셨다. 모든 것이 본인의 잘못이며 책임이라는 대광 선생님의 대답에 도사님께서는 두 손을 드셔서 청량리 도장에 연결되어 있던 모든 기를 거두셨다.

이후, 도사님께서는 사람 사이의 일은 배신을 주의해야 하며, 신의를 지키는 사람들과 일을 해야 한다는 말씀을 해 주셨다. 처음에 도사님께서 당부하셨던 우려의 말씀이, 거짓되고 신의 없는 이들에 의해 현실로 드러난 것이다.

한편, 서울 이원장과 함○○씨는 도사님이 자신들의 편을 들어주셨다고 생각했는지 그날 이후 해미 전체를 휩쓸고 다녔다. 청량리 도장에 신들이 많이 숨었다, 그동안 운영을 잘못했다 등등 모르는 사람은 대광 선생님이 많은 잘못을 한 것으로 받아들일 정도였다.

함○○씨는 심지어 방에서 조용히 기도하고 있는 내게까지 사람이 있으면 기도는 나중에 하라며 큰 소리로 무안을 줄 정도였다. 기도하는 방에서 사람들을 모아 놓고 큰 소리로 떠들면서, 조용히 기도하는 사람에게 시끄럽다니 어이가 없었다. 내가 대광 선생님 편이라고 생각해서 그러는 모양이었다.

그러던 중, 이원장과 함○○씨의 행동은 점점 이상해졌다. 특히 이원장은 적외선 치료기로 악신을 태운다고 하기도 하고, 부적 종이에 빨간 사인펜으로 '산삼 3개', '홍삼 5개', '웅담 1개' 등의 약재 이름을 써서 몸에 지니고 다니면 효능이 좋다며 사람들에게 주고, 도사님께도 잔뜩 드리는 것이다.

그러한 행위에 동조를 하는 이들도 있었지만, 분별 있는 분들은 그 모습을 보며 어이없어 했다. 공부를 본격적으로 시작한 지 몇 달 안 된 내가 보기에도 참 어이없는 일이었다.

'참 이상하네. 산삼이나 홍삼 같은 약기는 건강 기원을 드리면 내려주시는 생기와 약기 속에 다 들어 있고, 악신은 악신 죽어라를 하면 나오는 불의 기로 태우는 걸 나도 관으로 봐서 아는데……. 함○○씨는 내가 관을 하기 전부터 관을 잘한다는 사람인데, 청량리 도장 지하까지 관을 해서 보면서, 자기가 하는 일은 관을 안 하나? 이해가 안 돼.'

도사님께서는 사람들이 바르게 노력하지 않고 편법으로 사사로이 행위를 하는 경우, 얼마간 그대로 지켜보시며, 싫다는 표현도 하지 않으시고 그냥 들어주시는 경우가 있었다. 사람들이 잘못함이 있어도 "이건 잘못된 거예요."라는 지적을 바로 하지 않으시고, 그 사람이 주장하는 것을 다 맞다 하시는 경우도 있었다. 그 사람 스스로 답을 찾게 하시는 것이었다.

간혹 사람들이 주장하고 내세우는 것이 있으면, 그것이 옳지 않은 경우에도 "맞아요." 하시기도 했다. 내가 보기에도 들으려 하지 않을 경우 스스로 깨달을 수 있도록 두고 보셨으며, 다른 깊은 뜻이 있으신 듯했다. 그러나 사람들은 그 뜻을 헤아리지 못하고 방자한 말과 행동을 하고는 했다.

이원장과 함○○씨 역시 그랬다. 점점 기세가 등등해서 해미를 휩쓸고 다니는데, 어이없어하는 사람도 있고 거기 동조하는 사람도 있었다. 그러던 중, 도사님께서 수도생인 대전 김○○씨를 부르셨다. 이원장이 써준 "산삼 3개" 등의 종이에서 어떤 현상이 일어나는지 통신을 받아보라고 하신 것이다. 통신이란 신의 세계에서 말씀을 받는 것인데, 김○○씨가 받은 통신은 다음과 같았다.

처음에는 종이의 글씨가 (관을 해서 보면) 산삼, 인삼 모양을 하고 있지만, 몸에 담아 놓고 난 뒤 조금 있으면 그 산삼, 인삼 등으로 변장한 악신들의 실체가 드러나며, 그 종이를 지닌 사람들의 몸 안에 그 악신들이 파고들어 악신의 집을 짓고 새끼를 낳아 세력이 번창한다. 사람의 몸에 착용하는 것은 좋지 않고, 잘못하면 사람이 다칠 수 있으니, 교육이 끝나면 다 걷어서 소각하라.

도사님께서는 다른 지역의 관을 하는 사람들에게도 종이에서 일어나는 현상을 확인하라고 하셨다. 사람들의 말은 대전 김OO씨가 받은 대로 종이의 글씨가 이상한 모양으로 바뀌며 도깨비신과 나무신 등으로 변하여 종이를 지닌 사람의 몸속으로 숨는다는 것이었다.

도사님께서는 대전 김OO씨에게 그 상황을 알려 주고 받은 종이는 본인들이 다 소각하라고 하셨다. 그 상황으로 해미의 분위기는 전혀 달라졌다. 기세등등하던 이원장과 함OO씨는 이내 기세가 꺾여 고개를 못 들었고, 도사님은 그제야 말씀을 시작하셨다.

"자신들이 바르지 못한 일을 하게 되면, 나중에 악신들의 조화로 오히려 행위를 하는 본인들이 역으로 당해 다치는 경우가 생기니 주의해야 해요. 악신들은 누구에게나, 어디에나 많이 있어요. 이곳 기도원 근처도 악신들이 외부에서 땅굴을 파서 땅속으로, 공중으로, 기도원을 수시로 공격해요. 기도원에 사람들이 찾아오면 그 사람들 몸에 숨어 들어온 악신들이 여기저기에 숨어 있다 나를 공격하는 경우가 많아요. 지구에서 어느 곳이든 악신들이 없는 곳은 없어요."

도사님의 교육이 끝난 후 사람들은 몸에 지니고 있던 종이를 태우느라 바빴다. 이원장이 도사님께도 얼마나 많은 종이를 넣어드렸는지, 대전 김OO씨는 도사님 대신 꽤 많은 양의 종이를 소각하는 모습이었다. 그날 이후, 이원장과 함○○씨는 한동안 조용히 지냈고, 나는 답답하던 속이 펑 뚫린 듯 잠시나마 통쾌한 마음이었다.

한편, 청량리 도장을 철수할 즈음에 큰오빠는 다른 일로 인하여 해미도량에 출입할 수 없게 되었다. 큰오빠는 서울에서 건강 제품 판매 사업을 하며, 일주일에 한 번씩 해미도량을 찾곤 했는데, 어떤 잘못된 일로 인해 도사님으로부터 해미기도원 출입금지령이 내려진 것이다.

도사님의 당부

이유야 어찌 되었든 결국 청량리 도장이 문을 닫게 되면서, 내심 대광 선생님이 많이 염려스러웠다. 가르치던 사람이 사사롭게 관법을 이용하고, 같은 수도생이 거짓된 행위로 배신에 모함까지 한 책임을 당신 혼자 지셨으니 마음이 얼마나 안 좋으실지 안타까웠다.
그러나 아무래도 연세가 한참 높으시다 보니 어려운 마음에 전화도 드릴 수 없었다. 그러던 중, 치료차 방을 찾은 나에게 도사님께서 대광 선생님에 대해 말씀을 꺼내셨다.

"서울에, 김원장 알지? 김원장 옆에 제대로 된 사람이 한 사람만 있었어도 그렇게 안 되었을 텐데……."

"왜요? 거기에 사람들이 함께하고, 많이 다녔잖아요."

"많은 사람이 있으면 뭐 해. 제대로 된 사람 한 사람만 있으면 되지. 나중에 기회가 되면, 갓난이가 도와주면 좋지."

당시 도사님께서는 대광 선생님을 김원장이라고 부르셨다. 기도·수도를 연결하실 때 말고는 도사님께서 누구에게 뭔가를 하라고 하시는 경우는 극히 드문데, 내게 그런 말씀을 하시니 그 느낌이 크게 다가왔다. 그렇지만, 그때만 해도 그 의미를 짐작할 수는 없었다.

전부터 내게 "기도하면 잘할 텐데…….", "치료하며 구제 중생하면 잘할 텐데…….." 하고 말씀하시곤 했지만, 대광 선생님을 돕는다는 것이 무엇인지는 도무지 짐작이 가지 않았다. 대체 도사님은 무엇을 말씀하신 것일까?

도사님의 병환

그럭저럭 해미에서의 생활도 여러 달이 지났다. 처음 내려올 때 기약했던 백일기도도 무사히 마칠 수 있었고, 몸도 마음도 몰라보게 건강해져 있었다. 그날도 도사님께서는 언제나처럼 교육을 해 주셨다. 역시나 너무도 큰 기도들을 연결시켜 주시는데, 갑자기 도사님께서 그 자리에 있던 기도생들에게 "저에게 도사님의 능력을 주시옵소서."라고 기도를 하라고 하시는 것이었다. 순간, 놀란 나는 도사님께 고개를 돌렸다. 평상시와 똑같은 모습이셨다.

'도사님의 능력을 받으라고 하시다니 무슨 의미이실까?'
뭔가 이상한 느낌에 머릿속이 복잡했다. 나와 달리 주변 사람들은 너무도 열심히 기도를 하고 있었다. 가만 보니 대광 선생님도 상황이 이상하다고 느끼시는지 도사님을 바라보고 계셨다.

그동안 우리는 도사님께서 연결해 주신 기도·수도법으로 계속 기도·

수도해 왔는데, "저에게 도사님의 능력을 주시옵소서."라는 기도만은 그 자리에서만 하고 더 이상은 따로 하지 말라고 말씀을 내리셨다.
 도사님의 능력을 받으라고 하시니, 뭔가 의미가 있으심이 분명한데 알 수 없는 일이었다.

 그런지 얼마 안 돼서 해가 바뀌고, 1998년 1월 3일!
 도사님께서는 해미의 상주자 모두를 남자방으로 부르시더니 이렇게 말씀하셨다.

 "오늘부로 해미에서의 1차 공부가 끝났어요.
 도를 이루는 것은, 이곳에서는 1차 마무리가 되었어요.
 많이 나왔으면 좋았을 텐데, 겨우 두서너 명만 통과되었어요.
 앞으로 기도생들은 신선의 도를 닦으면 돼요.
 혹시 모르지. 다음에 2차 기도가 또 있을지.
 내가 제자에게 40%를 넘겨주었어.
 그래도 내가 스승이니 더 많이 가지고 있어야지. 허허허"

 도사님께서는 당시 도사님의 곁에 머물던 대전 김○○씨에게 "1월 3일부로 해미에서의 1차 공부가 끝나고, 당분간 모든 공부가 중단되었으니 악신 죽어라를 열심히 하라."라고 해미에 오는 각 지역의 대표되는 사람들에게 전하게 하셨다.

 '1차 교육이 마무리되며 두세 명만 통과가 되었다고 하시는데, 두 명이면 두 명이고 세 명이면 세 명이지 왜 두세 명일까? 한 명은 대광 선생님이 분명한데, 나머지는 누굴까?'

 이런 궁금함을 아셨는지 도사님께서는 얼마 후 내게 개인 지도를 해 주시면서 이런 말씀을 해 주셨다.

"내가 이야기를 하면 나의 깊은 뜻을 헤아리고 듣는 사람들이 거의 없어. 그중에 서울 김원장만 잘 이해를 하는 편이지. 신의 세계에 대한 부분도 제일 많이 알고. 해미생 중에 김원장이 최고야. 공을 많이 세웠어. 사람들은 자신들이 잘 알지 못하면 배우려 해야 되는데 무조건 시기와 질투를 하니, 사람이 어리석으면 쉽게 배울 것도, 익힐 것도 배우지 못해. 어리석은 사람들이 참 많아. 잘하는 분야가 있는 사람의 주특기를 배워야 할 텐데 내가 알려 줬다고 해서 다 같이 배웠다고 같은 수준이라고 생각하지.

분명하게 다 차이가 나는데도 그 구분을 하지 못하고 다 같은 줄 알고 있으니, 학교를 다녀도 우등생이 있고 열등생이 있는데 말이지. 다른 기도생들이 중고등학생이라면 김원장은 국방대학원 졸업생이야. 그러니 통과된 거지. 해미생 중 제대로 아는 사람들이 거의 없어. 그러니 그동안 공부에서 1차 공부가 2~3명만 겨우 통과했다고 하는데 그 뜻을 몰라. 제대로 정식으로 통과한 사람은 김원장 한 명이야.

하늘도는 사람이 이루지 못하는 도야. 오로지 신앙하는 마음으로 순종하며 무조건적인 충성을 해야 해. 세상적으로 나타내는 행위를 하다 보면 하늘과 거리가 멀어지지."

당시 해미의 기도생들은 대광 선생님에 대해 잘못된 오해를 하는 경우가 많았다. 그것은 도사님께서 해미의 다른 기도생들을 대하시는 경우와 달리, 대광 선생님에게는 항상 엄하셨기 때문이었다. 한 번은 대광 선생님이 신적인 것에 대해 연구를 하다 너무 신의 세계에 깊이 개입한 일로 도사님께서 엄하게 꾸중하시고, 그 후 한 달가량을 눈길 한번 안 주신 적도 있으셨다.

그러나 그 모든 것은 가르치시는 과정이셨으며, 뜻하심이 있으셨기 때문이었다. 도사님께서는 대광 선생님을 7년을 보신 후에 "이제 제자가 되었어. 신앙해도 돼."라고 인준하여 주시며 정식 제자로 받아들이셨다.

약 50년 전쯤, 도사님께서 사람들에게 도를 알려 주시고 바르게 쓰도록 안수로써 능력을 연결하여 주신 적이 있으신데, 그 사람들이 큰 능력을 갖게 되자 이름을 대면 알 만한 종교 단체를 세우고, 사람들에게 참된 신앙과 정도를 알려 주기는커녕 스스로 교주가 되어 많은 잘못을 하여, 그로 인해 도사님께서 하늘에 누를 끼친 결과가 된 적이 있으셨다고 말씀하셨다.

도사님께서 사람들에게 하늘에 대한 신앙과 정도를 알려 주실 때에, 그 사람들이 바르고 정직하게 잘 가면 좋지만, 반대로 능력을 연결받은 사람들이 바르지 못하여 사람들을 잘못 이끌고 오히려 교주 노릇을 하며 하늘을 가리는 행위를 하면 도사님께서 잘못된 사람에게 능력을 연결하신 책임을 받으신다는 말씀이셨다.

도사님께서는 50년 전의 그 사람들이 연결해 주신 도를 바르게 쓰지 않고 사리사욕을 위해 사용하여 우리나라에 잘못된 종교와 종파를 세움을 보시고, 그 이후로 사람들을 제자로 키우시지 않으시되, 알고자 하는 이들에게는 참 신앙과 정도에 관해서 알려 주셨다고 하셨다.

그런 이유로 열심히 공부하시며, 신에 대한 연구까지 하시며 때로 실수를 하시는 대광 선생님을 더욱 엄하게 대하시며 7년을 지켜보셨다고 하셨다. 도사님께서 대광 선생님을 지켜보시며 시험하시기 위해 일부러 엄하게 하시면, 그 깊은 뜻하심을 모르는 해미생들은 대광 선생님이 크게 잘못된 사람이라도 되는 것처럼 피하기에 바빴다.

그러나 대광 선생님은 그런 와중에도 해미에 계시며 180일 기도에 들어가 기그림을 500장 가량 그리시고, 천문글을 2,000장 넘게 쓰셨다. 매일 아침부터 다음 날 새벽까지 수도 정진하셨던 것이다. 그 과정에서 도가 높아지시니, 아직 후천이 되기 전 관세음 하나님께서 감찰왕으로 계실 때 도사님께서 대광 선생님에게 감찰부 정보부장의 직책(신의 세계의 직위)까지 주셨다고 하셨다. 그것만 보아도 도사님께서 대광 선생님을 어떻게 생각하고 계신지 알 수 있는 일이었다.

'그럼 1차 교육에서 통과하신 건 대광 선생님 한 분이시구나. 대광 선생님만 통과되신 거였어.'

그러나 당시만 해도 1차 공부의 끝이 무엇인지, 훗날 있을 2차가 무엇인지 알 수 없었다. 그저 얼마간의 시간이 흐르면 도사님께서 다시 교육을 시작하실 것이고, 그 공부가 바로 2차인 모양이라고 짐작할 뿐이었다. 당시 도사님께서는 이미 여든을 넘으신 몸이셨지만, 우리의 도사님이시기에 언제까지나 우리와 함께해 주실 거라 굳게 믿었고, 앞으로도 계속해서 도사님 밑에서 교육을 받고 보살핌을 받을 수 있을 거라 믿었기 때문이다.

그러나 그날을 기점으로 도사님의 육신은 급격히 쇠약해지기 시작하셨다. 마치 모든 일사를 마무리하신 후, 깊은 휴식을 취하시는 것처럼 자리에 누우시게 되더니, 때로는 혼절을 하시기까지 했다. 순간, 무언가 마음에 짚이는 것이 있었다.

'이미 모든 것을 마무리하시고 육을 떠나실 마음의 준비를 하셨구나! 그래서 제자에게 40%를 주셨다고 하신 거구나.'

대광 선생님이 해미에 도착한 것은 1월 중순경이었다. 사람들의 배신으로 청량리 도장을 정리하고 해미에 내려오셨는데, 얼마나 마음이 상하셨는지 긴 머리를 짧게 자르시고 수염은 말끔히 깎으신 모습이었다.

저녁을 못 드셨다기에 라면을 끓여드리고 이런저런 대화를 나누는데, 당시 도사님을 수발하던 박선생이 급하게 대광 선생님을 찾았다. 대광 선생님이 도착하셨다는 소식을 들으신 도사님께서 급하게 대광 선생님을 찾으신다는 것이었다.

한참 후, 대광 선생님은 심각한 표정으로 도사님의 방에서 나오셨다.

"도사님께서 생각보다 많이 심각하시다. 도사님께서 나를 보시더니 '내 머리에 안수해. 빨리 안수해.' 하셔서 안수를 해 드리니까 금세 잠이 드시더라."

당시 의식을 자주 놓으시던 도사님께서 대광 선생님이 오셨다는 얘기를 들으시고 급히 부르신 것이었다. 당시 도사님께서는 옆집에 살던 큰 자제분이나 해미의 수도생들이 병원에 가시자고 아무리 졸라도 절대 병원에 갈 수 없다며 완강하셨다. 당신께서 이곳 기도원에 있어야 한다고 하시니, 명을 어기고 병원에 모실 수는 없는 일이었다.

보다 못한 대광 선생님은 그러면 기력이 없으시니 병원에 가서 잠깐 영양제만 맞고 오자고 하셔도, 도사님께서는 절대 병원에 가실 수 없다며 완강하시기만 했다.

대광 선생님은 도사님의 병환을 몹시 괴로워하셨다. 청량리 도장 건으로 마음을 추스르러 오셨다가 도사님의 병환을 맞게 되니 마음이 너무 아프신 모양이었다. 나 역시 마음이 너무 아팠다. 스무 살에 도망치듯 해미를 떠난 후, 세상사에 회의를 느껴 해미에 돌아와 이제 겨우 안정되어가는 시점에 도사님께서 편찮으시니 그 죄송함과 걱정스러움을 표현하기 어려웠다. 그나마 대광 선생님이 와 계신 것이 큰 힘이었다.

대광 선생님은 도사님의 육이 갑자기 쇠약해지신 이유를 찾고자 온갖 노력을 다하셨다. 매일같이 도사님의 육을 아프게 하고 방해하는 악신들의 연결을 찾아 정리하셨고, 이제 막 걸음마를 뗀 아이처럼 관법을 시작한 나도 메뚜기 떼처럼 수시로 몰려드는 악신들의 공격을 막아내느라 정신이 없을 정도였다.

도사님은 편찮으신데 악신은 몰려드니, 자칫 위험한 형편이었고, 결국 대광 선생님이 주관이 되셔서 몇몇 남자들과 나는 수시로 전투를 했다. 이미 1차 기도가 중지되었다 하셔서 다른 공부는 하지 못했지만, 혼자 있을 때에도 쉬지 않고 악신 죽어라를 했다.

지난 1997년 12월 1일, 선천의 시대가 후천의 시대로 바뀌었음이 공표된 이후, 지구에 숨어든 선천의 수많은 계열과 계보의 악신들은 수시로 공격을 하며 쳐들어왔다. 그 수가 얼마나 많은지, 하늘을 메운 시커먼 메뚜기 떼 같았다.

그러던 어느 날, 대광 선생님은 강OO씨를 불러 이렇게 말씀하셨다.

"도사님의 육이 이러하신 것은 후천이 되면서 도사님의 인신께서 하늘에 직접 오르시고, 도사님의 육에 새로운 어린 인신께서 임하여 계심으로 인해 당신의 육에 변화가 일어나신 것 같은데, 우리들의 도가 아직은 미약해서 보호를 해 드리지 못함으로 인하여 계속 더 힘들어지시는 것 같으니, 강선생이 직접 보고 말씀을 받아보도록 하세요."

당시만 해도 대광 선생님께 가르침을 받던 강OO씨는 관도 잘하고 통신도 잘 받았다. 강OO씨가 문의를 드려 받은 말씀은 이랬다.

1997년 12월 1일 부로,
대웅 엘리야 도사 신령 하나인님께서 전체 하늘을 통일하시어,
대웅 엘리야 도사 신령 하나인님의 분신님들께서
전체 십사만 사천 통일성령 하나님전에 입전 입각하셨으며,
그 이루심에,
대웅 엘리야 도사 신령 하나인님의 육에 계시던 인신님께서,
육의 본체이시며 팔십 평생 육에 계시며 도를 이루신 인신님께서,
하늘의 주님전에 직접 오르시어, 지금은 주님전에 계심.

결국 도사님과 함께해 온 본래의 인신님께서 후천이 선포되면서 하늘에 오르시고, 지금 도사님의 육에는 이제 막 태어난 '어린 양'이신 갓난아기 모습의 인신님께서 임하여 계시므로 육을 스스로 지키시지 못하고 무방비 상태에 놓여 있게 되었다는 것이었다.

게다가 도사님 생전에 존영이라도 뵙겠다고 찾아오는 수많은 사람들의 몸에 연결된 나쁜 기운과 악신들이 도사님께 연결되어 더욱 힘들어지신다는 것이다. 또, 지상으로 지하로 수시로 쳐들어오는 악신들이 도사님의 육을 아프게 하고, 더 어렵게 만든다는 것이다. 그런 상황을 전하며, 강OO씨는 '아기 낳으면 치는 금줄'이라도 쳐야 한다는 주장을 했다.

잠시 깊은 고민에 빠져 계시던 대광 선생님은 내게도 도사님의 인신을 보라고 하셨다. 자세히 보니, 도사님의 육에는 정말 갓난아기와 같으신 모습의 인신께서 임해 계셨다. 예전에 뵈었던 신령님 같으신 도사님의 인신께서는 보이시지 않으셨다. 도사님의 육에 함께하시던 인신께서 모든 것을 이루시고 하늘로 오르신 후, 새 생명이 잉태된 것처럼 어린 아이와 같은 인신께서 다시 임하신 것이다.

강OO씨는 세상에서 아기가 태어나면 금줄을 쳐서 외부인을 못 오게 하듯이, 해미도량에도 금줄을 치자는 주장을 했다. 신적으로야 맞는 말이지만, 도사님의 가족들도 그렇고 해미에 다니는 사람들을 봐서도 현실적으로는 실현 불가능한 주장이었다. 심사숙고하시던 대광 선생님은 결국 그럴 수는 없다는 결론을 내리셨다.

"외부인을 통제하는 것은 현실적으로 안 되는 상황이니, 우리가 최선을 다해 잘 보호해 드릴 수밖에 없어요. 상황을 알려 준다 한들 상주하는 사람이나 외부인이나 이해할 사람이 누가 있겠어요. 나 보고 딴마음이 있어서 그렇다고 오해하며 오히려 방해를 할 거예요. 사람마다 공부의 수준이 각기 달라 이해할 수 있는 깊이도 각기 다르니, 우리는 지금 상황에서 최선을 다하는 수밖에 없는 거예요."

결국, 모든 수도생들이 힘을 합하여 도사님의 육을 지켜드려도 역부족인 상황에서 수도생들의 협조는 고사하고 이해조차 구할 수 없었고, 우리는 우리가 할 수 있는 선에서 최선을 다해 노력하는 것밖에 달리 방법을 찾을 수 없었다.

그날 이후로, 우리는 더 자주 도사님의 육적인 상황을 점검하며 악신을 찾아 정리했지만, 아직 새로이 잉태되신 인신님께서 자리를 잡지 못하신 도사님의 육은 큰 차도를 보이지 않으셨다.

병환이 깊어지실수록 방문자의 수는 늘어갔다. 그중에는 의약계에 종사하는 사람들도 있었지만, 잠시 머물다 갈 뿐 도사님을 치료하겠노라고 나서는 사람이 없었다. 도사님 곁에 계속 머무는 것은 당시 도사님을 수발하던 대전 김OO씨, 박선생, 연로한 아주머니들 외에는 대광 선생님과 나뿐이었다. 대광 선생님은 도사님의 몸을 치료하시며, 몸 안에 있는 나쁜 신들을 계속 정리했고, 동시에 동서남북에 숨어 있는 악신들을 찾아 정리하셨다. 상주자들 역시 조금이나마 악신을 정리하기 위해 노력했다. 당시로서는 그것만이 도사님의 병환을 위해 할 수 있는 역할이었다.

그런 와중에 도사님의 큰 자제분은 엉뚱한 행위를 했다. 우리 공부와는 전혀 다른 길을 가는 큰 자제분은 독수리신을 불러 도사님을 치료해야 한다며 누워 계신 도사님 앞에서 엉뚱한 동작을 하는 것이다. 그러잖아도 도사님을 공격하는 신들이 많은 판에 신을 불러 치유를 하겠다니 기가 막힐 노릇이었다.

그러나 그 자제분은 도사님의 가족이었다. 사회적인 것을 따지면 도사님을 보필할 의무도, 권리도 자제가 우선이었다. 더구나 도사님께서 계신 그 앞에서, 그런 행위를 하지 말라고 끌어낼 수도 없는 일이었다.

결국 대광 선생님과 나는 답답함을 삼키며 큰 자제분을 통해 도사님의 육신에 숨어든 악신들을 정리하기에 바빴다. 도사님의 건강이 쉬이 회복되지 않으며, 우리는 때로 심란한 마음으로 술잔을 기울이다 한층 더 심란해진 마음으로 잠자리에 들곤 했다. 도사님께서 다시 일어나시는 것. 그것이 우리들의 유일한 바람이고, 희망이었다.

강OO씨 대신 대광 선생님의 옆에서 관을 하다

시간은 흐르는데 도사님의 병환은 호전되시지 않았다. 상황이 급박하다 보니, 대광 선생님은 전체적인 신적인 상황을 살펴보셔야 해서, 강OO씨에게 관을 하게 하시며 도사님의 병환과 관련된 신적인 상황을 계속 점검하도록 하셨다.

그렇게 며칠이 지났을 무렵, 하루는 강○○씨가 상황을 점검하는 과정에서 실수를 했다. 도사님이 병환 중이신데 실수를 하니 대광 선생님이 나무라신 것은 당연한 일이었다. 그런데 강○○씨는 대광 선생님이 잘못을 지적하신 일을 트집 잡아 병환 중이신 도사님을 몰라라 하고 서울로 가버렸다. 대광 선생님이 자신을 나무란 것이 서운하다는 것이다. 아무리 혼이 났다고 해도 그렇지, 그렇게 급박한 상황에서 자신의 감정만을 앞세우는 강○○씨를 보니, 얼마 전 큰오빠에게 들었던 일화가 떠올랐다.

강○○씨는 평소 내가 보기에도 경우 없게 행동하는 경우가 많았다. 몇 달 전, 대광 선생님과 큰오빠, 강○○씨와 몇 사람이 저녁을 드시고 약주를 하셨다고 한다. 그런데 강○○씨가 이런저런 일을 이야기하며 대광 선생님께 삿대질까지 하며 따졌다고 한다. 언짢아지신 대광 선생님이 몇 번이나 "그 손 치우세요." 하고 말씀을 하셨는데도, 강○○씨는 태도를 바꾸지 않고 계속해서 큰소리를 내며 삿대질을 했다는 것이다.

그 모습을 보시던 대광 선생님이 조용히 "그 손 굳어라." 하셨더니 순식간에 삿대질하던 그대로 강○○씨의 몸이 굳어버렸다는 것이다. 큰오빠를 포함해 주변 사람들이 다 놀라고 강○○씨 역시 몸이 굳어진 채로 너무 놀라 말을 못 하고 있다가 "김원장님, 용서해 주세요. 제가 잘못했어요."라고 거의 울며 용서를 빌었다 한다.
한참 후, 대광 선생님께서 "풀어져라." 하시니 그제야 강○○씨가 들고 있던 손가락을 떨어뜨리며 굳은 몸이 풀어졌다고 한다.

그날 그 자리에서 그 모습을 낱낱이 지켜본 큰오빠는 얼마나 놀랐는지 그 이야기를 몇 번이나 하셨는데, 강○○씨는 그 후 얼마간은 대광 선생님 앞에서 말과 행동을 조심하려고 애썼다. 그러나 그 후 얼마 지나지 않아 본래의 성격대로 돌아왔던 것이다.

대광 선생님은 강OO씨를 가르치시기 이전에도 관을 하는 사람을 많이 가르치셨는데, 그 사람들을 해미에 데려오시곤 하셨다. 그럴 때면 도사님께서 그 사람들에게 더 큰 능력(관법)을 연결하여 주셨는데, 그렇게 되면 지금까지 가르쳐 주신 대광 선생님의 말씀은 듣지를 않고 자신들이 도사님께 직접 교육을 받는 사람인 양 자만하고 교만하고 더 큰 능력을 탐하다 끝내 공부를 실패하게 되었다. 대광 선생님은 이에 대해 도사님께 다음과 같이 여쭈었던 것이다.

"도사님, 제가 관법을 연결하여 가르친 사람들은 왜 다 실패를 하는 것입니까?"

도사님께서는 이렇게 답변을 해 주셨다.

"사람들을 내게 데리고 오니 그렇지. 본인의 말을 잘 듣던 사람들이 나를 보면 능력이 많으니 나한테 잘하지. 해미에 데리고 오지 말고, 본인이 도장에서 대장 하면 되는데 뭐 하러 데려와."

그러시면서 다른 사람들에게 "강선생과 함선생 모두 김원장 제자야. 내가 키웠나. 나는 능력만 연결해 준 것이지."라고 말씀하셨다.

내가 보기에도 도사님께서는 대광 선생님이 데려오신 사람들에게 잘해 주셨다. 특히 관을 하는 사람들에게는 능력을 더 많이 부어 주셨다. 그러면 그 사람들은 자신이 뛰어나 큰 능력을 받은 것으로 오해하고 자만하고 교만했다.

도사님께서는 "대단해요. 최고예요." 하시며 능력을 인정하여 주시며, 관을 더 잘하도록 큰 능력을 연결하여 주셨다. 그러면 하나같이 그러한 능력이 자신의 것인 양 자만을 했던 것이다.

해미에서 관을 잘한다고 인정받은 사람들은 대부분 대광 선생님의 교육을 받은 사람들이었다. 그런데도 도사님께서 더 큰 능력을 연결하여 주시면, 도사님 앞에서만 행동을 조심하고, 다른 사람들 앞에서는 자만하고 교만했으며, 특히 가르쳐 주신 분에 대한 신의를 저버리고 예의마저 갖추지 않았던 것이다.

관을 하는 강OO씨와 함OO씨 역시 그랬다. 두 사람 다 대광 선생님께 교육을 받아왔던 것이다. 강OO씨의 행동에 '사람이 어쩌면 저렇게 신의가 없을까?' 하는 생각을 하며 나는 도사님께서 강OO씨와 함OO씨는 대광 선생님의 제자라고 하셨던 말씀을 강OO씨에게 전했다. 그러자 강OO씨는 그럴 리가 없다며, 도사님께서 일어나시면 자신이 누구의 제자인지 직접 여쭤보겠다며 막무가내였다.

'참 어이없다. 처음 관을 한 것도 대광 선생님께 치료받으러 가서였고, 몇 달이나 교육도 받았으면서 어떻게 저런 행동을 할 수 있을까? 당연히 대광 선생님은 가르쳐 주신 선생님이고, 도사님께서는 도사님 그대로이시지. 그리고 지금 본인이 누구 제자인가 하는 게 중요한가? 도사님께서 저렇게 편찮으신데 일단 치료부터 해 드릴 생각을 해야지.'

그렇게 강OO씨가 떠난 후, 나는 강OO씨 대신 대광 선생님의 곁에서 관을 하며 도사님의 병환을 치료하기 위해 노력하기 시작했다. 그때까지만 해도 대광 선생님의 곁에는 강OO씨가 함께했는데, 스스로 대광 선생님의 곁을 떠난 후, 강OO씨의 역할을 내가 하게 된 것이다. 강OO씨가 그렇게 떠난 것이 우연이었을까, 필연이었을까?

그날 이후, 나는 늘 대광 선생님의 곁에서 함께하며, 훗날 있을 악신들과의 크고 작은 전투에서 대광 선생님과 생사고락을 함께하게 된다.

서울 이원장의 "대광 선생님에 대한 또 한 번의 모함"

때로 의식을 잃기도 하시고, 의식이 돌아오기도 하시던 도사님은 여전히 병원에는 절대 안 가신다며 완강하셨다.
"나는 절대 병원에 안 가. 나는 병원에 가면 안 돼. 여기 있어야 해."

도사님께서는 그렇게 계속 해미에 머물러 계셨고, 우리는 초조한 심정으로 도사님이 다시 일어나시기만을 기원했다. 그러던 어느 날 밤, 도사님을 살펴 드리러 방에 들어가신 대광 선생님은 도사님의 허리 아랫부분에 욕창이 생긴 것을 발견하시고는 수발을 들던 박선생에게 어떻게 된 거냐고 물어보셨다. 당시 도사님 곁에서 수발을 들던 사람은 박선생과 대전 김OO씨였다.

박선생은 해미에 왕래하는 약사들과 당시 치료와 건강식품과 관련한 업을 하는 사람들에게 도사님 몸에 욕창이 생겼다고 말했지만 사람들이 그리 심각하게 생각하지 않았다고 한다.

그렇게 대광 선생님이 환부를 발견하신 때는 이미 욕창이 상당히 진행된 상태였다. 고심하던 대광 선생님은 일이 너무도 다급해서 도사님께 허락을 구하고, 욕창이 생긴 부위를 직접 손대기로 하셨다.

마침 그 자리에는 큰 자제분과 도사님을 수발들던 박선생이 같이 있었다. 사안이 중대한 만큼 임의로 결정하실 수 없었던 대광 선생님은 큰 자제분에게도 도사님의 욕창 부위를 보게 하시고는 동의를 구하셨다.

군에 계실 때 의무병 생활을 하셨던 대광 선생님은 다행히 욕창을 어떻게 다루어야 하는지 알고 계셨다. 먼저 급한 대로 집안에 있던 문구

용 커터 칼의 쓰던 곳을 끊어내고 새 부분을 가스레인지 불에 달군 후 알코올로 닦아 소독하고, 그런 다음 욕창 부위를 칼로 살짝 베어내셨다.

그러자 욕창 부위에서 썩은 물이 쏟아져 나왔고, 썩은 물이 너무 많이 나오는 것을 보신 대광 선생님은 일단 덮여 있는 욕창 부위를 전체 다 드러나게 하신 후 생리식염수를 솜에 묻혀 도사님의 욕창 부위를 깨끗이 소독해 드린 후 옆으로 눕게 하셨다.

다음 날, 대광 선생님은 아침 일찍 박OO씨와 나에게 의료기를 취급하는 곳에 가서 필요한 기구들과 생리식염수와 거즈, 솜 등을 사 오게 하셨다. 박OO씨는 곧 욕창과 관련된 위생 기구 일체를 사서 돌아왔다.

대광 선생님은 매일 상처가 깊어진 욕창 부위를 조금씩 잘라내시고, 큰 주사기에 생리식염수를 넣어 호스로 물을 뿌리듯이 계속 욕창 부위에 생리식염수를 분사하며 소독해 드렸고, 소독이 끝나면 생리식염수를 적신 거즈로 덮어 드렸다.

그러기를 며칠 후, 도사님의 욕창 부위에 새살이 돋아나기 시작했다. 전에 5cm 깊이로 썩어 있던 욕창 부위에 새살이 발갛게, 그것도 2cm씩이나 올라오기 시작한 것이다! 이제 새살이 차오르기만을 기다리면 될 일이었다. 우리는 뛸 듯이 기뻐했고, 행여나 도사님의 병환이 깊어지실까 노심초사하던 대광 선생님은 잠시 마음을 놓으실 수 있었다.

그런데, 기쁨도 잠시 대광 선생님은 도사님의 허리 쪽에서 또 다른 욕창 부위를 발견하셨다. 허리 아랫부분에 겨우 새살이 돋기 시작했는데, 다시 심각한 문제가 발생한 것이다. 대광 선생님은 이번에도 도사님의 허락을 받아 허리 쪽에 생긴, 덮여 있는 욕창 부위를 들춰 보셨다.

그런데 허리 쪽의 욕창은 너무 심각해, 썩은 부위가 뼈까지 미쳐 있었다. 표정이 굳어진 대광 선생님은 도사님께 "이번 것은 제가 자신이 없습니다. 아무래도 병원에 가셔서 치료를 받으시는 게 좋을 것 같습니다."라고 말씀드렸다.

그러나 도사님께서는 여전히 병원에는 가시지 않겠다며 완강하셨고, 우리는 진퇴양난에 빠졌다. 욕창을 그대로 둘 수도, 병원에 갈 수도 없는 심각한 상황이었다. 하루하루가 살얼음을 디디듯 위태로운 상황이었다.

그런 와중에 해미 밖에서는 악의에 찬 소문이 돌고 있었다. 주로 도사님 사후에 해미 기도원이 큰 재산이 될 것으로 생각한 사람들의 입에서 나온 소문이었다. 그중에서도 특히 서울 이원장은 서울에 머물며 도사님의 큰 자제분과 잦은 통화를 하며, 대광 선생님과 큰 자제분의 사이를 이간질했고, 대광 선생님의 욕창 치료를 두고 해미 안팎으로 악의에 찬 소문을 퍼뜨리고 다녔다.

대광 선생님이 욕창 부위를 손대실 때, 큰 자제분이 분명히 동의하고 한 자리에 앉아 그 장면을 지켜보았는데도 불구하고, 밖의 사람들에게 대광 선생님을 모함하는 데 열을 올렸다. 정작 본인은 도사님의 병환을 강 건너 불구경하듯 하고 있으면서 대광 선생님이 욕창에 손을 댄 것을 두고, 대광 선생님이 녹슨 칼로 욕창 부위를 건드리고 그 부위에 주사를 놓아 병환이 더 깊어졌다는 것이었다.

이원장이 말하는 녹슨 칼이란, 대광 선생님이 집안에 있던 커터 칼을 소독하기 위해 가스레인지에 달구자 커터 칼의 색깔이 변한 것을 두고 하는 말이었으며, 주사를 놓았다는 것은 욕창 부위를 솜으로 닦아드리면 아파하시니까 주사기에 생리식염수를 넣고 상처 부위에 분사하여 아프지 않게 소독해 드린 것을 두고 하는 말이었다.

모함은 그뿐이 아니었다. 대광 선생님이 도사님의 후계자 자리를 노리고 기도원을 노려 도사님 곁을 지킨다는 것이었다. 이원장에게 그러한 이야기를 듣고, 그런 소문을 사실처럼 옮기는 이들 중에는 정작 도사님께서 편찮으시다는 것을 알면서도 한 번도 찾아뵙지조차 않는 사람들도 많았다. 안에서는 하루하루가 외줄을 타듯 불안하기만 한데, 밖에서는 그런 입방아들이나 찧고 있으니 방해도 그런 방해가 없었다.

그런 와중에 도사님의 욕창은 그냥 둘 수도, 계속 치료할 수도 없는 상황이었다. 결국, 대광 선생님과 상주자들은 도사님의 큰 자제분과 상의를 했고, 자제분은 왕래가 없는 가족일망정 상의를 해보겠다는 태도였다. 사실 도사님께서 도를 이루시는 동안, 가족들과는 왕래가 없으셨다.

내가 알기로도 지난 10여 년 동안은 큰 자제분 외에 다른 가족들이 해미에 온 적이 없었고, 간혹 찾아오는 것도 경제적인 도움을 얻고자 하는 경우였다. 도사님 또한 해미를 떠나시지 않으셨다. 그러나 도사님의 병환에 자녀들은 해미를 찾았고, 자제분들의 결정에 따라 도사님은 결국 병원에 입원하시게 되었다.

도사님, 어천하시다.

도사님께서는 자제분들에 의해 자제분들의 집 근처인 인천의 큰 병원에 잠시 입원해 계시다, 후에 서산의 병원에 입원하시게 되었다. 입원하신 병원은 제법 큰 병원이었는데도 그 병원 의사들은 욕창 치료에

서툴렀다. 욕창 부위는 살짝 닿기만 해도 쓰라린데, 빨간 약을 거즈에 발라 덩어리째 욕창 부위에 넣으니, 도사님께서는 얼마나 아프셨는지 신음 소리를 내셨다.

그동안 그렇게 편찮으시면서도 인상 한 번 찌푸리시지 않으셨던 도사님께서 고통스러워하시는 것을 보니 가슴이 찢어지는 것 같았다. 그동안 한 시도 도사님 곁을 떠나지 않던 대광 선생님은 면회 시간이 되어서야 간신히 도사님을 뵐 수 있었다. 놀랍게도 내내 의식이 없으시던 도사님은 대광 선생님이 다가가자 잠시 눈을 뜨셨고, 힘겹게 입을 떼셨다.

"정권을 뺏겼어. 왜 정권을 남에게 넘기나. 나는 병원에 오면 안 되는데……. 빨리 병원에서 나가서 기도원에 가야 돼."

도사님의 말씀에 대광 선생님은 피가 거꾸로 솟는 심정이셨다 한다. 도사님께서는 자녀보다도 더 대광 선생님을 믿으시고, 병원이 아닌 기도원에서 지내시기를 원하셨는데, 상황이 어찌 되었든 도사님을 지켜 드리지 못한 것이 당신의 잘못인 것만 같아 억장이 무너졌던 것이다.

그 후, 도사님께서는 병원을 한 군데 더 옮기셨지만, 끝내 회복되지 못하셨다. 그해 음력으로 2월 20일, 마지막으로 옮기신 병원에서 눈을 감으시고 말았다. 평생을 기도로써 이루신, 그 크신 분께서 그렇게 가시다니……. 너무도 비통하고, 너무도 허무한 일이었다.

처음에 도사님의 큰 자제분은 자신이 그동안 보아 온 것도 있고, 해미에서 오랫동안 도사님을 모셔 온 사람들이 해 온 것도 있으니, 도사님께서 돌아가시게 되더라도 해미의 기도원에서 편안히 돌아가실 수 있도록 해 주겠다고 분명히 약속을 했다.

그것은 도사님께서 밖에서 돌아가시는 일만큼은 막아드리고 싶었던 대광 선생님의 간곡한 부탁이었다.

그러나 그 약속은 끝내 지켜지지 않았다. 결국, 도사님의 마지막마저 편안하게 해 드릴 수 없었던 대광 선생님은 그 일만은 용서하시기 어려웠고, 큰 자제분은 한동안 대광 선생님을 피해 다니기도 했다.

정권을 뺏겼다는 도사님의 말씀이 그런 의미였을까. 도사님의 육을 땅으로 모시던 날, 우리는 도사님께서 생전에 이루신 방식대로 도사님을 모실 수 없었다. 기독교 신자라는 도사님의 둘째 자제분의 주도하에, 도사님을 뵌 적도 없는 교회 신자들이 찬송가를 부르며 진행하는 과정을 지켜보아야만 했다.

해미의 수도생이라는 사람들은 그저 멍하니 비켜선 채 도사님의 마지막을 그렇게 보내드렸다. 도사님을 지켜드리고자 했던 대광 선생님의 모든 노력이 그대로 허물어지는 순간이었다. 더욱 마음이 아픈 것은 해미생들 때문이었다.

그토록 크신 분을 곁에서 직접 뵙고 교육까지 받았던 일부 해미생들이 도사님께서 어천하시자, "도사님도 역시 세상적인 분이셨다."라는 식으로 그토록 크신 분을 낮게 이야기하는 것이었다. 도사님께서 어떤 분이셨는지를 자신들의 두 눈으로 직접 보고 겪었던 그 사람들이 말이다.

그렇게 도사님이 가신 후, 대광 선생님은 당시의 상황을 두고두고 잊지 못하셨다.

"도사님의 말씀대로 도사님을 기도원에 모시고 치료해 드렸어야 하는데. 병원으로 모시지 말았어야 하는데. 그때, 내가 모든 것을 책임지겠다고 하고, 욕창 부위를 안수해서 치료에 승부를 걸었어야 하는데……. 그때는 그 생각을 미처 못 했다. 나는 그 점이 제일 마음에 걸리고, 마음이 아프다."

그때 일을 떠올릴 때마다 대광 선생님은 눈물을 흘리셨다. 어떤 어려움에도 굳셈을 잃지 않고, 도사님 생전의 당부를 지키기 위해 노력하시는, 그토록 강한 분께서 흘리시는 눈물. 그 의미를 누가 알 수 있겠는가. 대광 선생님의 눈물은 해마다 계속되었다. 도사님께서 어천하신 날이 돌아오면, 도사님의 마지막이 당신의 잘못이기라도 한 듯 천제를 올리시는 대광 선생님의 눈가에는 언제나 절절한 아픔이 눈물로 맺혀 있었다.

그러나 당시의 상황은 대광 선생님 홀로 어찌할 수 없는 상황이었다. 병환이 깊어 점점 의식불명 상태가 깊어가던 도사님을 두고 기도원 안팎의 모든 사람이 입원 치료를 강요했고, 어찌 되었든 자녀분들이 도사님을 모셔가겠다고 온 마당에 대광 선생님 홀로 그들 모두를 상대로 싸울 수도 없는 입장이었다.

더구나 외과 의사도 아닌 대광 선생님이 뼛속까지 다다른 욕창 치료를 어떻게 하겠는가. 다른 사람들이 편하게 앉아 섣부른 추측을 하고 있을 때, 대광 선생님은 밤낮으로 도사님의 병환 치료를 위해 동분서주하셨다. 다른 어떤 사람도 대광 선생님만큼 할 수 있는 사람은 없었다.

도사님의 치료를 위해 대광 선생님은 분명 할 수 있는 모든 일을 다 하셨다. 이는 내 두 눈으로 똑똑히 보았기에 분명히 말할 수 있다. 해미에서 도사님의 마지막 150일을 같이하며, 그 모든 상황을 나의 눈과 귀로 직접 보고 들었던 것이며, 그를 통해 이렇게 도사님의 마지막을 증거할 수 있게 된 것이다.

새로운 결심

해미에서 삼일장을 지낸 후, 대광 선생님과 나는 해미를 떠나 서울로 돌아가기로 결심했다. 서울로 오던 날, 대광 선생님은 대전 김OO씨에게도 "이곳에 있으며 이용당하지 말고 같이 가자."고 진심으로 권유하셨지만, 대전 김OO씨는 본인 일은 알아서 하겠다며 기도원에 남았다.

당시 해미에 머물던 수도생들은 대전 김OO씨, 박선생, 살림하던 아주머니 정도만 남고 다들 집으로 돌아가는 상황이었고, 나 역시 대광 선생님, 큰오빠와 함께 서울로 돌아왔다. 돌아오는 차 안에서 큰오빠는 대광 선생님께 앞으로 동생(나)을 데리고 활동하고, 본인은 강선생하고 팀이 되어 활동하면 어떻겠느냐고 묻는 것이었다.

이미 도사님께서 나를 대광 선생님께 연결시켜 주신 상황도 있고, 도사님께서 어천하신 지 얼마 되지 않은 터에 벌써 그런 이야기를 꺼내니 기분이 좋지 않았다.

그랬다. 도사님께서 그렇게 갑자기 가신 후, 우리는 마음 둘 곳이 없었다. 슬프고, 아프고, 허전하고, 허무하고, 외롭고, 후회되고, 너무너무 그립고……. 그때의 그 마음을 어떻게 말로 설명할 수 있을까. 오랫동안 우리 곁에 계실 줄 알았는데, 그렇게 갑자기 떠나시다니…….

마음이 너무 공허하고 아파서 우리는 자주 모여 술잔을 기울이고는 했다. 대광 선생님, 나, 큰오빠가 주로 술자리를 같이하는 사람들이었다. 다들 만나 이런저런 얘기를 나누다 보면, 아픈 마음을 감추지 못했다. 특히, 대광 선생님께서는 도사님 일로 눈물을 흘리시는 경우도 있었다.

모든 일들이 꿈결 같았다. 정말이지 도사님께서 어천하시기 전, 급박했던 150일은 한 편의 시나리오처럼 꿈속 같기만 했다. 아직은 도사님께서 어천하신 상황도 실감이 나지 않았다.

간혹 대광 선생님은 강OO씨와 함께 큰오빠 집에 오시기도 했다. 당시만 해도 두 분은 다른 해미 사람들에 비해 친한 편이었다. 도사님께서 어천하신 후, 해미에 다니던 사람들 중 마음에 맞는 이들끼리는 서로 만나기도 하고, 앞일을 의논하기도 했는데 대광 선생님은 우리 공부를 세상에 알리기 위한 준비를 시작하셨다.

"어떻게 하면 우리 공부를 사람들에게 알려, 사람들이 신의 세계를 바르게 알도록 할 수 있을까?"

대광 선생님은 그런 생각을 늘 머릿속에 담고 계셨고, 홈페이지와 책 출판을 통해 우리의 기도·수도를 세상에 알리고자 하셨다. 예전에 대광 선생님이 『OO 여성』이라는 책에 실린 기사를 보고 해미를 찾아가게 되었듯이, 우리의 기도와 하늘 세계를 바르게 알리고 사람들을 구제 중생할 수 있는 그런 책을 펴내시고자 하셨던 것이다.

"도사님께서 생전에 해 주신 말씀을 꼭 지키고 싶다. 도사님께서 이제는 하늘의 신앙을 사람들에게 알리라고 하시며 이런 말씀을 주셨지.

첫째, 성령과 성신의 종파를 세워라.
둘째, 후천의 하늘 신앙을 사람들에게 널리 알릴 수 있는
　　　성지를 정하라.
셋째, 사람들의 배신을 주의하고, 바른 사람을 구하라."

그 말씀을 주시고 일 년도 되지 않아 도사님께서 어천하셨으니, 대광

선생님께는 그 말씀이 유언과도 같았고, 꼭 지켜내고 이뤄내야만 하는 사명이셨던 것이다.

그 점은 나도 마찬가지였다. 막상 도사님께서 어천하시고 나니, 도사님께서 생전에 해 주신 말씀이 머릿속에서 떠나지를 않았다.

"기도하면 참 잘하겠네."
"저기 서울에 하OO 막냇동생은 기도하면서 사람들 치료해 주고, 구제 중생해 주면 잘할 텐데."
"김원장 옆에 제대로 된 사람이 한 사람만 있었어도 그렇게 안 되었을 텐데……. 나중에 기회가 되면, 갓난이가 도와주면 좋지."

내게 그 말씀을 해 주시고 난 후 백 일이 조금 넘어 어천하셨으니, 내게는 그 모든 말씀이 도사님의 유언처럼 느껴졌다. 어쩌면 도사님께서 살아 계셨다면, 나는 그 말씀에서 어떻게든 벗어나고자 노력했을지도 모른다. 어떻게든 기도와 수도로 살아야 하는 운명을 거부하고 평범한 삶을 살고자 노력하며 말이다. 그러나 이제 도사님께서는 가시고 안 계셨다.

오랜 세월, 이 길을 가지 않으려 발버둥 치다 너무 괴롭고 힘들어 해미에 찾아갔는데, 바로 그 150일이 도사님의 마지막이 되시다니. 마치 어천하시기 전, 뭔가를 예견하시며 나를 부르신 것만 같았다. 도사님과 나만 아는 시나리오처럼 묘하기만 했다. 지난 5년간, 세상에서 겪은 일들이 주마등처럼 스쳐 갔다. 얼마나 의미 없고 힘겨운 경험이었던가.

더구나 지난 1년간 내게 벌어진 일들은 내게 결국 세상적인 삶을 접고, 가족과도 거리를 둘 수 있는 계기를 만들어 주었다. 이런저런 생각을 하면 눈물만 흘렸다. 내가 해미에 막 갔을 때, 지쳐 있던 나를 애처롭게 바라보시던 도사님의 눈빛……. 도사님을 생각하면 한없이 눈물이 났고, 막막하게 도사님을 부르다 눈물로 지새우는 밤이 계속되었다.

큰오빠는 내게 고등학교만 졸업하면 해미에서 도사님을 모시고 살라 했었다. 그러나 학교를 졸업하고 내가 도사님께 가 있었던 기간은 불과 보름이었다. 보름 만에 해미를 나서며, 나는 세상에서 원 없이 살아보겠노라고 다짐했었다. 그러나 세상적인 삶은 힘들고 부질없기만 했다. 나와는 다른 가치관을 가진 가족들과 주변 사람들, 마음의 근심과 몸의 병이 끊이지 않는 삶…….

내가 겪은 세상의 삶은 내가 꿈꾸었던 삶과는 너무 큰 차이가 있었다. 그렇게 세상에서 아픔을 겪고 죽고 싶은 마음으로 찾아갔던 해미의 기도원. 도사님은 그대로이신 듯했는데, 지난 팔십여 년의 세월을 밤낮없는 기도로 보내신 도사님의 육은 이미 많이 쇠약해지셨던 것이다.

도사님이 오래오래 함께해 주실 거라고 생각했던 나는 몸과 마음이 완전히 지쳐 죽고 싶은 마음이 되어서야 도사님을 찾았고, 그때 보낸 150일이 도사님의 마지막 150일이 되었던 것이다.

돌이켜보면, 도사님께서 살아 계실 때 무엇 하나 제대로 해 드린 것이 없었다. 살아 계실 때, 내 몸과 마음이 건강할 때, 일 년 아니 몇 달만이라도 제대로 모셨어야 했는데……. 내가 조금이나마 내 몸과 마음을 추스르고, 조금이나마 철이 들어갈 때, 도사님은 병석에 누우시고, 이내 세상을 떠나셨다.

도사님께서는 어천하시기 전, 마지막까지도 나를 놓지 않으셨고, 나를 부르셔서 많은 은혜와 은사를 주시며 나를 보호하여 주셨고, 나를 대광 선생님께 연결하여 주시고 가신 것이다. 서울의 김원장을 도와주라 하셨던 말씀, 그리고 해미에 온 지 얼마 되지 않은 어느 날 꾸었던 그 생생한 꿈.

도사님께서 돌아가신 이후에야 나는 그때의 꿈이 도사님께서 나를 대광 선생님께 연결하여 주시는 의미였던 것을 깨닫게 되었다. 꿈속의 천신님께서 대장군신께 교육을 받으라 하신 후, 대장군신께 특수 훈련을 받던 생생한 꿈. 꿈속의 천신님께서는 분명 도사님이셨으며, 대장군신께서는 분명 대광 선생님이셨다. 도사님께서는 살아 계실 때 이미 나를 신적으로, 육적으로 대광 선생님께 연결시켜 주셨던 것이다.

그렇다. 도사님께서는 어천하시기 전, 내게 너무도 많은 것을 주셨고, 앞으로 살아갈 예언의 말씀을 주셨는데, 그 말씀들을 아무 의미 없이 한 쪽에 접어둘 수는 없었다. 도사님께서 육으로 계실 때 해 드린 것은 없지만, 신으로 계신 도사님께라도 조금이나마 해 드리고 싶었다. 내가 할 수 있는 일이 있다면 무엇이라도 해 드리고 싶었다.

그 일이 도사님의 유언 아닌 유언처럼 "대광 선생님을 돕는 것"이라면, 나는 마땅히 그렇게 할 것이다! 그것이 조금이나마 도사님을 위해 내가 할 수 있는 최선이었다. 도사님 생전에, 그렇게도 운명을 거부하려 애썼던 나는 도사님이 돌아가신 후에야 생전의 말씀대로 살아가기로, 마침내 결심한 것이었다.

오빠와의 의절 선언

힘들지만 시간은 또 그렇게 흘러갔다. 나는 도사님의 유언 아닌 유언을 되새기며 일단은 기도·수도에 열중했다. 도사님이 돌아가신 후, 해미에서 관을 하거나 능력이 있다 하는 사람들은 너도나도 개인적 행위에 열중했지만, 내가 볼 때 그것은 도리에 맞지 않는 일이었다. 도사님에 대한 기억이 채 식기도 전에 도사님이 주신 능력을 사사로이 쓸 수는 없는 일이었다.

문제는 큰오빠와의 관계였다. 어느 날부터인가 큰오빠는 내게 '무엇을 보아 봐라.', '무엇을 해 봐라.' 하는 식으로 요구를 했다. 부모님 이상의 권위를 가진 오빠이다 보니 딱 잘라 거절할 수도 없고, 그렇다고 오빠의 요구를 들어줄 수도 없는 곤란한 상황이었다.

도사님께서 관을 하는 사람은 여러 사람의 손을 타면 안 된다고 하셨던 말씀도 떠올랐다. 더구나 도사님께서 도와주라고 한 사람은 대광 선생님이지 큰오빠가 아니지 않는가. 나는 마음을 다잡고 오빠에게 그런 요구를 하지 말아 달라고 정중하게 부탁을 했고, 오빠 역시 잠시나마 내 부탁을 들어주는 듯했다.

그러나 오빠의 노력은 오래가지 않았다. 어느 술자리에서 오빠는 내게 다시 유OO씨라는 사람에 대해 물어왔다. 도사님 생전에 유OO씨에 대해 내게만 해 주신 말씀이 있었는데, 그걸 어떻게 알았는지 그 사람 안에 어떤 신이 들었는지 궁금하다며 넌지시 전과 같은 요구를 해 온 것이다.

그 순간, 나는 몹시도 마음이 불편했다. 전에 분명히 "오빠와 나는 같이 공부를 하는 것이 아니며, 도사님께서 나중에 기회가 되면 대광 선생님을 도와주라고 하셨고, 사람들이 궁금해한다고 하여 관법을 함부로 쓰면 안 된다고 하셨다."는 이야기를 했는데도 오빠는 전혀 달라진 게 없었다.

더구나 도사님께서는 가족으로부터 오는 신적인 연결을 끊는 기도를 하게 하신 적이 있었다. 기도를 하는데, 부모님과 가족들로부터 연결된 커다란 동아줄 같은 것이 밧줄처럼 엮여 있는 모습이 보였다. 도사님께서는 그 기도를 하게 하시며, 가족이라 해도, 기도·수도에 있어서는 별개이며, 좋지 않은 연결로 인해 서로 치임을 주고받을 수 있다는 말씀을 해 주셨다.

그러시면서 기도하는 사람은 가족을 가족으로만 보지 말고 신이 연결되어 있음을 염두에 두어야 한다는 당부를 해 주셨던 것이다. 더구나 지금은 도사님도 안 계시는 때가 아닌가. 결국, 나는 마음을 모질게 먹고 오빠 앞에 무릎을 꿇었다.

"오빠와 나와의 가족으로서의 인연은 여기에서 접었으면 해요. 도사님께서는 분명히 '김원장 도와줘.' 하셨어요. 오빠와의 세상적인 가족의 인연은 오늘로 끊겠어요. 이제는 같은 공부를 하는 사람으로만 절 대해 주세요. 그동안 저를 공부시키려고 노력하신 것은 알지만, 저에게 더 이상 '이걸 알아봐라, 저걸 알아봐라.' 하지 마세요. 이제 정말 가족의 인연은 접고 싶어요. 해미에서도 가족과의 신적인 연결고리를 끊었어요. 도사님께서는 기도하는 사람들은 가족의 신적인 연결고리의 영향을 받으면 어렵다고 하셨고요."

내 태도가 너무 단호했는지, 오빠는 몹시 놀라면서도 "니 마음이 그러면 그렇게 해라." 하시며 말을 흐렸다. 말은 그렇게 했지만 마음은 몹시 아팠다. 오빠와 나는 왜 이렇게 서로 얽히는 것일까. 나의 선언에 일행들은 몹시 놀랐다. 특히 대광 선생님은 오빠한테 무슨 그런 얘기를 하느냐며 나를 나무라셨다. 나는 다시 한번 내 의사를 분명히 했다.

"이렇게 하지 않으면 이것도 저것도 아니에요. 그동안 살아오면서도 그랬는데, 공부하면서까지 가족들과 엮이면서 지내기는 싫어요."

결국 그날의 술자리는 그걸로 끝이었다. 많은 충격을 받았는지 큰오빠는 연신 술을 마셨고 나 역시 마음이 불편했다. 결국 이렇게까지 되어버리다니……. 가족이라는 존재가 왜 서로에게 더 어렵고 불편한 관계가 되어야 하는지, 왜 이렇게 불필요한 상황이 만들어져야 하는지 생각할수록 안타깝고 답답하기만 했다. 이틀 후, 오빠는 잠깐 이야기를 하자며 나를 부르셨다. 서먹한 분위기였다.

"도사님 말씀도 계시고 하니, 김원장과 같이 공부하는 것은 좋지만 조심해라. 김원장은 같이 공부하며 잘 가르쳐 주다가도 상대가 잘못하는 경우가 있으면 무척 냉정한 면이 있어서 상대의 잘못을 그냥 넘기지 않고 냉정하게 상대를 내치는 경우가 있다. 김원장의 그런 무서운 냉정함이 너에게 상처가 되지 않을까 걱정이다. 같이 공부하더라도 그걸 주의해라. 이게 아니다 싶으면 뒤도 안 돌아보고 내치니……."

"저도 대광 선생님이 냉정할 때는 무섭다는 거 알아요. 해미에서 강 선생님이 잘못했을 때 선생님께서 냉정하게 하신 것도 직접 봤구요. 그렇지만 선생님이 어떻게 하시느냐는 잘못에 따라 다르다고 봐요. 강 선생님 건만 해도 그래요.

도사님께서 아파 누워 계시고, 정신을 잃으신 채 사경을 헤매시는데, 도사님은 나 몰라라 하고 서울로 올라가 버리는 강선생님을 보고, 선생님은 그러셨어요. 근본이 잘못된 사람이라고, 신의가 없어서 더는 안 되겠다고요. 제가 봐도 그래요. 도사님께서 그렇게 편찮으신데, 서울에 중요한 일이 있는 것도 아니면서 단지 선생님이 치유 과정 중 잘못이 있어 좀 나무라셨다고 가버리는 사람이 어딨어요?

도사님이 오늘내일하시는데, 선생님이 설령 심하게 하셨다고 하더라도, 제대로 된 사람이라면 그런 감정은 조금 참고 도사님의 육부터 살펴 드려야죠."

"그거야 그렇지."

"전에도 박약사님이 선생님께 왜 김원장은 공들여 가르친 사람을 냉정하게 내치느냐고 물었어요. 그때 선생님이 그러셨어요. 나는 도공이라고, 잘못 구워진 도자기라면 과감히 깨버리고, 새롭게 도자기를 구울 거라고, 잘못된 도자기를 작품으로 내놓을 수는 없다고요. 제가 봐도 그래요. 다른 건 몰라도 우리의 신앙과 도를 가지고 자만하고 교만하는 것과 그 사람 근본이 잘못되어 있는 것은 바르지 않다고 봐요.

부족한 부분이 있으면 조금씩 공부하면 되지만, 공부하고 배우는 사람이 자신의 잘못됨을 알면서도 계속 잘못 가는 것은 옳지 않잖아요. 참되게 바르게 가고자 한다면 자신의 잘못됨을 바르게 알고 고치면서 가야지요. 다른 것은 몰라도 바른 신앙과 도를 공부하면서 잘못됨을 고치지 않고 가는 것은 시한폭탄을 안고 가는 것이라고 봐요."

"그래……."

"저는 전에 해미에서 공부하는 사람들 보면서 많이 실망했어요. 크신 분 밑에서 교육받고 공부한 사람들이라 조금은 다를 거라고 생각했는데 참 실망이 컸어요. 관을 하는 사람들도 말하는 것이나 행동하는 것이 교양 없고, 경우 없이 하는 것을 보면서 세상 사람들과 다를 바가 없다고 봤어요.

그걸 보면서 도사님께서는 그 사람들을 보시면서 얼마나 답답하셨을까 하는 마음도 가지게 되었구요.

'공부하는 사람이 근본이 잘못되고, 신의가 없는 사람은 마음으로 담지 말고 깊이 상대하지 말라.'고 하신 도사님 말씀이 정말 옳다고 생각해요.

그러니까 제 걱정은 하지 않아도 될 것 같아요. 다른 분도 아닌 도사님께서 대광 선생님을 도우라고 하셨어요. 서로 안 맞는 사람들이라면 왜 저를 그분께 연결하여 주셨겠어요?"

"네가 그렇게 말하니 나는 할 말이 없다. 네 일이니 네가 알아서 잘 해라. 하지만 가족은 어떤 상황에도 가족이고, 남은 남이다. 그것만은 잊지 말아라."

그것으로 오빠와 나의 대화는 끝났다. 마음 한편이 허전하고 아파왔지만, 이제 더는 끌려다니고 싶지 않았다. 어떤 방식의 삶이든 내 스스로 선택한 삶을 살아가고 싶었고, 오빠와의 대화를 끝으로 나는 비로소 새로운 삶을 선택하고 있었다. 그리고 그날 밤, 나는 가족들에게 마음으로 이런 이야기를 했다.

"엄마, 아빠. 그동안 낳아주시고 사랑으로 길러주셔서 정말 고맙습니다. 언제나 저를 많이 생각하셨다는 것 저도 잘 알아요. 정말, 정말 고마워요. 형제들께도 고마워요.

그동안 함께 지내며 의지도 많이 되었고 행복한 때도 많았어요. 그리고 큰오빠. 비록 이렇게 서먹한 관계가 되어버렸지만, 오빠가 저를 기도시키려고 애쓰신 것 잘 알아요. 부디 바른 도를 닦아 정도를 이루시기를 바래요.

부모님, 언니, 오빠들, 정말 고마워요. 그렇지만 이제 저는 다른 길을 가려고 해요. 지난 25년이 세상에 머물며 가족들이 바라는 대로 살아온 삶이었다면, 앞으로의 25년은 제가 하고 싶은 바를 하며 후회 없이 살아보고 싶어요. 가족들이 싫어서가 아니에요. 사랑하지만, 저는 제 갈 길이 따로 있습니다. 전 이제 그 길을 가겠습니다."

도사님께서 우리 집안을 많이 보살펴 주심으로 집안이 안정되고 형제들도 하나, 둘 안정이 되어갔다.

사실 해미 도사님 옆에서 살고 싶은 것은 큰오빠의 간절한 마음이고 바람이었다. 그러나 자신은 장남이고 아버지의 힘들었던 어린 시절의 삶과 세상적인 한이 있기에 차마 세상적인 장남이 해야 하는 역할을 거부하지 못하고 도사님께 집안의 보살핌을 받으며 배우자와 결혼하여 가정을 꾸렸다.

큰오빠는 그런 마음의 대리만족에서인지, 내가 기도를 해야 하는 운명을 적극 밀어주고 싶었는지 "막내가 중학교만 졸업하고 도사님 곁에서 보필했으면 좋겠다.", "고등학교만 졸업하고 도사님 보필했으면 좋겠다."라고 했다.

그런 말을 개인적으로도, 가족들이 모인 자리에서도 자주 하곤 하여 부모님과 다른 형제들은 큰오빠가 좋으면 되었지. 막내까지 이제 학생인데 중학교만 졸업하고 해미 도사님 보필하라고 하는 것은 지나치다는 표현을 하기도 했다.
큰오빠가 그렇게 강조하는 말을 할 때마다 더욱 하기 싫은 마음이 생기고 나중에는 거부감까지 생겼다.

28살쯤 어느 명절에 남해 부모님 집에 갔는데 큰오빠는 작은오빠와 내가 있는 데서 "나는 내가 장남으로서 해야 할 의무감을 다했다. 앞으로는 작은아들인 네가 집안의 아들 역할을 다해라. 나는 앞으로 집안 관련해 일체 신경을 쓰지 않겠다."라고 선언하였다.

작은오빠는 고등학교 2학년 때부터 해미를 다니기 시작하였으며, 정직하고 곧음과 속정을 가졌다. 항상 집, 학교, 회사, 해미만 찾는 생활을 10년 넘게 하였다. 집에서도 학교에서도 항상 모범적인 모습이었다. 흐트러진 생활 모습은 볼 수가 없었다.

운암에서 본격적으로 신앙생활을 하면서 속에 있는 마음을 많이 알게 되었다. 큰오빠가 혹시 해미에 들어가서 생활을 하게 되면 작은오빠는 큰오빠네 자식들을 돌보아 주려고 항상 마음에 각오를 하고 있었다고 한다.

작은오빠는 회사에 4년간 열심히 근무하며 여러 일들을 잘해내면서 회사의 상사들이 그동안 혼자서 몇 사람 몫을 어떻게 혼자 했느냐고 했다고 한다.

작은오빠는 회사 조직의 한계와 구조 조정 등을 간접적으로 겪으면서 조직 사회에서는 나이가 들거나 능력이 조금 부족한 사람들은 언제든지 회사를 그만두어야 하는 등 여러 가지 모습을 보게 되면서 1년 뒤 운암으로 이동할 때 같은 목적을 가진 신앙자들과 함께하고 싶다고 합류를 하였다. 작은오빠는 예전부터 같은 목표를 가진 사람들이 더불어 함께하며 살아가는 그러한 조직 형성을 바랬으며 늘 해피엔딩을 좋아했다.

하지만, 작은오빠가 잘 다니던 직장을 그만둔다고 한 소식은 내게도 조금 충격이기는 했지만 부모님과 형제들에게는 더욱 큰 충격이었다.

한동안 부모님은 속상해하셨고 특히 아버지는 식사 때마다 반주를 드시며 속상해하셨다고 한다.

작은오빠는 운암에서 생활하며 자신이 몇 년 동안 직장생활에서 아끼면서 모은 귀한 돈을 내부 살림에 쓰라고 몇 번에 나누어서 전부 성금을 했다.
어느 날 가지고 있던 마지막 목돈까지 성금을 하려 해서 나는 말리면서 부부가 같이 내부에서 신앙생활을 하고 있고, 개인적으로 쓸 돈도 있고 혹시 부모님께 비상시에 쓸 데도 있을 테니, 조금은 남겨두는 게 좋지 않겠느냐고 했다.

작은오빠는 "내가 돈도 아무것도 없을 때 하늘 신앙에 대한 어떠한 모습인지를 내 자신의 진실된 모습을 보고 싶다."라고 하는 것이었다.
그러한 모습을 보면서 참 신앙하는 마음과 행동은 각자 다르지만, 존경스러웠다.

해미, 쫓겨나는 사람들

도사님께서 어천하신 후에도 대전 김OO씨 등 몇몇 사람은 해미에 머물렀다. 간간이 듣게 되는 해미 소식 중에는 그곳에 남은 기도생들이 찾아오는 사람들에게 관을 하게 한다며 안수를 해 주기도 하고 조상제를 해 준다는 등 인준도 받지 않은 사사로운 행위를 한다는 이야기도 있었다. 도사님께서 어천하신 지 얼마나 되었다고 그런 행위를 하는지 참 어이가 없었다.

그러던 어느 날, 대광 선생님께 한 통의 전화가 걸려왔다. 대전 김

○○씨였다. 장례식이 끝나고 기도원을 차지한 도사님의 큰 자제분이 대전 김○○씨와 박○○씨 등 그곳에 상주하고 있던 수도생들에게 해미를 떠나라고 했다는 것이다. 도사님께서 어천하신 지 얼마나 되었다고, 그래도 명색이 도사님을 수발하던 사람들인데 심하다는 생각이 들었다.

한편, 해미의 기도생들이 떠난 후, 이원장은 사람들을 해미로 데려와 처음에는 큰 자제분에게 3배를 시키고 자신은 1배를 받으며 큰 자제분을 내세우다가, 나중에는 본인이 그 사람들에게 3배를 받으며 행위하고 있다는 말을 들었다. 도사님께서 계실 때, 해미에 찾아오는 사람들 중에는 도사님께 3배를 드리려고 하는 경우가 있었다.

그럴 때마다 도사님께서는 3배는 하나님전에만 드리라고 말씀하시며 어떤 경우에도 1배 이상은 받지 않으셨다. 우리는 아침저녁으로 하나님전에 3배로써 경배드리고, 도사님 방에 들러 1배로써 문안 인사를 드리곤 했다.

그런데 가끔은 "하나님전에 경배드렸으니, 나한테 인사 안 하고 가도 돼."라고 말씀하셔서 그럴 때면 우리는 거실에서 도사님의 방을 향해 살짝 1배를 드리곤 했던 것이다. 교육 시간 전후에도 반배만 받으셨고, 간혹 행사가 있을 때만 정식으로 1배를 받으셨던 것이다.

그런데 이원장이 3배를 받고 있다니 어처구니없는 노릇이었다. 그토록 크신 도사님께서도 1배 외에는 받으시지 않으셨는데, 그 소식을 듣자니 전에 '떴다 보살'이 했던 이야기가 생각이 났다. "어, 할아버지!! 이 사람이 할아버지 자리를 탐내는데요. 이 사람 조심하세요."라고 했던……

결국 얼마 후에 큰 자제분은 기도원을 다른 사람에게 팔아 넘겼다.

다행히 해미의 기도생 중 한 사람이 그곳을 사게 되었는데, 예전에 꽃의 여신에게 뽀뽀를 해서 곤란한 경우를 겪었던 김OO씨 부부였다.

지금 돌이켜 보면, 해미생들의 분열로 기도원마저 남의 손에 넘어가게 된 터에 김OO씨 부부가 기도원을 매입하게 되었다 하니, 도사님께서 김OO씨 부부를 맺어주심이 이러한 때를 아시고 미리 예비하심이 아니었나 하는 생각이 든다.

김OO씨 부부는 도사님께서 계실 때 기도하러 다니는 두 사람을 보고 "같이 살면 좋지." 하시며 그곳에서 인연을 맺게 해 주신 유일한 부부였다. 그러시면서 "나중에 도사 소리 듣겠네." 하시는 게 아닌가. 당시만 해도 무슨 의미가 있으신지 이해를 하지 못했다.

후에, 해미를 다녀온 강OO씨를 통해 이런 이야기를 듣게 되었다. 한번은 강OO씨가 해미를 방문해서 그 사람을 호칭하면서 김OO씨 했더니, 그 부인되는 이가 김도사님이라고 부르라고 하더라는 것이다. 역시 도사님께서는 다 알고 계셨던 것이다. 김OO씨는 지금 그곳에서 김도사로 통하고 있다고 한다.

최소한 도사님의 가르치심 아래 공부를 했던 해미생들은 "도사님"의 명호를 함부로 써서는 안 된다고 알고 있는데……. 어찌 되었든 도사님께서 이루셨던 해미의 기도원을 다른 사람이 아닌 해미생 중 한 사람이 매입하여 지키게 되었다는 것은 참 다행이라는 생각이 든다.

가끔 그곳의 일을 생각하면 할수록 난 너무도 이해가 안 돼 대광 선생님께 이런 질문을 했다.

"전 정말 이해가 안 돼요. 해미에 갈 때만 해도 신앙하고 도를 닦는 사람은 남과는 다를 것이라고 생각했어요. 근데 막상 보니까 일반인보다 못한 경우도 많았어요. 시기, 질투에 욕심, 야망. 사회에서는 그래도 친한 사이끼리 신의도 있고 애정도 있는데, 도를 닦는다는 사람들이 더 냉정하고 상대를 어렵게 해요. 도를 닦는다면서 어떻게 그럴 수 있어요?"

대광 선생님은 담담하게 이런 말씀을 해 주셨다.

"해미에 온 사람들 중 대부분은 바른 도를 구하고, 도를 닦기 위해 온 사람들이 아니야. 능력을 구하고, 능력을 얻기 위해 온 사람들이야. 도사님께서 많은 능력을 주셨으니 해미에 다녔던 것이지. 그런 사람들에게서 뭘 바라나."

'그랬구나. 아무리 크신 분이 곁에 계셔도 됨됨이가 바르지 못하고 그릇이 되지 못한 사람들은 바른 도를 이룰 수가 없는 거야. 그 사람들이야 어떻게 살든 난 정말 바르고 정직하게 살아갈 거야. 생전에 주셨던 도사님의 말씀을 기억하면서, 대광 선생님을 도우면서 가르쳐 주시는 하늘 공부를 내가 할 수 있는 한 최선을 다해 해보겠어.'

3. 스승님과 함께한 "악신과의 7년 전쟁"

대광 선생님을 스승님으로 모시다

그 후, 나는 본격적으로 대광 선생님 밑에서 교육을 받기 시작했다. 그 과정에서 우리 공부가 참 자유롭고 폭넓은 도라는 것을 알아가기 시작했다. 처음에 내가 생각했던 기도는 세상의 삶과 단절된 어려운 도였는데, 대광 선생님을 통해 듣게 된 우리의 도는 결코 그런 것이 아니었다.

생활을 하면서도 바른 마음만 있으면 누구든 할 수 있고, 술이나 담배는 안 된다는 식의 세속적 규칙도 없으며, 기도할 때는 기도하되 개인적인 일을 할 때는 그 일에 충실하면 되는 말 그대로 "생활 속의 도"였다.

관법도 마찬가지였다. 전에는 신의 세계를 본다는 것이 무속적인 것이 될까 봐 조심스러웠는데, 대광 선생님의 밑에서 공부를 하다 보니 우리의 관법은 세상의 관법과는 전혀 다른 것이었다. 접신이 되어 그 신이 시키는 대로 하는 것이 아니라 악한 신들을 물리치며 자기 자신을 충실히 성장시키는 것이었다.

세상의 관법이 결국 몸에 붙은 신이 보여 주는 신의 세계를 보는 것이라면, 우리의 관법은 참하늘께 연결되어 자신의 도만큼 신의 세계를 보는 것이었다. 결국, 접신에 의한 관법이 몸에 들어온 신을 섬기며 그 신의 도를 빌어 행위하는 것이라면, 우리의 관법은 몸에 들어온 악한 신들을 물리치며 자신의 도를 점차 높여가는 것이었다.

그렇기 때문에 세상의 관법은 한계가 있지만, 우리의 관법은 자만하지 않고 바르게만 간다면 얼마든지 발전할 수 있었다. 아무리 큰 신에 접신된 경우라 해도 그 사람은 그 신의 능력 이상은 볼 수가 없지만, 우리의 관법은 하늘께 연결되어 있기에 본인이 바르기만 하다면 인간으로서는 볼 수 없는 크신 하늘 세계까지도 볼 수 있는 것이다.

공부에 대해 알면 알수록 나는 점점 공부에 빠져들었고, 크신 하늘에 연결된 참된 도를 닦는다는데 큰 자부심을 갖게 되었다. 그것은 뭐랄까, 멀리서 바다에 물결치는 파도만 보고 바다를 두려워하기만 했던 어린아이가 직접 바닷물에 잠겨 바다의 오묘함을 알아가는 듯한 기쁨이었다.

물론 바다에는 수많은 위험이 도사리고 있겠지만, 바다를 건너갈 튼튼한 함선이 있고, 그 함선을 조종할 능력이 있다면 바다는 많은 양식을 지닌 보물 창고일 수도 있을 것이다. 나는 조금씩 바다로 들어가고 있었고, 함선을 조종할 수 있는 능력을 열어 주신 것은 바로 나의 스승님이 되신 대광 선생님이셨다.

처음에 대광 선생님께 관법을 제대로 배우기 시작한 것은 도사님의 병환 때문이었다. 당시 대광 선생님께서는 강OO씨에게 관법을 열어 주시고 계속 가르치고 계셨고, 강OO씨를 불러 도사님의 몸 상태를 점검하도록 하셨다.

그러던 중 대광 선생님께서 강OO씨의 실수를 나무라셨고, 그 일로 토라진 강OO씨가 편찮으신 도사님을 남겨둔 채 서울로 떠나버렸다. 대광 선생님께서는 급하신 대로 나에게 한 시간 동안 안수를 해 주시며 관법을 연결하시고 본격적으로 관을 익히게 하신 것이다.

그전에도 관을 조금씩 했고, 자가치유로 관법의 기본을 익혔지만, 직접 실전에 투입되며 대광 선생님의 가르침을 받다 보니 내가 보기에도 관법이 하루가 다르게 발전되어 갔다.

그러던 중 도사님이 어천하시게 되었고, 도사님의 생전 말씀을 따라 본격적으로 대광 선생님 밑에서 공부를 하게 된 것이다. 도사님 생전에도 공부를 하기야 했지만, 대광 선생님 밑에서 정식으로 공부를 하게 되었으니 대광 선생님께서 스승님이 되시는 것이었다.

내게 관법을 가르치시면서 대광 선생님은 종종 "너는 그만두더라도 1년은 버티고 그만둬라." 하시며 나를 놀리시곤 했다. 그도 그럴 것이 얼마 전 대광 선생님을 떠난 강OO씨를 포함하여 나를 가르치기 이전에 대광 선생님이 관법을 가르친 사람이 14명이신데 14명을 다 실패하셨다는 것이다.

열심히 교육시키셔서 관을 잘하게 되면 부모가 데리고 가고, 결혼을 하거나, 능력을 이용하려는 다른 사람에게 가는 등 갖가지 이유로 1년을 넘기지 못했다는 것이다. 그런 과정을 여러 번 겪으신 대광 선생님께서는 이제는 정말 사람을 안 키우시겠다고 결심하셨다며 이런 말씀을 하셨다.

"……그렇게 1년을 넘기는 사람이 없어서 정말이지 다시는 사람을 안 키운다고 마음 단단히 먹었는데. 너야 도사님께서 특별히 해 주신 말씀이 있으셔서 이렇게 가르치고 있긴 하지만, 언제 무슨 이유로 그만둘지 너도 걱정이다. 그만둘 때 그만두더라도 1년은 넘기고 그만둬라."

그 말씀을 들으며 나는 내 자신을 계속 돌아보았다. 당시의 나는 신의 세계를 공부하는 사람으로서 내 자신을 완전히 안다고 할 수 없기에 노력은 하지만, 공부를 하며 가는 길이 얼마나 힘든 것인지 조금이나마 알기에 자신은 없지만 노력은 해 볼 결심이었던 것이다.

도사님께서 어천하셔서 계시지 않은데, 공부에 대해 다 알지도 못하면서 시작도 해 보지 않는다는 것은 내가 싫었다. 설령 공부가 힘들고 어려워 그만두게 되더라도 지금은 최선을 다해 노력하자. 그렇게 마음을 다지고 다졌던 것이다.

그런데 당시만 해도 나는 대광 선생님을 스승님이라 부르지 못했다. 우리 공부로 볼 때 당시의 나는 아직 어리기도 했지만, 가장 큰 이유는 대광 선생님께서 "스승은 오직 하늘이시며, 나는 조금 먼저 하늘을 안 선생일 뿐"이라며 스승이라고 불리기를 극구 거절하셨기 때문이었다.

그 후, 시간이 흐르며 나 외에도 많은 사람들이 대광 선생님의 밑에서 우리 공부를 시작하게 되었다. 때로 그분들이 대광 선생님에 대한 예를 다하기라도 하면, 대광 선생님은 "누구를 교주로 만들 셈이냐"며 거북해하셨고, 오직 하늘에 대한 예를 다하라고 말씀하셨다.

그런데 그런 대광 선생님을 "스승님"으로 세우신 것은 오히려 하늘이셨다. 신의 세계를 듣고 보며 감찰사로서 공부하던 나는 하늘의 말씀을 받아 전하는 역할을 했는데, 어느 날인가 대광 선생님을 스승님으로 예우하며 바르게 섬기라는 말씀을 받게 된 것이었다.

아무런 사심 없이 참된 하늘의 도를 전하고, 구제 중생을 위해 노력하며, 당신을 통해 하늘을 알게 된 사람들의 잘못을 모두 떠안으며 그들을 참된 하늘의 자녀로 키워내기 위해 노력하신 대광 선생님의 노고를 사람이 아닌 하늘에서 먼저 인정하여 주신 것이었다.

그날 이후, 나는 비로소 정식으로 대광 선생님을 스승님으로 부를 수 있게 되었고, 정식 제자가 되어 정식으로 스승님의 가신 길을 따라가게 되었다. 도사님께서 유언 아닌 유언으로 나를 스승님께 인도하신 그 순간부터 사실상 대광 선생님은 나를 제자로서 거두어 주신 것이었다.

도사님께서 내 모든 정신의 지주셨다면, 스승님께서는 내가 도사님께로 가는 길을 바르게 잡아주시는, 내게는 중심과도 같은 분이 되어 주셨다.

해미 사람들과의 단절

도사님이 어천하신 지도 어느덧 여러 달이 흐르고, 스승님과 뜻을 같이하는 몇몇 사람은 도사님의 유지를 받들기 위해 수원에 조그마한 장소를 마련했다. 수원의 안○○씨가 스승님께 전화를 걸어 그동안 해미생들의 말만 듣고 오해해서 미안하다며 수원의 한 장소를 소개시켜 준 것이다. 스승님에 대해 떠돌던 악의적인 모함을 안○○씨 역시 들었던 모양이었다.

장소가 나쁘지 않아 우리는 그곳에서 우선 뜻이 맞는 사람들끼리 같이 공부를 하며 앞일을 예비하기로 했다. 해미에는 무수히 많은 사람들이 다녀갔지만 각자 개인적 행위에 몰두하다 보니 뿔뿔이 흩어져 모이는 일이 거의 없었다.

　스승님과 나, 박선생, 큰오빠와 강OO씨 정도가 수원 생활을 같이 하는 일원이었고, 수원에 문을 연 이후 해미에서부터 알았던 수원의 하선생님이 하루에 한 번씩 수원의 수도원을 찾으며 우리 공부를 배워가기 시작하셨다.

　그런데 수원에 공부 장소를 마련한 지 얼마 되지 않아 스승님의 따님이 교통사고를 당하게 되었다. 도사님의 어천 이후, 악신들의 공격은 자동으로 스승님께 연결되었다.

　악신의 공격 대상은 성신님의 계열과 계보인데 이 땅에서는 스승님만이 유일하게 성신의 계보로 돌아선 분이었기 때문이다. 바로 51% 대사건을 통해 말이다. 스승님은 계속해서 악신과 싸우고 계셨고, 악신들의 방해가 스승님의 자녀를 치는 것으로 나타난 상황이었다.

　아이의 상태는 심각했다. 빗길에서 질주하는 차에 치여 온몸이 붕 떠서 바닥으로 떨어질 정도이다 보니, 뇌 손상이 심각했고, 목 아래 뼈가 부러진 데다 의식조차 돌아오지 않았다. 아이는 며칠이고 중환자실에 누워 있는데, 병원의 담당 의사는 '결과는 신만이 아신다.'며 아이의 생명이 위독함을 돌려 표현했다.

　놀라운 것은 사람들의 변심이었다. 불과 얼마 전까지만 해도 스승님과 뜻을 같이하던 큰오빠와 강OO씨가 스승님 따님의 사고에 갑작스레 발길을 끊은 것이다. 그뿐이 아니었다. 병원에서 우연히 서울 이원장을 만났는데, 아이의 사고 소식을 어디서 들었는지 아는 척도 하지 않고 냉정하게 나가버리는 것이었다.

그러고는 어떻게 소문을 퍼뜨렸는지 해미 사람들은 약속이나 한 듯이 발길을 끊게 되었다. 스승님이 도사님께 잘못해서 그 벌로 딸이 다쳤다는 소문이었다.

도사님이 편찮으실 때는 밤낮 도사님을 간호하던 스승님께 "OOO가 녹슨 칼로 도사님의 상처를 건드려서 병환이 더하셨다."는 모함을 일삼더니, 이번에는 스승님의 불행을 두고 입방아들을 찧는 것이었다. 세상이란 그런 것일까.

바로 며칠 전까지도 스승님을 살갑게 대하던 큰오빠의 변화와 아이의 치료를 맡고도 일주일 정도 지나자 돈을 벌어야 한다며 등을 돌려버린 강OO씨를 보며 나는 많은 생각을 했다.

본래 악신은 성신 계열의 가장 높은 분을 공격하는 것이고, 그로 인해 스승님의 자녀가 다친 것인데 신의 세계를 공부한다는 사람들이 그런 간단한 원리조차 모르고 함부로 떠들어대며 그런 행위를 하니 기가 막힐 뿐이었다.

여하튼 그 사고로 인해 스승님은 내게 가지고 계시던 도의 일부를 넘겨주시게 되었다. 상황이 수상하게 돌아가는 것이 걱정스러우셨던 스승님이 악신을 정리할 수 있는 도법의 일부를 넘겨주신 것이다.

동시에 나는 강OO씨 대신 아이의 치료까지 맡아 하게 되었다. 병원 치료를 하더라도 신적인 치료가 병행되어야 육의 회복이 더 빠르고 완전한 건강을 찾게 되기 때문이다.

병원에서는 내가 아이를 치료하기도 했지만 스승님께서도 아이에게 안수를 해 주셨다. 너무 대단하신 것은 사랑하는 자녀가 죽어 가는데도 스승님께서 갖고 계신 도를 다 쓰지 않으신다는 사실이었다. 자녀를 사랑하는 마음이야 다른 부모와 다를 바 없이 크시지만, 스승님의 사적인 감정으로 인해 하늘의 도를 사적으로 쓸 수 없다는 판단 때문이셨다.

스승님은 사모님께 마음의 준비를 하라 하시며, 아이의 머리에 손을 얹은 채 이렇게 기도하셨다고 한다.

"하늘에서 쓰시고자 하신다면 거두시고, 악신의 방해에 의한 것이라면 살려주시옵소서."

스승님의 그 기도가 통한 것일까? 모두가 마음의 준비를 할 무렵, 사경을 헤매던 아이의 의식이 돌아왔다. 더욱 놀라운 것은 의식이 돌아온 아이가 입을 달싹거리며 처음 하는 말이었다.

"아빠, 나 할아버지 봤어. 큰 금색 의자에 앉아 계시는데 그곳에 천사님들이 많았어. 할아버지가 여기서 당분간 있으라고 하셨어. 할아버지가 하나님이셔?"

당시 스승님의 딸은 워낙 어려서부터 도사님을 뵀었기에 도사님을 할아버지라고 불렀다. 아이의 그 말에 우리는 모두 마음속 깊이 감사를 드리며, 안도의 숨을 내쉬었다. 아이의 말대로 도사님께서 아이를 보호해 주셨다면 이제 이 아이는 살아날 것이라는 확신 때문이었다.

아닌 게 아니라, 아이는 하루가 다르게 회복되어갔다. 의사들은 그렇게 큰 사고를 당한 아이가 한 달도 안 되어 멀쩡하게 말도 하고 신체 기능을 회복하는 것은 기적이라며 고개를 갸웃거렸다. 다만 아이의 목뼈 아래가 부러져 여자아이의 쇄골이 어긋난 것이 마음에 걸렸다.

당시 우리의 도를 통해 아이를 치료했던 나는 스승님께서 연결해 주신 대로 아이의 어긋난 뼈에 "부드러워져라, 부드러워져라, 부드러워져라⋯⋯. 붙어라, 붙어라, 붙어라⋯⋯."를 계속하며 치유를 했다. 실제로 아이의 뼈는 부드러워지며 제자리를 찾아가 완전히 정상으로 붙게 되었다.

다행히 뼈가 완전히 부스러진 게 아니어서 치유를 통해 완쾌될 수 있었던 것이다. 그 후, 아이는 몇 달의 치유 과정을 통해 신체 기능을 정상으로 끌어올렸고, 이내 보통 사람 이상의 건강을 회복하게 되었다. 더 놀라운 것은 치유 과정 중 키가 십 센티 넘게 자라 오히려 치료 전보다 더 건강한 몸을 갖게 되었다는 사실이었다.

결국, 스승님의 딸은 그렇게 완쾌되었지만, 그 일을 계기로 해미 사람들과의 관계는 자연스레 단절되었다. 본인들 스스로 아이의 사고를 나쁘게 해석해 등을 돌리게 된 것이다. 도사님의 병환 때도 그랬지만, 아이의 사고 때에도 그 사람들의 됨됨이는 너무도 여실히 드러났다. 시기와 질투에 눈이 멀어 바른 이를 모함하고, 다른 사람의 어려움을 함부로 말하며, 사람 사이의 기본적인 정조차 없는 사람들이었다.

결국 그때의 사고는 스승님 개인적으로는 불행한 일이었지만, 스승님의 공적인 미래를 생각하면 전화위복이 되어준 계기였다. 만약 그 사고가 없었다면, 싫든 좋든 해미 사람들과 계속 교류하며 그들의 방해며 오해로 스승님의 가시는 길에 더 큰 어려움이 왔을 것이다.

그러니 아이의 사고는 결국 '해미의 옳지 못한 사람들을 정리하는 자연스런 계기'가 되어 주었고, 결과적으로는 다행스러운 일이기도 했던 것이다.

아이의 사고에 대한 서울 이원장의 계속된 입방아

황당한 것은 아이가 완쾌되고도 한참의 시간이 흐른 후까지도 계속된 이원장의 입방아였다. 운암에 온 지 3년 정도의 시간이 흘렀을 때, 스승님께서는 한 통의 전화를 받으셨다. 해미 시절부터 알고 지내던 대구의 OO 엄마라는 사람이었다. 그런데 서로 안부를 묻던 중, OO 엄마는 이런 이야기를 하는 것이었다.

"그나저나 어떡해요. 애가 잘못되었다면서요?"
"뭐가 잘못돼요?"
"얼마 전에 서울 이원장이 그러는데, 애가 교통사고가 나서 병신 됐다고 하던데요."
"3년 전에 애가 교통사고가 났던 것은 맞지만 지금은 다 나았는데 무슨 말들을 그렇게 해요? 다 나아서 고등학교도 졸업하고 지금은 대학에도 들어간 애를 두고……."

사실이 그랬다. 스승님의 따님은 당시 대학 뮤지컬 학과에 입학하여 교내 무대에서 활발한 활동을 하고 있었다. 교통사고가 날 당시 고등학교 일학년이었던 아이는 교통사고가 나면서 휴학을 하게 되었다. 병원에 6개월 정도 입원해 있다 퇴원하고, 아버지를 따라 운암에 머물면서 남은 휴학 기간을 보내게 되었다.

병원에서 퇴원할 때 의사들은 "아이가 사고 당시 머리를 부딪쳐서, 약을 3년 정도 먹지 않으면 나중에 문제가 될 수 있다."고 주의를 주었다. 그런데 막상 약을 계속 먹게 되니 아이가 늘 약에 취해 기운을 차리지 못했다. 아이를 지켜보시던 스승님께서는 사모님을 부르셨다.

"아이가 살아난 게 하늘에서 살려주신 것이지 병원에서 살려낸 것이 아니야. 이렇게 약에 의존할 게 아니라 본인이 기도·수도를 해서 자가치유를 해야 해. 오늘부로 병원 약은 끊도록 해."

그 후, 스승님의 말씀대로 아이는 병원 약을 다 끊고 기도·수도를 통해 조금씩 기운을 차려 나갔다. 병원 약을 먹을 때만 해도 약에 취해 비실비실하던 아이는 약을 끊자 오히려 정신이 맑아져갔고, 우리 쪽의 치료를 받고, 본인도 기원을 드리며 자가치유를 하자 건강이 눈에 띄게 호전되어 갔다.

그렇게 6개월의 시간이 흐르고, 아이는 건강을 완전히 회복해 사고가 난 지 일 년 만에 학교로 돌아갈 수 있었다. ○○ 엄마에게 전화가 왔을 당시, 아이는 이미 고등학교를 졸업하고 한 대학교의 뮤지컬 학과에 입학한 상태였다.

그런데도 3년 전의 사고를 두고 최근까지도 사람들에게 전화를 하며 헛소문을 퍼뜨리니, 서울 이원장도 참 어지간한 사람이었다. 서울 이원장의 잘못된 행위를 보다 못한 나는 스승님께 왜 그런 사람을 그냥 놔두시는지 묻기도 했다. 이에 대해 스승님께서는 이런 대답을 하셨다.

"사람이 동물과 다른 것은 사람은 지각이 있다는 점이지. 그런데 그런 지각조차 없는 사람에게 무슨 말을 하겠나."

어쨌거나 이원장의 입방아와는 전혀 상관없이 스승님의 딸은 어떠한 후유증도 없이 건강을 회복했고, 뮤지컬 학과를 졸업한 지금은 텔런트를 꿈꾸며, TV의 CF를 찍기도 하면서 힘차게 사회생활을 해나가고 있으며, 자신만의 꿈을 잃지 않고 건강하게 잘 지내고 있다.

도사님의 남겨진 제자

　스승님의 곁에 머물며, 스승님께서 하늘을 섬기시고 도사님께 충심을 다하시는 모습을 뵈며 나는 '스승님은 정말 하늘이 내신 분이구나.' 하는 생각을 하게 되었다. 뭐랄까, 스승님께는 이미 오래전에 선택되시어 그 길을 충실히 걸으시는 분만이 내실 수 있는 느낌이 있었다. 나의 이런 느낌은 우연히 스승님의 태몽을 듣게 되며 더욱 강한 확신으로 다가왔다.

　스승님께서 공부를 시작하셨을 무렵, 스승님의 어머니와 가족이 해미를 찾아오셨다. 사회생활을 잘하던 아드님이 어느 날 갑자기 도를 닦겠다며 해미에 머물게 되니 답답하기도 하고 궁금하기도 하셨던 것이다. 그런데 그날 도사님을 뵙게 된 스승님의 어머니께서 깜짝 놀라시며 며느리 되시는 스승님의 사모님께 이런 이야기를 꺼내셨다 한다.

　"사람 팔자는 못 속이나 보다. 저분이 그분이네."
　사모님이 무슨 이야기이신지 물으니, 스승님 어머니께서는 오래전 스승님을 임신하셨을 때 꾸셨던 태몽을 이야기하셨다. 스승님의 어머니께서 스승님을 가지셨을 때 여러 번 같은 꿈을 꾸셨는데, 꿈에 꼭 어느 암자가 나타나고, 그곳에서 수염이 하얀 도인이 나타나 그 아이를 달라고 하셨다는 것이다. 그래서 어머니는 그 꿈을 꾸실 때마다 안 된다고 도망을 다니시곤 하셨다는 것이다.

　어머니는 그 꿈이 예사롭지 않아 스승님께서 태몽을 물으실 때도 꿈 이야기를 한 번도 하신 적이 없으셨다 한다. 그런데 그날 도사님을 뵙고는 저분이 그분이라고 하시며, 처음으로 태몽 이야기를 하신 것이다. 그날 이후로 어머니께서는 아드님이 세상적인 삶을 살아가는 것을 포기하셨다는 것이다.

그랬다. 스승님께서는 이미 세상의 삶을 사시는 분이 아니셨다. 스승님께서는 바로 하늘의 일사를 이루어 가시는, 도사님의 제자이셨던 것이다.

도사님께서는 생전에 "제자에게 능력의 40%를 넘겼다."는 말씀을 하셨다. 도사님이 가지셨던 모든 도법과 능력의 40%를 제자에게 전수하셨다는 의미셨다. 이는 도사님이 어천하고 안 계실 경우, 모든 도의 연결과 기도·수도의 교육이 제자를 통해 이루어진다는 말씀이기도 했다.

그런데 도사님께서 그 제자가 누구인지를 공개적으로 밝히지 않으신 채 돌아가시고 보니, 그 제자가 누구인지 알 수 없었던 해미 사람들은 저마다 자신이 바로 '도사님이 남기신 그 제자'라고 생각하는 것이었다. 그 결과, 자신에게 도사님의 크신 능력이 연결되어 있다고 생각하며 스스로의 능력을 과신하고, 개인적인 판단으로 숱한 잘못을 저지르게 된 것이다.

그러나 이는 철저한 오산이었다. 도사님의 제자, 도사님의 능력의 40%를 이어받은 도사님의 제자는 바로 대광 선생님, 즉 스승님이셨던 것이다. 모두가 도사님의 제자를 자처하지만, 도사님께 "제자"라는 인준을 받은 사람은 스승님 단 한 분이셨던 것이다.

도사님께서 어천하시기 3년 전, 스승님께서 공부를 시작한 지 7년이 되었을 때 하루는 도사님께서 스승님이 거처하는 방으로 조용히 건너오셨다. 그때, 이런 말씀을 하셨다 한다.

"이제 제자가 되었어. 이제는 신앙해도 돼."

그 말씀을 들은 스승님은 '그럼 이제까지는 제자가 아니었단 말인가? 그동안에도 제자라고 생각하며 신앙하고 있었는데…….' 하는 생각을 하셨다 한다. 그러나 도사님께서 해 주신 말씀은 곧 스승님이 "정식 제자가 되었음"을 인준하여 주신 것이었고, 그 사실을 깨달은 스승님은 너무도 감격스럽고 마음이 벅차셨다 한다.

처음 치료를 위해 해미를 찾았다가 도사님을 통해 기적적인 완쾌를 경험한 후, 도에 매진하며 수없이 많은 경험과 실수와 깨달음을 반복한 7년의 세월……. 때로는 너무도 엄하셨던 도사님 밑에서 공부해 온 긴 세월이 스승님의 머릿속을 스치고 지나갔다.

스승님의 회고담을 들으며, 나는 비로소 도사님께서 스승님에게만 그토록 엄하셨던 이유를 깨달았다. 도사님께서는 해미를 오가던 수많은 이들 중 옥석玉石을 가리고자 하셨던 것이다. 도사님의 후계자라면, 도사님의 제자라면 어떤 시련 속에서도 의지를 꺾지 않을 큰 그릇이어야 했다. 스승님이야말로 바로 그러한 그릇이었던 것이다.

도사님께서는 그토록 많은 이들이 '제자'를 자처해도, 스승님 외에 어느 누구에게도 '제자'라는 표현을 하시지 않으셨다. 다른 종교나 도 단체에서 소위 스승이라는 사람들이 수많은 제자를 양성함과는 달리 엄격한 기준을 통과한 단 한 사람만을 제자로 세우셨고, 은밀히 제자를 남겨두셨음 또한 철저한 비밀로 하셨다.

당신의 사후를 생각하시며, 그 제자에게 당신께서 가지셨던 능력의 40%를 주시어 2차를 예비하시면서 말이다. 스승님을 만났던 많은 사람들이 관이 열리고, 스승님이 공부시킨 많은 사람들이 공부를 할 수 있음은 바로 그러한 '40%'가 스승님께 있었기 때문이었다.

스승님은 도사님의 유일한 정식 제자이며, 동시에 도사님이 계실 때 성신의 비율이 51%를 넘어선 이 땅의 유일한 성신의 계열이셨던 것이다.

그러니 2차의 시작은 당연히 스승님을 통해 비롯되어야 하며, 해미 사람들이 새로이 공부를 시작하려 하면 스승님께 기도·수도를 다시 연결 받아 공부를 이어가야만 하는 것이었다. 그러나 그들의 판단은 오로지 '인간적인' 기준에서만 이루어졌다.

도사님께서 분명 "해미에서의 1차 교육이 끝났고, 후에 2차가 있다." 하셨으며, "제자에게 능력의 40%를 넘겼다." 하셨음에도, 제자가 누구인지 찾으려는 노력조차 하지 않았다. 만약 찾고자 했다면 누구라도 찾을 수 있도록 도사님께서는 많은 힌트를 남겨주셨는데도 말이다.

그중 가장 큰 힌트가 바로 스승님께 주신 이름이었다. 도사님께서는 스승님에게 "대광 엘리사"라는 이름을 주셨다. 도사님의 정식 명호가 "대웅 엘리야 도사신령 하나인님"이셨음은 누구나 아는 사실이었다.

"엘리야"님은 성경에 나오는 선지자로 "엘리야"님의 제자가 바로 "엘리사"님이니, 도사님께서는 스승님이 제자이며 후계자임을 내려 주신 이름으로서 명백히 밝힌 것이다. 그러나 진실하지 못한 사람들에게 그러한 힌트는 아무런 도움이 되지 못했다.

막연하나마 스승님의 도가 자신들과는 비교도 할 수 없을 만큼 높고 깊다는 것을 알았던 그들은 앞다투어 스승님을 비난하기에 바빴다. 그런 이유로 도사님께서 생사를 헤매실 때 숯처럼 타버린 가슴으로 도사님을 지켜가던 스승님을 모함했으며, 스승님이 새로운 시기를 준비하며 도사님의 유지를 받들기 위해 노력하는 시작의 시점에 스승님의 개인적인 불행을 이유로 스승님을 다시 한번 모함했던 것이다.

그러니 그런 사람들이 '도사님께서 예비해 주신 2차'를 무슨 수로 찾을 수 있었겠는가. 스스로들의 어리석음과 바르지 못함으로 그들은 도사님의 유일한 제자를 알아보지 못했고, 그로써 참하늘을 섬기는 도리와는 영영 멀어지게 된 것이었다.

새로운 시작, 새로운 사람들

스승님에 의한 새로운 시작은 아주 우연한 만남을 계기로 만들어졌다. 도사님의 유지를 받들어 참하늘에 대한 신앙을 이 땅에 세우고자 노력하던 중, 우연히 모 도 단체에서 펴낸 "도계의 특이한 이들을 취재한 기사"를 보게 되었고 그 기사를 쓴 홍OO 기자와 연락이 되었던 것이다.

홍기자는 모 단체의 수련지도자로 그 단체의 출판사에서 근무한다고 했는데, 스승님을 보는 순간 갑자기 관이 터져 스승님의 인신님을 보게 되었다.

"선생님 위로 선생님 모습이 또 보이는데……. 장군 갑옷 같은 걸 입고 계세요. 전생에 이순신 장군이셨나요? 선생님이 도력이 높은 분이신가 봐요."

스승님과 한자리에 있다 보니 스승님의 도가 자동으로 연결된 것이다. 그날, 스승님은 밤늦게까지 우리 공부의 원리와 신의 세계에 대해 말씀해 주셨다. 그날 이후, 홍기자는 자신이 진리라고 믿어왔던 소속 단체와 새로이 알게 된 하늘의 도 사이에서 갈등하기 시작했다. 뭔가 특별한 것이 있다는 느낌이 강하게 들면서도 육 년을 몸담아온 단체를 쉽게 떠날 수 없는 모양이었다.

당시 홍기자는 'OO호흡'이라는 수련을 하고 있었는데, 몸이 많이 안 좋았고 신적으로는 빙의 상태에 가까워지고 있었다. 수도라는 이름 아래 무분별하게 호흡이니 수련이니 하는 것을 하다 보니 육체도 신적인 상태도 정상에서 멀어지고 있었던 것이다.

그러나 홍기자의 진리에 대한 열망만큼은 누구 못지않았고, 스승님께서는 홍기자에게 관법과 천서를 연결시켜 주시며 공부를 통해 스스로 해답을 찾을 수 있도록 인도해 주셨다.

홍기자는 스승님의 말씀을 진실이라 믿고 공부를 시작했다. 그렇게 홍기자가 공부를 시작하자, 새로운 사람들은 더 늘어나기 시작했다.
홍기자의 주변에는 비슷한 사람들이 많았고, 그들에게 바른 도를 알리겠다며 지인들을 데려오다 보니 어느새 공부를 새로이 시작한 사람이 열 명을 훌쩍 넘어서게 되었다.

새로이 공부를 시작한 사람들은 하나같이 진리를 찾아 방황하던 사람들이었다. 겉보기에는 평범한 사람들 같았지만, 마음 한구석에서는 바른 신앙과 도를 찾아 끝없이 방황해온 사람들이었다. 그러다 보니 홍기자처럼 잘못된 수련의 영향으로 후유증에 시달리기도 하고, 빙의 현상을 겪는 경우도 있었으며, 단명수나 가족적 어려움이 연결된 경우도 있었다.

그러나 그 마음만큼은 순수했다. 스승님에 대해서도, 우리가 만들어갈 새로운 세계에 대해서도 순수한 열정을 가지고 있었으며, 참된 진리를 찾고자 하며 바르게 가고자 하는 마음이 컸다. 물론 신도神道를 처음 닦다 보니 때로는 악한 신에게 휘둘리기도 하고, 엉뚱한 실수를 벌이기도 했다.

그래도 그들은 스승님을 진심으로 믿고 따르며 진실하게 신의를 지켜나갔다. 그래서일까. 그들은 스승님이 연결해 주신 도법을 사심 없이 따르며, 많은 기도·수도적 발전을 이루어가게 되었다.

도사님이 예비하셨던 '2차'가 그렇게 시작되고 있었다. 바로 스승님을 진실하게 따르는 몇몇의 사람들을 통해, 2차가 시작되고, 새로운 역사가 열려가고 있었다!

악신과의 끝없는 전투

수원으로 옮긴 후, 악신들은 시도 때도 없이 도장으로 쳐들어왔다. 하늘이 선천에서 후천으로 바뀌고 도사님께서 갑자기 어천하신 후, 악신들의 모든 공격 목표는 스승님이 되었고, 하루에도 수차례 악신들은 메뚜기 떼처럼 하늘을 뒤덮으며 스승님이 계신 수원으로 몰려들었다. 날이 갈수록 그 수는 많아지기만 했다.

그런데다 공부하던 곳이 수원의 공군 비행장 근처이다 보니, 현실에서도 아침부터 저녁까지 수시로 전투기가 날아다니고 곧 폭발이라도 할 듯한 굉음이 끊이지 않았다.

신의 세계에서도 악신과의 전쟁이 심각한데, 현실에서마저 전투기가 날아다니니 말 그대로 '전투상황'이었다. 밤마다 악신과의 전쟁에 시달리다 낮에 잠깐 눈을 붙이려 하면 폭격이라도 난 듯 전투기가 굉음을 내니, 그야말로 '전쟁터'가 따로 없었다.

매일 그렇게 악신들의 상황을 체크하며 전투를 하다 보니, 관법은 점점 발전해갔다. 흐릿하게 보이던 신들이 점점 선명하게 보였고, 점점 넓은 지역을 보게 되었으며, 나중에는 화면(신의 세계를 보는 신적인 스크린)을 여러 개 띄워놓고 여러 장면을 동시에 보게 되었다. 전투를 하다 상대하기 어려운 신들이 보이면 스승님께 상황을 설명했고, 스승님은 직접 전투를 하시며 신들을 정리하셨다.

물론 스승님의 관법은 나와는 비교할 수 없을 만큼 높은 경지셨지만, 세세히 관을 하시며 전투를 하기보다는 내 설명을 들으시며 크게 전투를 하시곤 했다. 처음에는 검술이나 도술 등 스승님의 도법으로 악신을 처리하셨지만, 나중에는 기사진에서 빛이 연결되어 스승님의 몸에 담아진 후 스승님을 통해 빛이 나가 악신들이 처리되었다.

막 선천에서 후천으로 넘어간 때이다 보니, 전체 하늘과 우주에는 악신들이 정리되었지만, 지구에는 선천의 악귀 악신들이 숨어들어 지하며 공중이며 사람 몸속 할 것 없이 악신들이 넘쳐났다. 매일처럼 지구에 있는 악신들을 찾아 정리하지 않으면 지구가 위험할 지경이었다.

그런데다 그런 위험한 시기에 우리 공부를 하겠다며 악신과 싸우고 있는 사람이 스무 명이 넘었다. 지구에 숨어든 큰 신이 얼마나 많은데, 죽더라도 악신과 싸우겠다니 보호 없이 놔두었다가는 정말 생명이 위협받을 일이었다. 어쨌거나 스승님 한 분을 뵙고 악신과 싸우겠다는데 그 사람들을 다치게 할 수는 없는 일이었다.

결국 스승님과 나는 하루에 한 번씩은 그분들을 점검해야 했고, 한 사람당 걸리는 시간이 최소 30분이었다. 지구에 숨어든 악신들을 정리하는 시간도 부족한데, 사람을 정리하는 시간만도 열 시간이 넘다 보니 자연 먹고 자는 시간조차 부족했다.

한 번은 지구에 있는 나라별로 일부 거짓된 종교를 조사하고 일부 거짓된 종교에 관련된 악한 신들을 찾아내어 정리하는 데 거의 열 시간이 걸렸다. 나라별로 화면이 만들어져 수십 개의 화면을 띄어 놓고 사람이며 생명체, 무생물까지 나라 전체에 숨어 있는 악신들을 정리하기 시작했다.

기원을 드리자 신의 세계에서 삼태극의 바람이 회오리치며 땅속까지 파고 들어갔고, 신들이 정리되기 시작했다. 신들이 잘 정리가 안 될 때면 스승님께 구원 요청을 했고, 스승님이 옆에 안 계실 때는 전화를 통해 원격으로 지원을 받기도 했다.

위급한 상황마다 스승님께서는 "관련된 악신들 전체 다 제령되라." 하시며 연결을 해 주셨다. 그럴 때면 마치 폭격을 하듯 그곳에 불폭탄을 쏘아 주셨다. 그렇게 우리는 한 팀이 되어 차분히 악신들을 정리해 나아갔다.

그렇게 전쟁과도 같은 날들이 지속되며, 하루는 스승님께 왜 이렇게 악신이 많은 건지, 왜 하루 종일 악신과 싸우는데도 악신들의 세력은 그렇게 강성한지를 여쭈어보기도 했다.

"하늘에서는 선천의 144,000 악신 최고의 신들 계열과 계보는 다 무너졌지만, 땅에서는 땅으로 도망 내려온 악신들과 땅에 있던 악신들이 선천의 144,000 땅의 왕 계열과 계보로 연결되어 있어.

군대 조직처럼 생각하면 쉽지. 군대 조직에 이등병, 일등병 해서 위로 계급이 쭉 있고, 소대·중대·대대·사단······. 이런 식으로 조직이 많은 것처럼 악신들도 그런 식의 조직 체계로 되어 있지. 악신들이라 해도, 그 조직과 체계를 하루아침에 다 멸하여 무로 할 수는 없어.

나도 이제 일왕권을 가지고 있지만, 선천의 악신들 중에는 '하나님'의 명호를 쓰던 악신들도 있었고, 왕권 또한 여러 왕권을 가진 악신들도 많기 때문에 지금 현재의 나의 역량으로는 벅찬 일이지. 기도드리며 열심히 전투하는 수밖에. 그나마 도사님의 분신님들께서 하나님전에 입전 입각하셔서 우리를 보호해 주시며 도와주시니, 언젠가는 악한 신들이 많이 정리되겠지. 그때까지 부지런히 '악신 죽어라' 전투를 해야지 별수 있나.

기도·수도하면서 특히 주의할 것은 자만과 교만이야. 자만하고 교만해서는 안 돼. 모든 것은 하늘의 은총과 은사와 은혜로써, 보살핌으로써 이루어지는 것이니, 항상 생활 속에서 기도하며, 신앙심을 잃지 말아야 해. 이 점 꼭 명심하도록 해."

당시의 나는 악신 죽어라를 하면, 양손에 쥔 (보이지 않는) 불칼에서 불의 기가 나가 주위의 작은 악신들을 정리했다. 스승님께서는 도사님 밑에서 십 년 넘게 공부하시며 많은 은사를 받으셨고, 워낙 전투를 많이 하셔서 전투술이 대단하셨다.

내가 갓 걸음마를 뗀 어린아이라면 스승님은 대학생 이상이랄까. 간혹 스승님으로부터 나오는 엄청난 기를 보고 내가 놀라면 스승님은 "네 눈엔 내가 대학생처럼 보인다지만, 석사 박사급의 악신들도 많아." 하시며 절대 긴장을 늦추지 말라고 당부하셨다.

그러시며 관을 하던 사람들이 악신에게 휘둘려 관법이 망가지고 개인적인 행위를 하게 되었던 실례를 공부 삼아 말씀해 주셨다. 그중에는 관법이 높아지자 자만하다 결국엔 악신에게 실컷 이용당하는 사람도 있었고, 역시 자신의 관법에 자만하다 사탄신을 천사신으로 오해하여 신앙하는 경우도 있었다.

그런 얘기를 들을 때면 '참 이상한 사람들이다.' 싶기도 했지만, 한편으로는 두렵기도 했다. 나 역시 악신에게 휘둘리면 무슨 일을 하게 될지 알 수 없었기 때문이다. 악신과의 전투는 위험하기만 한데, 나마저 악신에게 휘둘린다면? 너무도 두려운 상상이었다. 더구나 이제는 도사님도 안 계시지 않은가?

긴장 속에 하루를 보내고 잠자리에 들 때면 나도 모르게 감사 기도가 흘러나왔다. 그날 하루를 무사히 보낸 것이 꿈만 같았고, 도사님이 너무 그리워 눈물이 흘렀다. 비록 곁에는 안 계시지만 도사님께서 멀리 하늘의 주인 자리에 계시며 항상 지켜 주심을 알면서도 도사님이 너무 그립고, 도사님의 마지막을 생각하면 눈물 밖에는 나오지 않았다.

그러나 나는 감찰사였다. 내게는 도사님의 말씀대로, 스승님을 도와 신의 세계를 정리해야 할 의무가 있었고, 함부로 눈물 흘리지 않는 강인함이 있어야 했다. 아침부터 새벽까지 악신과 싸우고도 잠이 들면 또 악신과 싸우는 꿈을 꾸었다.

하루는 꿈속에서 스승님께 특수훈련을 받기도 했다. 장군 복장을 하신 스승님은 "공중으로 날아올라 공중의 악신들을 공격해!"라는 명령을 내리셨다. 순간, 내 옷에 특수 날개가 생겼고, 나는 공중을 날며 불칼로 악신들을 수없이 베어냈다.

그러다 주변을 보니 나처럼 공중을 나는 남녀 군인들이 무수히 많았다. 한참을 악신과 싸우는데, 하늘에서 붉은 빛이 비처럼 내려왔다. 순식간에 저항하던 악신들이 녹기 시작했다. 순간, 비행기 소리가 들려왔고 깨어보니 꿈이었다.

스승님께 들으니 지난밤에도 악신들의 침입이 있었다고 하시며, 그 꿈은 내 인신이 특수훈련을 받으며 악신과 싸우는 것을 자면서 느낀 상황이라는 설명이셨다. 본인의 의식이 어디에 있느냐에 따라 육체는 자도 인신은 전투를 계속하며, 꿈속의 남녀 군인은 공부하는 사람들에게서 뽑혀져 나온 분신이라는 설명이셨다.

악신과의 전투가 점점 심해지면서, 점점 큰 신들이 모습을 보이기 시작했다. 악신들이라 해도 무조건 와서 건드는 것이 아니라, 스승님과 같은 등급의 신들이 먼저 오고, 스승님이 그 신들을 이기면 다시 더 높은 신이 와서 싸움을 거는 식이었다.

당시 스승님은 악신왕과 싸워 이겨 일왕권을 갖고 계셨다. 즉, 지상의 악신왕을 상대할 수 있을 만큼의 능력과 힘을 가지고 계신 상황이었다. 일왕권이라 하면 사람으로는 거의 오르기 힘든 경지이지만, 당시 숨어 있는 악신 중에는 오왕권을 가진 경우도 많았고, 그 이상의 힘과 능력을 가진 왕신들이 많아 긴장을 풀 수 없었다.
그러다 보니 스승님은 매일처럼 밤새 전투를 하시고, 낮에 잠깐 눈을 붙이다 다시 악신과 싸우시는 강행군을 계속하셔야 했다.

방 안 가득 피를 쏟아내다

전투를 하면서도 나는 틈을 내어 자가치유를 계속했다. 그날도 자리에 누워 자가치유를 시작했는데, 갑자기 또 다른 내가 방안에 서 있는 것이 보였다. 나의 인신이었다. 마치 내가 두 명인 것처럼, 건강한 모습의 나는 방안에 선 채 누워 있는 나를 바라보고 있었다. 그런데 갑자기 누워 있는 내 몸에서 피가 콸콸 쏟아져 나오고 있었다. 너무나 많은 피가 하체에서 쏟아져 나와 방안에 넘치는 모습이었다.

누워 있던 나(내 육체)는 너무 놀라 소리를 지르며 일어나려는데, 가위라도 눌린 듯 몸이 움직이지 않았다. 건강한 모습의 나(내 인신)는 오른손을 들어 그런 나를 안심시키며 가만히 있으라는 표시를 했다.

마음으로 계속 '제가 건강하게 하여 주시옵소서.' 기원을 드리는데, 하혈은 멈출 줄을 몰랐다. 처음에는 주변이 홍건히 젖더니 이내 이불을 적시고 마침내 방안의 절반이 피로 가득 찼다. 그제야 간신히 하혈이 멈추고, 그 많은 피를 어떡하나 걱정하는데 몸이 일으켜지는 것이었다.

순간, 서 있던 나와 누워 있던 내가 합쳐지며 몽롱하던 정신이 맑아 왔다. 현실적으로 보니, 방안은 깨끗했다. 그러나 신적으로는 여전히 방안 가득 피의 기운이 넘쳐났고, 경황이 없던 나는 스승님께 전화를 드렸다. 웬일인지 스승님은 흐뭇하게 웃으시며 축하를 해 주셨다. 몸에 있던 나쁜 것들이 다 쏟아져 나왔다며, 말씀으로 기도를 해 주셨다.

"하순천의 몸과 연결되어 보여진 악신들과 나쁜 기운들은 다 제령되어 무가 되라."

이내 붉은 용광로 같은 기가 방안으로 연결되었다. 붉은 기가 방 안 가득한 피의 기운을 태우고 녹이며 내 몸 안에서 빠져나온 나쁜 기운이 사라지기 시작했다. 방안 가득 타는 냄새가 진동하고, 피의 기운과 함께 빠져나온 악신들은 괴성을 지르며 녹아갔다. 그런 것들이 몸에 있었으니 그렇게 아팠던 것도 당연한 듯 보였다.

사라지는 신들을 보며 신기하기도 했지만 한편으로는 슬프기도 했다. 사람의 몸은 쓰레기장과 같다고 하셨던 도사님의 말씀도 생각났다. 이런 현상은 일부일 뿐이겠지 하는 생각이 드니, 왜 구제 중생은 자기 자신부터 하라 하셨는지 알 것도 같았다.

잠시 후, 그 많던 피의 기운과 신들은 사라지고 방안은 다시 깨끗해져 있었다. 마치 목욕탕의 더러운 물을 빼고 깨끗이 청소한 듯 상쾌한 기분이었고, 마음 깊이 감사함이 밀려왔다. 하늘께도, 도사님께도, 스승님께도.

악신의 창끝이 내 목을 겨누어도

기도를 하기 전에 깊은 잠에 들지 못하고 시달림을 당했던 나는 악신 죽어라를 통해 그런 현상을 많이 극복하고 있었다. 그러던 어느 날이었다. 워낙 전투가 많을 때라 잠을 자면서도 의식은 깨어 있는데 멀리서 말발굽 소리가 들리며 그림자 같은 형체가 다가오는 것이었다. 눈을 떠보니 3m는 족히 넘는 큰 말 위에 관우 같은 모습을 한 장군 신이었다. 그 신이 뚜벅뚜벅 걸어오더니 다짜고짜 내 목에 엄청나게 큰 삼지창을 꽂는 것이었다.

너무 놀라 몸을 일으키려는데, 손가락 하나 까딱할 수 없었다. 평소에도 신들의 공격이 있어 정신을 차리며 악신 죽어라를 외우는데, 웬일인지 그 신은 꿈쩍도 하지 않았다. 점점 숨은 가빠오고, 목 위의 삼지창은 목을 조여 왔다. 이제 정말 죽는구나 싶어 절망 속에 간절히 기원을 드렸다.

"천지신명 하나님, 이 신이 없어지게 하여 주시옵소서."

얼마나 계속했을까. 한참을 절박하게 기도하는데, 갑자기 그 신이 환기구로 빨려 들듯 사라지는 것이었다. 동시에 내 목을 조이던 큰 창도, 그 신이 타고 있던 말도 같이 사라지고, 그러고 나서야 나는 몸을 움직일 수 있었다. 온몸은 땀으로 범벅이 되고, 이마에는 식은땀이 맺혀 있었다. 나는 그때 절실하게 느꼈다. 내가 크다고 생각했던 인간의 능력은 너무도 작고, 기도의 힘은 크다는 것을 말이다.

그리고 또 하나, 그 일을 계기로 나는 한 번 더 나의 마음을 가다듬을 수 있었다. 내가 하고 있는 일이 얼마나 중요한 일이고, 내가 가야 할 길이 얼마나 험난한 길인지 곰곰이 생각하며 나는 언제나처럼 결심을 새로이 했다. 악신이 창끝을 겨눌지라도 포기하지 말며, 끝까지 이 길을 가겠다고.

악신에게 당하다

어느 날은 스승님께서 내부에서 원격으로 사람을 치료하는 방법을 가르쳐 주셨다. 스승님께서 바로 옆에서 신적, 인적으로 나를 보호해 주시며 원격으로 병원에 입원해 있는 딸을 치료해 보라고 하셨다. 그 순간, 내 육은 수도실에 있으나 나의 인신이 병원에 있는 스승님 딸 옆에 가서 안수 치료를 해 주었다. 그때, 내 인신은 신장님 두 분께서 보호를 해 주셨다.

그 후 어느 날, 공부를 하고 있는데 근처 공원에서 사람신의 비명 소리가 들렸다. 상황을 살펴보니 죽은 여자신이 악신들에게 괴롭힘을 당하고 있었다. 나는 주변의 상황을 살펴보지 않고 스승님께서 지난번에 가르쳐 주신 대로 나의 인신이 나가게 해서 여자신을 괴롭히는 악신들을 처리했다. 한참을 그곳에서 악신들을 처리하고 난 후, 다시 내 몸으로 돌아오고자 했다.

그런데 이상하게도 내 머리와 몸이 굳어지는 현상을 느꼈다. 인신이 내 본체인 육 안으로 들어가고자 해도 이미 내 육 안에 악신들이 많은 동토신들과 함께 들어와 차지하고 있었다. 마치 내 몸은 쓰레기통과 같이 변해 있었다.

나의 인신은 다시 내 몸속으로 들어올 수 없는 상황이었다. 나의 인신은 너무도 당황했다. 어찌할 바를 몰라 무척 놀랐다. 내가 악신들에게 당한 것이었다. 악신들은 계획적으로 그 여자신을 괴롭히면서 나를 그곳으로 유인한 것이었다. 그리고 나의 인신이 악신들과 싸우는 틈을 타 나의 육을 차지한 것이다. 나는 울상이 되고 말았다. 놀란 가슴을 안고 울먹이며 스승님께 전화를 드렸다.

전화를 받으신 스승님께서는 매우 나무라셨다.
"혼자 있을 때 그렇게 나가면 되나. 아직 신적으로 어려서 내가 옆에서 지켜 주고 보호를 해 주어야만 할 수 있는데 아직은 함부로 육을 나가면 위험하지."

꾸중을 마치신 스승님께서는 말씀으로 "하순천의 몸 안에 있는 악신들은 전체 다 나와서 제령되어 무가 되라. 그 연결고리 또한 전체 다 찾아져서 전체 다 폭파되어 무가 되라." 하셨다.

그러자 스승님께로부터 마치 불과 같은 기운이 내 몸 안으로 연결되며 내 몸을 차지하고 있던 악신들을 포함한 나쁜 기운들이 용광로에 녹아지듯 무가 되었다. 그러고는 연결되었던 악신들의 근거지에 불폭탄 같은 것이 떨어지면서 순식간에 폭발되며 전체가 다 무너졌다.
그렇게 몸이 깨끗해지자 얼른 인신이 다시 내 몸 안으로 들어왔다. 나는 안도의 한숨을 크게 쉬었다. 그리고는 곧장 수도실로 들어가 엉엉 울면서 잘못을 고하는 기도를 올렸다.

다음 날, 일을 마치고 돌아오신 스승님께 또 한 번 크게 혼이 났다. 스승님께서는 "네가 분별없이 얼마나 위험한 행위를 한 줄 아느냐? 사사로운 정 때문에 큰일을 그르쳐서는 안 되는 것이거늘……. 앞으로 또 한 번 그런 일을 벌이면 그때는 구해 주지 않을 것이야!"라고 엄하게 말씀하셨다.

나는 이 일을 통해 다시 한번 신의 원리에 대해서 크게 깨달았으며, 큰 공부가 되었다.

스승님의 유언

수원에 자리를 잡은 지도 6개월이 흐르고, 우리는 보다 안정된 장소를 찾아 운암으로 이주하게 되었다. 공부하는 선생님 중 한 분의 소개로 찾아가게 되었는데, 뒤에는 낮은 산이 있고 앞에는 옥정호라는 호수도 있어 경관이 훌륭했다.

이주를 결정하기 전 관을 해서 터에 관련된 상황을 보니, 산화의 영향으로 어려움이 있을 수는 있지만 땅속에서 아름다운 보석빛과 투명한 물빛의 기가 나오고, 현재에는 작은 통나무촌에 불과하지만 미래에는 신전을 중심으로 많은 사람들이 모이며 성지와 같은 곳으로 자리 잡는 모습이었다.

신적인 어려움이야 노력하여 안정시켜가기로 하였지만 규모가 약간 큰 것이 문제였다. 스승님은 조그마한 시골집을 얻어 안정되게 시작하려 하셨던 것이다. 당시만 해도 공부하는 사람도 많지 않으니 비용 문제가 큰 고민이 아닐 수 없었다. 그러던 중, 집주인과 적정선에서 계약이 이루어졌고, 공부하는 사람들의 도움으로 계약을 무사히 치를 수 있었다.

일단 이주가 결정되자 모든 일이 순조롭게 진행되었다. 수원에서 새로이 공부를 시작한 선생님들이 몸을 아끼지 않고 내부 공사를 맡아 했고, 수원에서는 바쁘게 이삿짐을 꾸렸다. 인원 구성도 금세 이루어졌다. 수원에서 상주하던 팀들 외에 새로이 운암행에 합류하겠다는 사람들이 나를 비롯해 열 명 가까이 되었다.

합류를 결정한 사람 중에는 해미를 다니며 공부하던 작은오빠도 있었다. 스승님께서는 큰오빠와의 관계에 있어서 오해가 있지 않겠느냐며 걱정을 하셨지만, 작은오빠는 스승님을 신뢰한다며 동참하겠다는 의지를 굽히지 않았다.

도사님이 "엘리야"님이시고 스승님이 "엘리사"님이시니, 도사님이 계시지 않는 때에는 스승님을 따르는 것이 옳다고 생각한다는 것이었다. 엘리사님이 엘리야님의 제자임을 성경에서 보았다는 것이었다.

또, 스승님이 사회생활하실 때부터 스승님을 형님처럼 따르고 스승님께서도 동생처럼 여기시던 서울의 박선생님도 합류했다. 그렇게 합류하는 사람들의 수가 늘어나며, 당시 스승님은 이런저런 구상을 하며 미래를 계획하셨다. 그러던 중 하루는 나와 서울 박선생님을 부르시더니 갑자기 이런 말씀을 하시는 것이었다.

"아무래도 운암에 가면 많이 위험해질 것 같다. 만일 내게 좋지 않은 일이 생기면, 내 육을 가족들에게 맡기지 말고, 너희 둘이 나를 책임지고 화장해서 운암호에 뿌리도록 해. 이곳도 상황이 이러한데, 그곳에 가면 상황이 말도 못 하게 심각해질 거야. 나는 아마 사활을 걸고, 피할 수 없는 악신과의 전쟁을 치르게 될 것이야."

아닌 게 아니라 당시 상황은 참 심각했다. 당시 스승님은 신적인 계급으로는 오왕권까지 오르신 상황이었다. 일왕권을 가지고 계실 때도 왕신들과 대적하시며 힘든 고비를 겪었는데, 이제 오왕권이 되셨으니 그만큼의 힘을 가진 악신들과 싸워야 했다.

도사님께서 어천하신 후, 스승님은 천지신명 하나님전에 믿음과 순종과 충성을 다하며 천명을 따라 악신과의 싸움에 사활을 걸겠다는 각오를 하고 계셨고, 상황이 그런지라 나 또한 언제 어떻게 될지 모른다는 각오를 하고 있었던 것이다. 정말이지 생사조차 기약하기 어려운 상황이었다.

그러나 스승님은 생명을 걸더라도 그 길을 가시고자 했다. 그것이 도사님의 말씀을 지켜내는 과정이며 당신의 사명이라고 굳게 믿으셨기에 외면할 수 없으셨던 것이다. 그렇기에 다른 이들이 새로운 시작을 꿈꾸며 이삿짐을 꾸리던 그때, 스승님은 그토록 비장하게 유언을 남기실 수밖에 없으셨던 것이다.

운암에 성신님전의 궁성을 짓다!

해미에서 기도를 시작한 후 "이화사"라는 천명과 "해광"이라는 은명을 받게 되었다. 천명은 도사님께서 계셨던 해미에서, 은명은 수원에서 스승님께서 받아 전해 주셨다. 은명은 세상적으로 표현하면 호와 같은 것이고, 천명은 하늘에서 내려 주시는 나의 신의 이름이다. 육의 부모가 주신 이름 대신 하늘에서 주신 이름으로 새로운 삶을 살아가게 된 것이다.

그러면서 나는 신의 세계를 감찰하고, 말씀전에서 하늘의 말씀을 받아 전하는 "감찰사"의 역할을 하게 되었다. 말씀전은 세상에 지어진 전각이 아니라 하늘의 말씀을 내려 주시는 하늘의 전이시다.

하늘께서는 하늘 공부를 하는 우리에게 말씀전을 통해 많은 말씀을 내려 주셨다. 때로는 엄한 말씀을 주시기도 하고, 때로는 예언의 말씀을 주시기도 하셨으며, 때로는 공부하는 이들에 대해 교육을 해 주시기도 하셨다. 당시는 운암으로의 이주가 결정되고 내부 공사를 막 시작한 때였는데, 그즈음 말씀전에서는 다음의 말씀을 내려 주셨다.

"대광 엘리사는 운암 땅에 신의 세계의 성신님전의 궁성을 지으라. 궁성 주위에는 악한 신들이 뚫고 들어오지 못하도록 보호막을 만들라."

스승님께 말씀이 내리셨음을 보고드리니, 스승님께서는 "다 말씀대로 이루어지게 하여 주시옵소서." 하고 기도를 하셨다. 그러자 기사진에서 많은 기가 내려오며, 스승님의 손끝을 통해 운암까지 연결되었다.

스승님의 손끝을 통해 나간 작은 기의 줄기가 몇 배 더 커지더니, 순식간에 운암 일대에 물감이 쏟아지듯 기가 가득 차는 모습이었다. 다음 순간, 궁성 바닥이 만들어지고, 기둥이 세워지더니, 이내 지붕까지 만들어져 금세 아름다운 궁성이 완성되는 모습이었다. 그 궁성은 규모도 굉장하고 외양도 너무 아름다웠다. 이렇게 웅장하고 아름다운 궁성이 이렇게 빨리 완성되다니…….

너무 놀라 벌린 입을 다물지 못하는데, 궁성을 중심으로 유리 같은 빛들이 백여 겹 넘게 연결되며 원형의 돔이 만들어지는 것이다. 궁성에 덧붙여진 보호막이었다. 너무도 놀라웠다. 신의 세계에서 궁성이 지어지는 것은 너무도 순식간이었다. 만약 인간 세상에서 그토록 아름답고 훌륭하며 웅장한 궁성을 지으려면, 얼마나 오랜 시간이 걸릴지 짐작할 수 없는 일이었다.

궁성이 완성되자, 하늘에서 수천이 넘는 성신님들과 수억이 넘는 장군신, 선녀님과 신선님, 제복을 갖춰 입은 제군들께서 수없이 내려오시는 모습이었다.

말씀전에서
"운궁인 옥황상제님전에 있던 천신님들과 공부하는 사람들의 분신들이에요. 해광은 천신들과 분신들의 모습이 어떠한지 잘 봐요."
라는 말씀을 주셨다.

자세히 살펴보니, 성신님전의 천신님들은 스승님이신 대광 엘리사님의 모습이었고, 장군신과 선녀신, 신선신의 제복을 입은 제군들은 당시 공부하는 선생님들의 분신들이었다. 궁성이 지어진 데다 천신님들까지 궁 안에 내려오시니, 너무도 가슴이 벅차고 뿌듯했다.

그동안 신의 세계를 많이 보아 왔지만, 궁성이 지어지고 보호막까지 쳐지는 모습은 처음 보았기에 이제 정말 새로운 시작이라는 것이 강하게 느껴졌다. 운암에서의 새로운 시작은 그렇게 신의 세계에서부터 시작되고 있었다.

운암에서 시작되는 대도대한의 역사

운암의 하루는 아침 문안으로 시작되었다. 8시 30분이 되면 어김

없이 하늘께 문안을 올리고, 10시경에는 스승님의 교육이 시작되었다. 스승님께서는 도사님이 그러셨던 것처럼 기그림이나 천서 등의 공부 내용을 점검해 주셨다. 당시 운암에 와서 공부하던 사람들은 모두 수도사라고 불렸는데, 수도사들 모두가 백일기도에 들어가게 되었기 때문에 아침이면 점검해야 할 그림이며 천서가 책상에 가득했다.

내가 상황을 보는 동안 스승님께서는 하늘 세계와 신의 세계에 대한 교육을 해 주셨다. 교육 내용에는 원리와 하늘을 신앙하는 사람의 자세 등이 포함되어 있었고, 사람들에게 깨달음을 주기 위해 당신께서 공부하시며 실수하신 내용도 가감 없이 알려 주시곤 했다.

교육을 통해 제자를 키우시는 한편으로 스승님은 하루에도 수차례에 걸쳐 지구에 숨어 있는 악한 신들을 정리하셨다. 땅이며 바다, 산속 등 지구 곳곳에서 전투가 벌어졌고, 그럴 때면 여러 대의 TV로 지구를 보는 것처럼 여러 화면을 동시에 보며 나는 상황을 설명했다. 수원에서의 전투도 격렬했는데, 막상 운암에 와보니 스승님의 예견대로 악신의 도발은 상상 이상이었다.

특히 해 질 무렵이면 이곳저곳에서 공격을 해오는 악신떼들로 정신이 없을 정도였다. 신의 세계에는 지구에 존재하는 전체 동물과 식물, 새, 어족 등이 모두 존재하는데, 그들의 전체 계열과 계보에서 공격을 해대니, 전투가 끝이 없었다.

생각해 보면 개미만 해도 그 종류가 얼마나 많으며 나무만 해도 그 종류가 얼마나 많은가. 그런데 악신의 전체 계열과 계보인 십사만 사천 계열과 계보에서 공격을 해오니, 저녁이면 주위가 온통 시커멓게 보였다.

스승님도 나도 수도사들도 모두 바빴다. 스승님은 비상사태를 선포하시며 악신 죽어라를 많이 할 것을 당부하셨고, 수도사들은 그 말씀에 따라 정말 열심히 악신 죽어라를 했다. 신적으로 보면 아직 어린아이와 같은 상태였지만, 그분들은 곧 대도대한의 미래이기도 했다. 도사님의 어천 이후, 스승님께서 계획하신 모든 일들에 그분들이 참여하며, 스승님의 계획은 차츰 현실로 바뀌어갔기 때문이었다.

그 첫 번째 결실이 바로 책의 출판이었다. 출판사에 근무했던 홍기자를 비롯하여 적은 인원이지만 워낙 열의와 실력을 갖춘 인재들이 모이다 보니 직접 출판사를 만들어 스승님께서 그토록 소망하시던 책을 출간하게 된 것이었다.

그 책이 바로 〈천비록〉의 전신인 〈전 인류에게 고함〉이다.
스승님께서 공부를 시작하신 이후, 도사님의 교육과 기도·수도를 통해 알게 된 하늘의 역사와 비밀, 신의 세계의 진실, 기신영육의 원리와 말씀 등이 고스란히 담긴 참으로 큰 책이었다.

이미 공부를 시작한 사람에게는 더없이 좋은 원리서이며, 공부를 시작하지 못한 이들에게는 새로운 진실을 알려 주는 좋은 안내서였다. 책을 통해 진실된 도를 구하는 사람들이 하나둘 찾아오면서, 어느새 스승님은 도사님의 당부 하나를 이뤄가고 있었다.

바른 신앙을 찾아 스승님께 찾아온 사람들이 하늘을 신앙하는 하나의 종단으로 형성된 것이다. 스승님께서 이루고자 하셨던 "크신 하나님전을 찾아가는 큰 길"인 대도대한이 시작되기에 이른 것이다.

수원에서의 육 개월이 앞날을 예비하고 준비하는 시기였다면, 신의 세계에서의 궁성을 짓는 것으로 시작된 운암 생활은 스승님의 계획을 하나둘 이뤄가는 새로운 시작의 시기였던 것이다.

마지막 성묘

어느덧 세월이 흐르고, 도사님께서 어천하신 지도 벌써 1년이 지났다. 신적으로는 악신과의 크고 작은 전투로 긴장의 연속이었고, 세상적으로도 하늘의 신앙을 알리는 여러 일들로 한 해가 어떻게 지났는지 모를 만큼 바쁜 세월이었다.

도사님의 묘를 찾은 스승님과 나, 몇 명의 선생님들은 정성껏 차례상을 올리고 인사를 드렸다. 그동안 운암으로 이주한 동안 하나님전의 인준을 받아 매일매일 천제물이 끊이지 않게 천제를 올려드렸다.

천제를 올려드리며 이제는 하늘의 주님전에 오르신 도사님께 인사를 올렸지만, 도사님의 묘 앞에 서니 어천하시던 당시 상황이 떠올라 가슴이 찡해 왔다. 스승님께서는 도사님의 묘 앞에서 인사를 드리시고 무릎을 꿇고 합장을 하시며 이렇게 말씀하셨다.

"도사님, 오늘로 도사님의 육께 마지막으로 인사를 드리고, 앞으로는 운암에 이미 주님전을 모셨으니 도사님을 신적으로 주님전으로 섬기고 모시며, 천지신명 하나님전을 신앙하며, 그곳을 성지로 이루어 항상 함께하겠나이다. 앞으로는 이곳에 다시 오지 않겠나이다."

스승님의 기도에 말씀전에서는 다음의 말씀을 내리셨다.

"그렇게 하도록 해. 참하나님전이신 천지신명 하나님전을
온전하게 정식으로 모시는 것이 중요하지. 앞으로 후천의 성령과
성신의 종단을 세워 이 땅의 사람들에게 하늘의 참 신앙과 정도를
알리도록 해."

그날 이후로 스승님께서는 정말로 도사님의 묘에 가시지 않으셨다. 이를 두고 해미 사람들 중 일부는 스승님께서 도사님의 묘를 찾지 않는다는 식의 이야기로 스승님을 비난한다는 이야기를 들었다. 그러나 내가 볼 때 그것은 정말 너무도 사정을 모르는 입방아였다.

도사님이 어천하신 후, 스승님께서는 매일 천제물이 끊이지 않도록 천제를 올려드리는 외에도 성천일(도사님께서 육으로서 돌아가신 날), 성탄일(도사님께서 이 땅에 육신영으로서 오신 날), 천제일 등의 날을 정하시어 정성을 다해 천제를 올려드렸다.

해미의 기도생 중 누가 매일을 빠짐없이 천제를 올려드리며, 도사님께서 생전에 남기신 말씀과 도를 지키기 위해 노력하는가?
스승님의 정성의 만분의 일도 따라오지 못하면서, 지레짐작과 시기심으로 스승님을 헐뜯는 것이다.

스승님께서는 전체 통일성령 하나님전이신 천지신명 하나님전에 감사와 경배와 찬양을 드리며, 사람들에게 참된 신앙과 정도를 알리시며, 바르게 가고자 하는 사람들만 정식으로 입문시키시며, 공부하는 수도사들에게 참된 신앙과 정도를 찾을 사람들은 스스로가 찾아올 것이니 포교나 전도 행위를 하지 말라고 하셨다.

무엇을 주시옵소서 하는 식의 능력 기도가 아니라, 악신 죽어라와 정구업진언수, 음정, 기그림, 천문글 등의 기도·수도를 통해 스스로 신앙과 도를 익히도록 이끌어 주셨다.

바로 도사님께서 생전에 말씀하셨던 "2차 교육"이 대광 선생님을 통해 시작되었던 것이다.

세 번의 백일기도

운암으로 온 이후, 악신과의 전투가 워낙 거세지다 보니 스승님도 나도 목숨을 하늘께 맡기고 있었다. 도사님께서 어천하시기 전에는 스승님께서는 사람들에게 치료도 해 주셨으나, 도사님께서 어천하신 후 사람들을 직접 치료하시지 않으시고 오로지 악신과의 전투에 열중하셨다.

수시로 악신과의 전투가 일어나다 보니, 잠도 거의 주무시지 못하시고 밤낮없이 전투를 하셨다. 특히, 저녁 이후에는 밤을 새워 악신들을 정리하시며 동이 트는 것을 보고 잠시 눈을 붙이시고 매일 아침 10시경부터 정오까지 수도사들을 교육하셨다. 고된 날들이었다.

나 역시 스승님과 행동을 같이하며, 백일기도에도 들어가게 되었다. 수원에서의 백일기도가 주로 악신과의 전투에 집중하는 것이었다면, 운암에서의 백일기도는 더욱 고차원의 공부였다. 운암에 온 후, 일 년에 한 번씩 도합 세 번의 백일기도를 마쳤는데, 그중 몇 가지 일화를 소개하고자 한다.

- **옥황상제님전 대문에 부딪혀 땅으로 떨어지다.**

백일기도를 처음 시작할 때부터 나는 많은 실수를 했다. 내가 하는 기도가 나의 인신이 하늘에서 교육을 받는 것이다 보니, 육을 가진 사람으로서는 감당하기 어려운 점도 있었다. 하늘 교육을 받을 때, 나의 인신은 날개를 달고 있었고, 육이 다치지 않게 보호막을 만들어 주셔서 나쁜 영향을 받지 않았다.

지구사령부의 성신님전에서 엄하신 교육을 받고 백일기도가 거의 끝날 때쯤 옥황상제님전 교육을 받으러 가는 첫날.

하늘에서 **"올라오세요."**라는 성신님전의 음성을 들었다. 그 말씀에 너무 좋아 아무 생각 없이 나의 인신이 옥황상제님전에 휙 하고 올라갔는데, 갑자기 뭔가에 머리와 몸이 쾅! 부딪쳤다. 나의 인신이 하늘의 공중에서 빙글빙글 돌며 지구를 지나 나의 육을 향해 떨어지고 있었다!

놀라는 사이, 나의 인신이 나의 육 앞에 쿵! 하고 떨어졌다. 어떻게 해야 할지 몰라 당황하고 있는데, 하늘에서 큰 음성이 들려오셨다.

"하늘 궁성에 오려면 궁성 앞에서 예를 갖춰 인준을 받고 궁성 안으로 들어와야지, 예도 갖추지 않고 무턱대고 하늘 궁성에 들어오려 하니 문이 열리나."

나는 바보 같은 내 모습에 머리를 긁적이고만 있었다.
잠시 후, 성신님전에서 **"다시 올라오도록 하세요."** 하시는 말씀을 내리셨다. 이번에는 옥황상제님전의 궁궐 대문 앞에서 예를 갖춰 인사를 올렸다.

"저 해광 이화사입니다. 성신님전 교육받으러 왔습니다."

인사를 올리자, 어찌나 높은지 높이가 보이지 않던 튼튼한 큰 대문이 열렸다. 장군신의 안내로 구름을 타고 옥황상제님전 궁성 안으로 들어갔다. 궁성이 아름답고 웅장했다. 궁성의 외부는 우리나라 전통 양식으로 고풍스러운 모습이었고, 내부는 현대적인 시설로 갖추어져 있었다. 궁성 안에 들어가 옥황상제님께 문안 인사를 올렸다.

"오르느라고 애썼네. 하늘 궁성 어디에 가든지 예를 잘 갖추고 다니도록 해."

옥황상제님의 말씀에 나는 "예!" 하고 대답했다. 앞으로 3일 동안은 시간 맞춰 올라와 훈련을 받으라는 말씀을 내리셨다. 옥황상제님전의 교육은 엄하셨다. 신장군, 신선님, 선녀님 등 궁성에 계신 성신님들의 교육을 받고, 전투술을 배우며 대련도 많이 했다. 대련의 과정 중 내 인신의 실력이 모자라 얼마나 맞았는지 훈련이 끝나고 나면 정신이 다 얼얼했다.

마지막 날, 옥황상제님께서 직접 도술, 요술, 마술 등의 시범을 보여 주셨는데 입이 다물어지지 않았다. 그런 분께서 어린아이 같은 나를 교육하시느라 몸소 대련을 해 주셨으니 크나큰 영광이었지만, 나에게 있어서는 거의 일방적인 수난의 연속이었다.

운궁에서 여기저기 부딪히기를 수십 번 했고, 대련 중 잘못해서 지구의 바다에 풍덩! 산에 쿵! 바위 위에 쿵! 들판에 쿵! 지구 여기저기에 떨어지기를 수십 번 했다. 지금 떠올리기에도 아찔한 순간들이었다!

■ **저 붙었어요**

그 후, 다시 백일기도에 들어가게 되었다. 그때 성신님전 교육을 통해 12하나님전에 문안 인사를 드리는 큰 영광을 받게 되었다. 하늘 궁성의 하나님전에 계시는 성신님전의 교육도 받고, 기도·수도하며 기그림도 그렸다. 각 하나님전에서 과제로 내주신 기그림을 완성하고, 성신님전의 교육을 통과하면 하나님전이 계시는 궁성에 출입할 수 있도록 인준을 내려 주셨다.

각 궁성은 말로는 다 표현하지 못할 만큼 아름답고 독특하며 웅장함 그 자체였다. 하늘 궁성은 일반 사람신은 함부로 들어갈 수 없는 곳이었다. 설령 날개가 달렸다 해도 인준이 없이는 함부로 들어갈 수 없었다. 나의 경우에는 인준을 받았기 때문에 하늘 궁성에 들어갈 때에는 특수한 보호막이 내게 만들어져 궁성에 들어갈 수 있었다.

성신의 하나님전에는 아기 모습의 천사님들, 어른 모습의 멋진 남천사님들, 말로 형언할 수 없이 아름다운 여천사님 등 그곳에 계시는 분 모두가 너무도 아름다우시며 성스러우심 그 자체이셨다.

그런데 성신님전의 교육을 받을 때, 3일 동안의 공부에 대해 성신님께서 심사를 하셨다. 방언을 하며 그동안 익힌 도를 펼쳐야 하는 관문이었다. 성신님께서 직접 심사를 하시는데 어려웠다. 방언을 하며 도법을 펼치는데 몸이 잘 따라지지 않았다.

시간이 조금 지나면서 성신님께서 여러 가지 도술을 펼치시는데, 그 중 성신님께서 10m가 넘게 커지시는 도술법을 펼치시더니 이내 1cm 정도로 작아지는 도술법을 펼치시는 것이었다. "와~!" 하며 성신님께서 정말 작게 변하셨다고 감탄을 하며 방언을 하고 있는데, 문득 '나는 파리처럼 작아지면 되겠네.'라는 생각이 들었다.

그 순간, 내 인신이 파리 모습으로 변해버린 것이다! 으악! 정말 큰 실수였다. 성신님과의 대련이니 집중을 해야 하는데, 갑자기 파리 생각은 왜 한 것인지 후회막급이었지만 이미 상황은 늦었다! 성신님께서는 본래의 모습으로 돌아가시며 손을 펼쳐 이내 끈끈이와 같은 그물을 만드시더니 내게 던지셨다. 나는 영락없이 끈끈이에 붙은 파리 신세가 되었다.

그동안 공부한 경험을 떠올리며 아무리 빠져나오려 해도 몸이 떨어지지 않았다. 성신님께서는 그런 나를 보시며 이런 말씀을 하실 뿐이었다.

"공부를 할 때에는 집중을 해야지. 더구나 파리 변장술은 악신의 변장술인데, 악신의 도술은 왜 익혔나? 능력도 좋아. 앞으로 그렇게 거기서 살도록 해."

나는 눈물을 흘리며 "제가 잘못했습니다. 순간 잘못 판단했습니다. 용서해 주십시오." 하고 거의 손이 발이 되도록 빌었다. 나의 육은 합장을 하고 앉아 관을 하며 상황을 보고 있는데, 하늘 궁성에 가 있는 인신은 그런 상황이 되었으니, 참 가관이었다.

잠시 후, 성신님께서는 스승님께 보고를 드리고 용서를 구하라고 하시며 도술법으로 캡슐을 만드셨다. 내 몸 밖으로 캡슐이 만들어지며 보호막이 쳐진 것이다. 성신님께서 입으로 바람을 부시니 큰 바람이 만들어지고, '후' 하고 부시니 나를 태운 캡슐은 순간 이동으로 지구별로 보내지고, 나는 데굴데굴 굴러 내 몸으로 돌아왔다.

보호막 안의 내 모습은 얼굴은 사람인데 몸은 파리신이었다. 어떡하지? 호랑이 같은 스승님께서 호통을 치실 생각을 하니 눈앞이 캄캄했다. 어찌할 줄 모르며 서 있던 나는 조심스럽게 스승님 방에 노크를 하고 안으로 들어갔다. 스승님께서는 기도 중이셨다.

스승님 옆에 무릎을 꿇고 앉는데 입이 안 떨어졌다.
"저, 저어……."
"왜? 무슨 일 있어?"
"네. 사실은요. 저…… 붙었어요."

"뭐? 시험에 붙었어? 네가 드디어 해냈구나! 장하다!"

스승님께서는 어깨까지 두드려 주시며, 몹시 대견해하시는 것이었다. 뭔가 이상해서 나는 좀 더 정확하게 보고를 드렸다.

"아니, 인신이 끈끈이에 붙었어요."
"뭐? 왜? 무슨 일이 있었길래?"

나는 상황을 설명했다. 말이 끝나기가 무섭게 머리에 쿵! 하고 꿀밤이 떨어졌다.

"대단하네. 파리신 변장술도 익히고. 능력도 좋아. 우리 도를 익히라 했더니, 악신의 도술을 익혀? 앞으로 그렇게 살아!"

어쩌면 그렇게 성신님전의 말씀과 똑같은 말씀을 하시는지 내심 놀라웠다. 스승님은 엄하게 말씀하신 후 냉정하게 돌아앉으셔서 다시 공부에 들어가시는 것이었다. 한참을 무릎 꿇고 앉아 있자니 다리에 쥐가 나기 시작하고, 내 처지가 한심하기도 하고, 공부가 너무 어렵게 느껴지기도 하는 등 이런저런 생각과 함께 눈물이 나기 시작했다.

얼마 후, 공부를 하시던 스승님께서는 내 어깨에 손을 얹으시며 방언을 하셨다. 그러자 금색의 빛이 내게 연결되더니, 파리신과 합수된 것처럼 변해버린 나의 인신이 마치 파리옷을 스르르 벗는 것처럼, 파리 부분이 깨끗이 벗겨져 없어졌다. 놀랍기도 하고, 신기하기도 했다.

"큰 공부가 되었을 테니, 앞으로는 조심하도록 해. 우리 공부는 긴장을 늦추면 큰 실수를 해. 더군다나 감찰사가 그렇게 방심을 하면 어떻게 하나. 인신이 성신님과 합이 되어 100%가 될 때까지 절대 긴장을 늦추지 말라고. 알았어?"

스승님께서는 평소에도 자주 하셨던 말씀을 다시 한번 강조하셨다. 우여곡절은 겪었지만 그날의 그 사건이 마무리되며 7일째 공부가 끝나고 성신님전의 심사가 통과되어, 나는 성령의 하나님전에 문안 인사를 드릴 수 있게 되었다.

성령의 하나님전이 계시는 궁성에 들어가게 되었는데, 많은 비밀이 있는 곳이라 하시며 보게 된 상황을 함부로 이야기하지 말라고 하셨다. 성령의 하나님전에서는 3일 동안 천문 방언을 하게 되었다. 기도하는 기간 동안, 육도 갱생을 해야 하므로 밥과 간장만을 먹었고, 동물·식물·어족과 같은 생명체와 비생명체와 대화하는 법을 익혔다.

백일기도의 마지막 날은 1우주의 극락전에 올라가 공부를 하는 크나큰 영광을 입게 되었다. 극락전의 성신님전 교육을 받으며 기그림을 그리고 기도·수도를 하며 교육을 받았다. 극락전의 성신님께서는 인자하신 모습으로 나를 반갑게 맞이하여 주셨다. 도사님의 생전에 극락 신장 대원수님으로 올라오신 천신님께서 극락 신장 왕이 되셨다고 하셨다.

며칠 전에 뵌 천불사전의 성신님께서는 엄하신 위엄으로 무섭기까지 하셨고, 삼일간의 시험도 간신히 통과를 한 상황이었다. 그런데 극락전의 성신님께서는 인자하시며, 자상하게 하늘의 상황을 알려 주시고 여러 말씀을 해 주셨다.

극락전의 각 하나님전의 천신님들이 올라와 계신 궁성도 구경시켜 주셨다. 극락전은 전체 하나님의 어버이님전이시며, 태초부터 우주와 하늘의 최고의 주이신 주님께서 계시는 궁성이라고 하셨다. 그래서 선천에는 극락전을 두고 악신들의 최고신들이 서로 그 자리를 차지하려고 전쟁이 치열했다고 하셨다. 그 악신의 최고신들이 바로 천마왕, 불마왕, 우마왕의 주신들이었다고 하셨다.

극락전은 하늘의 빛과 우주의 빛이 함께하며 투명하면서도 아름다운 여러 보석 같은 빛으로 이루어진 아름답고 웅장한 궁성이었다. 동쪽에 세 문, 남쪽에 세 문, 서쪽에 세 문, 북쪽에 세 문으로 이루어졌으며, 내부는 너무도 신비로워 감히 형언하기 어려운 곳이었다.

나는 극락전의 궁성을 구경하는 내내 너무도 놀랍고 아름다운 신비감에 입이 다물어지지 않았다. 궁성 안에는 날개 달린 천신님들께서 많이 계셨다. 황금 갑옷을 입고 계신 남녀 천신님들과 황금빛이 나시는 남녀 천사님, 하얀 날개의 남녀 천사님 등 계신 분 모두 멋지고 아름다우시며 성스러우신 모습이셨다.

백일기도의 마지막 날, 극락전에서 최고의 주님전이신 주 알파와 오메가님과 태초의 말씀의 하나님을 뵐 수 있었다. 두 분은 너무도 성스러우시며 아름다우셨다. 그 성스러우심과 아름다우심에 눈이 부셔왔다.

주 알파와 오메가님께서는 금빛 면류관을 쓰시고, 금빛의 크고 멋진 날개가 있으셨다.
태초의 말씀의 하나님께서는 금빛과 흰빛이 함께하시며, 아름답고 찬연하게 반짝이는 빛이 담겨 있는 관복을 입고 계셨다.

아기 천사님이 맛있는 포도주와 만나를 주셨다. 달고 맛있었다.
주님께서는 따스하신 손길로 나를 쓰다듬어 주셨다. 마음의 눈물이 흘렀다. 나를 보시며, 주님께서 말씀을 내리셨다.

"갓난이 그동안 잘 있었어? 수고하고 있음을 알아.
힘들고 어렵지만 잘 이겨내며 꼭 성공으로 이루는 사명자
되도록 해.
많은 사람들을 구제 중생하도록 해.
하늘의 말씀을 바르게 받고 바르게 보고 땅의 사람들에게
바르게 전하도록 해.
앞으로 지구에 많은 일들이 일어날 거야.
지구별은 땅과 산과 바다가 많이 오염되어 있어.
지구의 많은 변화는 자연이 스스로 치유를 하기 위해 일어나는
일이야.
하늘의 하나님전에서는 우주를 주관하시고 관리하시지.
지구별은 대광 엘리사에게 주었음이야.
지구별의 성주님이 관리 감독해야지.
옆에서 도와주며 잘하도록 해.
앞으로 가는 데 좋은 일도 많지만, 어려운 일들이 더 많이
있을 거야.
따르고자 하며 도와주며 함께하고자 하는 종교와 단체와
사람들도 생기지만, 종교와 단체의 사람들이 시시때때로
음해하고 방해하려고 틈을 많이 노릴 거야.
목숨은 하늘에 맡기고 열심히 하도록 해.
항상 보고 있음이야."

황홀감과 감격에 젖어 있던 나는 "네!" 하고 대답을 올렸다.
주님전에서 "백일기도가 마무리되는 마지막 날이고, 공부도 열심히 했으니, 선물로 우주를 구경시켜 주신다."는 말씀을 내리셨다.

주님전의 존영을 뵈오니, 나는 정말 갓난아이 같은 모습이었다. 감히 주님께는 가까이 가지도 못했다. 나처럼 100% 성신이 아닌 인신은

주님전의 성스러운 기운을 감당하지 못하고 멀리 튕겨져 나가기 때문이었다. 거의 100m는 떨어져 다녀야 간신히 이끄시는 곳으로 따라갈 수 있었다.

우주 공간에서 지구를 보니 지구별의 존재란 정말 아무것도 아니었다. 1우주에서 지구란 아예 존재조차 없는 듯 보이지도 않았다. 한참을 내려와 15우주에서 16우주의 경계선에서 보아도 지구별은 점처럼 보였다. 운궁까지 내려와서야 지구가 별과 같은 크기로 보이기 시작했다.

주님의 능력으로 우주 이곳저곳을 순간 이동으로 다니게 되니, 시간은 많이 걸리지 않았다. 그날, 나는 우여곡절 끝에 백일기도를 통과했음을 축하해 주시는 선물도 받게 되었다. 감히 주님전과 하나님전을 우러러 뵙고, 말씀과 함께 친히 우주까지 보여 주시다니!
사람으로서는 받을 수 없는 크고 큰 영광이었다. 너무도 크신 은혜이고, 은총이고 은사이셨다.

그동안 하늘 공부를 하며, 어려움 속에서도 신앙을 잃지 않고 스승님을 따르며 공부를 해왔기에 가능한 일이었다. 나는 너무도 큰 기쁨에 마음으로 눈물을 흘리며, 감사드리고 또 감사드렸다. 너무도 행복하고 감사한 순간이었다.

지구 통일의 날

운암에 이주한 지도 어느새 2년 차에 접어들었다. 그 사이 공부하는 사람들도 꽤 늘었다. 간혹 악신에 휘둘려 엉뚱한 실수를 하기도 했지만 대개는 실수를 바탕으로 자신을 돌아보며 기도·수도를 통해 조금씩 성장해가고 있다. 당시만 해도 공부하는 사람에게 엄격한 '신법神法'을 적용했고, 조그만 잘못에도 엄한 말씀이 내려오시니 사람들은 그 엄하심에 방황하기도 했다.

그럴 때마다 스승님은 그들을 다독이며 하늘에 대한 신앙을 잃지 않도록 최선을 다하셨다. 악신에 휘둘리는 사람이 있으면 그렇게 하는 신을 뒤에서 제압해 주시고, 때로는 엄하게 때로는 인자하게 그 사람에게 가장 필요한 것을 주셨다. 그렇게 한 사람 한 사람에게 최선을 다하시니, 공부하는 사람들 역시 그 마음을 생각하며 어려움이 있어도 이겨내기 위해 노력했다.

악신과의 전투는 계속되었다. 크고 작은 전투를 하도 많이 치르다 보니, 하루에 몇 시간 못 자는 것은 당연하게 느껴졌고, 어지간히 큰 신이 도전장을 내밀어도 당당하게 맞서게 되었다. 그렇게 차곡차곡 악신과의 전투에서 승리를 끌어내던 어느 날, 마침내 스승님께서 지구에 있는 그 어떤 악신에게도 지지 않을 만큼의 권세와 권능의 큰 힘을 갖추게 되셨다.

오랜 전투를 통해 스스로 이루신 도로써, 스승님께서 마침내 악신들로부터 대승리를 하신 것이다. 그러한 대사건으로 지구는 이제 악신의 것이 아닌 성신님의 지구로 통일되었고, 그날은 지구 통일의 날로 기록되게 되었다. 대도대한이 악신에게 크게 승리하여, 영원한 승리를 이룬 것이다!

관법을 통해 상황을 보니, 주 알파와 오메가님전과 태초의 말씀의 하나님전·12하나님전·전체 144,000 통일성령 하나님전에서 인준을 내리시어 엘리사님의 분신님들께서 땅에서 오만 왕의 왕전에 입전 입각하시고, 팔만 사천왕의 왕전에 입전 입각하시며, 만왕의 왕전에 입전 입각하시는 모습이었다.

도사님의 분신님들께서 전체 하나님전에 입전 입각하심으로써 선천의 하늘이 정리되었다면, 엘리사님의 분신님들께서 땅의 전체 왕전에 입전 입각하심으로써 선천의 악신의 지구가 정리되고 후천의 성신의 지구로서 "지구 통일의 날"을 맞게 된 것이었다. 이 땅의 신들의 전체 왕권에 오르시게 되신 것이다.

너무도 통쾌한 승리였다. 그동안의 세월이 영화 필름처럼 돌아갔다. 악신에게 승리하기 위해 얼마나 많은 날을 전쟁으로 지새우셨으며, 죽을 고비는 또 몇 번을 넘기셨던가. 스승님의 고된 노력으로 성령과 성신께서 악신에게 영원히 승리하시게 된 것이다.

관을 통해 보니, 신의 세계가 성령과 성신의 지구로 통일됨으로써 육의 세계에도 많은 변화가 일어나는 모습이었다. 너무도 통쾌했고, 너무도 뿌듯했다. 지구의 전투를 진두지휘하신 스승님 곁에서 스승님을 도왔음이 너무도 보람 있게 느껴졌다.

그러나 악신과의 길고 긴 전쟁은 아직도 한참이었다. 이제 스승님께서는 어느 악신에게도 지지 않을 만큼의 능력과 권세를 이루셨지만, 아직도 이 땅에는 수많은 선천의 악신들이 남아 있었다. 여전히 우리 앞에는 수많은 전투가 기다리고 있었고, 나는 앞으로도 스승님의 곁에서 그들과 싸워 이겨야 했던 것이다.

이 땅에 성신의 하나님전의 성전을 세우다!

몇 년이 지나며 대도대한에는 많은 일들이 일어났다. 대도대한의 원리를 연구하는 신학연구소가 발족되었고, 악신과의 전투에 공이 큰 이들을 선발하여 퇴마제령사를 배출하기도 했다. 운암이 너무 외딴 시골인 점을 감안하여, 서울에는 대도대한 수도회가 문을 열게 되었다. 도서출판 대도대한에서는 우리의 원리서를 계속 출간하였고, 〈전 인류에게 고함〉은 〈천비록〉이라는 이름으로 새로이 개정되어 출간되었다.

그러나 무엇보다도 큰 변화는 바로 성전의 건립이었다. 남의 땅, 남의 건물이 아닌 작더라도 제대로 된 곳에서 하늘께 예를 올리고자 하신 스승님의 염원이 마침내 성전으로 건립되기에 이른 것이다!

운암에 온 지도 어느덧 5년, 스승님께서는 '성전 건립'을 신년 목표로 세우셨다. 당시 우리는 방 하나를 하나님전으로 꾸며 아침저녁으로 예를 올려 왔는데, 스승님은 늘 그 점을 마음 아파하셨다. 보다 정갈하고 온전한 곳에서 모실 수 있었으면 하는 바람이셨던 것이다.

그러나 신적인 상황도 너무 심각하고, 공부하는 사람도 적다 보니 성전을 건립할 여건이 되지 않았다. 그러던 중 5년이 흘렀고, 이제는 신적인 상황도 어느 정도 안정이 되었고, 공부하는 사람도 제법 늘어나 다들 조금씩만 도운다면 성전을 건립할 수 있는 여건이었다.

일단 성전 건립을 공표하시자, 공부하는 사람들의 도움이 이어졌다. 처음에는 양옥식 건물로 지으려던 것이 공부하는 선생님 중 한 분의 도움으로 한옥식 건물로 방향을 바꾸게 되었다. 한옥의 대가인 신영훈 선생님을 만나 팔각의 건축물을 짓게 되었고, 나무 역시 국내산 나무를 주로 사용할 수 있었다.

비록 비용 부담은 커졌지만, 성전을 짓는 일이니만큼 소홀하고 싶지 않으셨던 스승님은 "성전을 짓는 일이니 하늘께서 이루어 주실 것을 믿는다." 하시며 굳건한 의지를 표명하셨고, 그 굳은 의지만큼 공부하는 선생님들의 정성도 이어졌다.

성전 건립을 위해 자체 모금을 시작했고, 목돈이 없는 이들은 다달이 조금씩 성금 하기도 했다. 상주자들은 누구나 공사 현장에서 팔을 걷어붙였고, 외부의 여선생님들은 인부들의 식사며 간식을 위해 출퇴근을 했다. 세상의 기준으로 보면 많지 않은 성도들이지만, 그렇게 각자의 자리에서 최선을 다하여 마음을 모으니, 불가능하게만 보였던 성전 건립이 현실로 이루어지고 있었다.

놀라운 것은 하늘의 역사하심이었다. 땅을 다져야 할 때는 비가 내렸고, 목재를 건조해야 할 때는 햇빛이 비추었다. 무언가 필요한 상황이 생기면 어디선가 해당하는 사람들이 나타나 도움을 주었고, 성전을 가장 큰 정성으로 짓고 싶어 하신 스승님의 바람대로 목재며 인력이며 모든 것이 가장 훌륭한 여건에서 마련되었다.

바다가 갈라지고, 물 위를 걷지는 않았지만, 그 모든 것이 살아있는 이적이었다. 그동안 신의 세계에서 보아 온 숱한 기적과 이적과는 분명 다르고, 너무나 현실적이기까지 해 모르는 사람은 끝까지 모를 살아 있는 이적 말이다.

그리고 마침내 반년의 대공사를 통해 드디어 성전이 건립되었다. 대한민국 최고의 한옥 전문가의 지휘 아래 최고의 목수들이 이루어낸 너무도 아름다운 건물이었다. 그 안에는 성전 건립을 위해 밤잠을 이루지 못하신 스승님의 노고와 자신의 위치에서 최선을 다한 성도들의 땀방울이 속속 스며 있었다.

악신과의 싸움으로 잠을 이루지 못한 긴 세월, 마침내 그 신들과의 싸움에서 크게 승리한 것이 엊그제 같은데, 어느새 우리는 현실에서 마저 성신의 하나님전의 성전을 이 땅에 건립한 것이다!

너무도 감사하고, 또 감사했다. 하늘께서 부어 주신 은혜 속에 스승님과 제자들이 한마음으로 이룬 너무도 뜻깊은 순간이었다. 무슨 말을 더 할 수 있을까. 그저 하늘께 깊이 감사드릴 뿐이었다.

놀라운 것은 성전의 이름이다. 성전이 다 지어질 무렵 신영훈 선생님이 성전의 이름을 지어 오셨는데 놀랍게도 "천당"이라고 하셨다. 당신이 임의로 지은 것이 아니라 영감으로 그 이름을 받았다는 설명이셨다.

우리의 성전은 하늘과 땅의 기운의 근원이 되는 곳이기에 "천당"이며, 그 기운이 동서남북으로 펼쳐지는 형상이라는 설명이셨다. 워낙 식견이 높으신 분의 의견이기에 잠시 생각하던 우리는 성전을 "천당"이라 이름하게 되었다.

한옥에 조금이라도 관심이 있는 사람은 한옥의 대가이신 신영훈 선생님이 직접 지휘하시며 건축하신 우리의 성전을 보고, 또 성전의 이름을 직접 지어 주셨다는 이야기를 듣고 다들 감탄을 했다.

과정이야 어찌 되었든 모든 것이 내려 주심이라는 생각이 들었다. 이 땅에 성신의 하나님전의 성전을 모시고, 그토록 크신 이름을 모실 수 있게 됨 또한 하늘의 역사하심이리라. 모든 것이 한 편의 시나리오 같았다. 사람의 작은 계획이 아닌 하늘의 역사하심으로 이루어지는, 한편의 거대한 시나리오 말이다.

성지를 천지원으로!

성전이 완성된 후, 스승님께서는 앞으로는 성지를 "천지원"이라 이름하라 하시며 다음의 발표문을 공표하셨다.

대우주하늘 제국천의 영광이 이 땅에도 함께하심으로,
제국천 천법과 천명으로서 하늘의 법맥이 잇닿으시매,
이 땅이 후천의 제국천 성지로서 주님전이신
제국천황 대웅보전 성전이 세워졌으며,
이 땅이 성령과 성신의 하나님전이신 천지신명 하나님전을
신앙하는 사람들인 천지인들이 모인 곳이라 하여,
이곳을 "천지원"이라 명명하라 하셨습니다.

이에, 삼가 대광 엘리사는 제국천 천법과 천명을 말씀으로
인준 받아 행함에 있어서 대한민국 전북 임실군 운암면 운암리라는
지명인 이곳 우리의 성지를
"천 지 원 天 地 源"이라 공표하는 바입니다.
이로써 여러분들은 천지인이라는 칭호를 정식으로 내려받게 된
것입니다.

또한 앞으로 이곳 천지원을 찾는 이들은 구별 없이 다 포용하며
"오는 자 막지 않고, 가는 자 붙들지 않을 것입니다.
 그러나 악한 자는 보낼 것입니다."

나는 차후를 위해 대도대한과 대도대한 가족 여러분의 미래에 대한
방향과 준비를 예비하고 대비하고자 합니다.

대도대한의 가족 여러분은 제1지파로서의 대도대한의 사명자이며,

신앙자로서 천지인이라 합니다.

그동안 여러분의 노력과 땀과 정성으로,
지금까지 신앙의 중심을 세우고 성지를 이루며,
성전을 건립하는 과정 속에 이 땅에 후천의 역사를 일으키는
주역들이 되었습니다.

그동안 애써주신 대도대한의 가족 여러분들의
그 노력과 세움과 이룸으로,
성전이 건립됨으로 해서 대우주하늘 제국천의 영광이
이 땅에도 함께하시게 되셨으며,
그 약속의 증표로 한 세계의 이름을 대한제국이라 내려 주시고,
이 땅의 모든 권세와 권능과 권한을 함께 내려 주시며
세계를 통일하라 하셨음입니다.

여러분이 많은 인원은 아니지만 전문적이고 깊은 신앙자로서
거듭나게 되었음을 확신하는 바이기에
대도대한이 세상으로 출진하기에 앞서,
여러분의 그 믿음과 사명이 그 의지와 노력이
미래를 결정하게 될 것이며,
한우리 한마음 한세계를 여는 열쇠가 될 것임을
상기시켜 드리고자 합니다.
"세상에 충성치 말고 하늘에 충성하라." 하심에 그 뜻을 분명하게
인지하여야 합니다.
나는 대도대한 가족 여러분께서 여러분의 미래를
대도대한과 함께 준비해 나아가시기를 바라는 바입니다.

막연함이 아니며 여러분이 지금부터 이루어 나아가는 일들이

멀지 않은 가까운 날에 여러분의 정신적 자산으로,
물질적 자산으로 남게 될 것이며,
이 땅에서의 삶이 축복과 기쁨 속에서 함께 먹고 마시며
생활하게 될 것입니다.

또한, 다음 생인 하늘에서의 삶은 자신의 영광을 가지고 올라가
천자로서 영원한 삶을 살게 되는 영생의 삶이 될 것입니다.

현재를 보고 안주하는 어리석음을 범치 않으며,
미래를 준비하는 그러한 현명하고 지혜로운 천지인이 되기를
희망하며 바랍니다.
나는 앞으로를 예비함에 있어서,
인적인 관계를 우선적으로 중시할 것입니다.

이러한 뜻은 사람으로서 우리의 신앙을 하는 것이 세상에서와 같이
맹목적인 신앙이 아니라 실전에 준하여 가는 어려운 신앙이므로
우리가 함께 같이 갈 수 있게 서로가 서로를 밀어주고 당겨 주며
이끌어 안아 서로를 아끼며 사랑하는 진실된 가족의 모습이
되지 않으면 안 됩니다.

우리끼리 이를 못 한다면,
세상을 논하며 통일을 운운하는 그 자체가 모순이 될 것이며,
이룰 수도 없고, 이루어지지도 않는다는 것입니다.

우리는 이 땅에 처음으로 온 천지인들입니다.

천 지 인
바로 우리들입니다.

대도대한의 모든 소유권을 성도들에게

성전 공사가 끝난 후, 스승님께서는 대도대한의 모든 소유권을 성도들의 공동 명의로 만들어 주셨다. 세월이 흐르며 우리의 도를 공부하던 선생님들은 "성도"라는 이름으로 불리게 되었는데, 성도들 중 대표자를 뽑아 대표직을 이임하시고, 앞으로 발생할 모든 소유권에 대한 권리를 성도들 전체에게 나누어 주신 것이다. 처음 운암에 오실 때부터 스승님께서는 어떤 재산도 소유하지 않겠으며, 결코 세상에서와 같은 교주의 행위를 하지 않으시겠다고 약속하셨다.

스승님께서는 일부 종교나 도 단체의 지도자들이 처음의 마음을 잃고 막대한 부를 쌓아가는 사례를 알고 계셨고, 결코 그런 행위를 하지 않으시리라 다짐하셨다. 당시에야 자산이랄 것이 없는 상황이었지만, 공부하는 사람들이 생겨나고 단체가 이루어지면 공유 자산도 만들어지게 될 것이기에 미래를 예비하시며 미리 약속을 하신 것이다.

그리고 그 약속은 대도대한의 모든 자산을 성도들 공동명의로 등기하시면서, 100% 이루어졌다. 그동안 대도대한에 만들어진 모든 것에 스승님의 노고가 섞이지 않은 것이 없고, 그간 있어 온 운영의 모든 어려움을 스승님께서 떠안으셨음에도, 현실적인 소유권 어디에도 스승님의 이름은 없었다.

"나는 신앙자이며 기도사이며 수도사이지, 교주가 아닙니다. 나를 세상의 교주로 만들지 마세요."

대도대한이 만들어진 후, 스승님은 늘 그런 말씀을 하셨다. 당신은 교주가 아니라, 하늘을 신앙하는 신앙자이며, 조금 먼저 알게 된 것을 가르치는 선생일 뿐이라고 하셨다.

또한, 이 땅에서 하늘도를 스스로 이루시어 오르신 분은 오로지 도사님 한 분이시므로 그 법맥을 잇는 우리는 누구라도 자신에게 "도사"라는 호칭을 써서는 안 된다고 하시며, 당신께서는 하늘에 대한 신앙과 믿음으로 기도하는 기도사祈禱師이며, 하늘도를 익혀 악한 신들과 싸워 물리쳐 나아가며 수도하는 수도사修道師이며, 먼저 알게 된 것을 바르게 전하여 알리고자 하는 선지사先知師일 따름이라는 말씀이셨다.

그리고 스승님은 언제나 그 말씀 그대로 행위하셨다. 스승님의 약속은 그러한 노력의 한 부분이셨고, 지금까지도 그 약속은 굳건히 지켜지고 있다.

천왕봉 산행으로 이루신 완전한 지구 통일

여러 일로 분주한 나날을 보내시던 스승님은 2004년 들어 산행을 시작하셨다. 전국 각 도의 이름 있는 산을 오르신 후, 지리산 천왕봉에 오르시게 되었다. 그런데 말씀전에서 스승님의 천왕봉 산행은 큰 의미가 있다 하시며 정상에 올라 간소하게나마 천제를 올리며, 그 시각에 해광은 기도를 하라는 말씀이 내려오셨다. 말씀전의 말씀대로 나는 스승님이 산에 오르시는 그 시각에 기도를 시작했다.

기도를 시작하자, 천당에 모신 기사진에서 큰 빛줄기가 지리산으로 연결되고, 지리산 천왕봉 주위 전체를 빛으로 비추어 주시는 모습이었다. 천당의 기사진에서 나오는 빛기둥이 지리산 천왕봉으로 연결되어, 구름 높이에서 산을 지나 땅으로 환하게 비춰지고 있었다.

이어 스승님과 수행원들이 산을 오르는 모습이 보이는데, 길마다 금색의 융단이 깔려 있고 수행원들이 그 위를 조심스레 올라가는 모습이었다.

스승님 안의 인신께서는 하얀 수염을 길게 휘날리시며, 하얀 도포를 입으신 신령님의 모습이셨고, 발이 땅에 닿지 않고 살포시 날아가듯 걸어가시는 모습이셨다. 주변으로는 수도 없이 많은 분신들께서 지리산 전체에 배치되어 있고, 계단의 좌우로 천군들께서 배치되어 산행하시는 길을 보호하는 모습이었다.

아침 7시 무렵, 스승님께서는 마침내 천왕봉 정상에 도착하셨다는 전화를 해 오셨다. 그 상황을 웃전에 보고드리자, "말씀으로 하늘이 하나로 이루어졌듯이, 지구별에 하늘의 천세와 천능과 능력과 힘을 내려 주나니 받아 지구별의 땅을 통일하라." 하시는 말씀을 내려 주셨다. 동시에 주님전의 기사진에서 연결된 큰 금색의 빛이 대자연의 기와 합하여져 지리산 천왕봉으로 내리면서 스승님께 임하시는 모습이었다.

스승님께서 두 손을 드시자, 지리산 천왕봉의 땅속에서 큰 빛줄기가 쏟아지며 하늘께 바쳐지는 모습이 보였다. 하늘에서 인준을 해 주시고, 잠시 후에 스승님의 몸에서 큰 빛줄기들이 전체 방향으로 쏟아지며, 하늘과 땅과 자연에 연결되니, 지구별 전체에 그 빛들이 스며들고, 전체 성도들에게도 그 빛이 임하시는 모습이었다.

또, 지리산 주변으로 하늘과 땅이 하나로 이어진 큰 빛기둥이 만들어지고, 빛기둥이 동서남북으로 퍼지며 순식간에 크고 웅장한 궁성이 만들어졌다. "이 땅을 다스리는 엘리사 지왕신의 궁성이라."는 말씀전 말씀과 함께, 하나님전의 은사를 받으신 천신님이신 대광 엘리사 지왕님이 입성하시고, 그 뒤로 문무 대신들과 보좌하는 분신들, 성도, 신도들의 수많은 분신들이 함께, 궁성에 입성하며 전체 배치되는 모습이었다.

스승님의 산행에 큰 의미가 있음은 알았지만, 갑자기 벌어진 너무도 엄청난 상황에 놀라는데 말씀전에서 다음의 말씀을 내리셨다.

"지구의 땅과 자연과 관련된 모든 것이 하나로
통일되었다 하심.
하늘의 모든 것이 하나로 이루어졌듯이,
지구별 땅의 모든 것이 하나로 이루어졌다 하심.
대광 엘리사가 성인이 되어서 삼위일체 삼합도가
이루어졌으며,
땅의 권세를 받음으로 해서
천왕신·지왕신·인왕신 계열과 계보가 하나로
통일되었다 하심.

하늘의 천기는
천당으로 내리시어 천지원을 통해
성도, 신도들에게 임하고,
지구별의 땅의 지기는
지리산 천왕봉에 모아져 대자연의 기의 운행에
의해 필요한 곳에 연결되며,
인기는 대광 엘리사의 육을 통해 연결되어
세상 사람들이 구제 중생되는 것이라 하심.
이 모든 것이 삼위일체이며, 대광 엘리사 천지인이
하나 됨이라 하심.
내가 육으로서 '대웅 엘리야 하나인'이니,
나의 대리자로 '대광 엘리사 천지인'이 된 것이라 하심.

'대광 엘리사님 그동안 수고 많았어요. 감축해요.' 하심.

**이 땅이 영광과 축복을 얻음인데,
이 영광과 축복을 지켜 나아가는 이들의 지혜와 총명과
용기와 정성이 있어야 하거늘,
너희가 그리 해야 할 것이며,
너희가 그리 하여야 될 것이라 하심.
수억 겁 만에 이전에도 없었고 이후에도 없는
이 영광과 축복의 기회를 잃지 말라 하심.**

이 말씀의 뜻을 새기고 또 새기라 하심."

4년 전, 스승님께서는 지구에 숨어 있는 그 어떤 악신보다도 더 도가 높아지시며, 악신과의 싸움에서 승리하심으로써 지구를 통일하셨다. 그러나 그날의 지구 통일은 땅의 인정을 받지 못한 바였다. 스승님께서는 모든 일을 하심에 하늘의 인준하심을 받았지만, 이 땅 지구에서 일사를 도모하시기 위해서는 땅의 인정 또한 받아야 했다.

그러나 땅에서는 그동안 스승님을 지켜보기만 할 뿐, 스승님의 일사에 협조하지 않았다. 비유하자면, 정권이 바뀌어 새로운 왕이 세워져도 지역의 호족들이 새로운 왕을 인정하지 않는 것과 같은 이치였다.

그러다 보니, 스승님께서 힘겹게 악신들과 싸워나가도 땅에서는 악신들을 땅속으로 숨겨 주기에 바빴던 것이다. 그러던 것이 스승님께서 반년 넘는 산행을 통해 천왕봉에 오름으로써, 땅에서도 마침내 스승님을 인정하게 된 것이고, 스승님께서는 마침내 천기와 지기, 인기의 삼위일체를 이뤄내실 수 있게 된 것이었다.

그야말로 4년 만에 이루신 완전한 지구 통일이셨고, 천·지·인이 하나로 통일되는 벅찬 순간이었다. 그리고 이날의 완전한 지구 통일은 얼마 후 스승님께서 지구에 숨어 있던 최고의 대악신과 맞닥뜨리는 순간, 엄청난 힘을 발휘하게 된다!

대마왕신과의 대격돌

천왕봉 상황을 끝으로 산행을 마무리하시면서, 스승님께서는 세상 종교의 근본에 대해 공부하시기 시작하셨다. 그러던 중, 하루는 새벽 3시경에 갑자기 나를 부르시는 것이었다. 책을 읽다 보니, 근원의 마왕신들이 다 찾아지지 않은 것 같다는 말씀이셨다. 그러시며 즉시 다음의 기도를 하시는 것이었다.

"이 땅으로부터 그 근원의 마왕신들은 전체 다 드러나라!"

스승님의 말씀과 함께, 스승님께서 지니신 하얀빛의 태천검과 황금빛의 통천검이 하늘 위로 올라가 지구 전체를 비추었다. 태천검과 통천검은 하늘께서 스승님에게 내려 주신 검으로 선천의 어떤 악신도 가지지 못한 엄청난 위력을 가진 검이다. 그런 두 검이 지구를 비추니, 마치 하늘에 해와 달이 떠오르는 듯 눈이 부실 지경이었다.

그러던 중 한 나라가 보이는데, 인도였다. 인도의 큰 신전이 비춰지며 태천검의 하얀빛이 신전과 신전 안을 비추는데, 신전 안은 의외로 조용했다. 순간, 신전의 지하 땅속에서 큰 지진이 나면서 무엇인가가 순식간에 땅 위로 올라오는데, 어마어마한 모습의 대마왕신이었다.

온몸이 금색인 그 신은 100층 건물의 크기는 되고도 남을 만큼 컸으며, 머리에는 수없이 많은 금빛 면류관을 쓰고, 이마에는 삼각형 형태의 점이 길게 늘어져 있었다. 눈도, 코도, 입도 모든 것이 어마어마하게 컸다. 무엇보다도 징그러운 것은 팔과 다리가 헤아릴 수 없이 많다는 것이었다.

그 대마왕신이 땅속에서 올라오면서 무어라 괴성을 지르니, 순간적으로 수없이 많은 팔들에 무쇠 같은 쇠사슬로 연결되어 있는 그 계열의 신들이 같이 드러나는 모습이었다. 순식간에 지구 곳곳에 연결된 그 계열과 계파의 신들이 전체 다 드러나는데, 인도는 물론 중국 일대와 한국 등 각 나라의 사원과 사찰들의 땅속이 갈라지며, 그 신들의 궁성과 마왕신들이 수도 없이 떼지어 드러나며, 땅 위로 올라오기 시작했다.

너무 순식간에 일어난 일이라, 지구 곳곳에 배치되어 있던 분신들도 당황하며 전체 전투태세에 들어갔다. 땅속에서는 수많은 용신이며 사천왕신들이 쏟아져 나오는데, 수를 헤아릴 수 없을 만큼 많았다. 수억은 족히 되고도 남아 보였으며, 지구에 숨어 있던 마왕 계열의 신들이 전체 다 드러나 총공격을 하는 모습이었다.

대마왕신은 수많은 팔들을 분리시켰고, 팔들은 각기 수만이 넘는 도술법으로 분신들을 공격해왔다. 그 힘이 얼마나 강한지, 엄청난 힘에 밀려 멀리 땅 밑으로 떨어지는 분신들도 많았다.
상황이 급해지자 스승님께서 두 손을 드시고, 이렇게 기원을 드리셨다.

"대마왕신 계열과 계보의 신들은 전체 다 제령되어 영원히 무가 되게 하여 주시옵소서."

기원과 함께 스승님의 두 손에서 금빛의 기운이 하늘로 올라갔다. 잠시 후, 우리의 성전인 천당을 통해 하늘의 기운이 지구 곳곳으로 들어가기 시작했다. 삼태극 빛이 움직이며 지구 곳곳에 지원을 해 주시니,

지진이라도 일어난 듯 땅속으로 빛이 퍼져 나갔다.

  동시에 하늘에 있던 태천검이 바늘만큼 축소되어 대마왕신의 눈앞에서 멈추고 순식간에 길게 늘어나더니 엄청난 화력으로 대마왕신의 이마에 꽂혔다. 그 순간, 대마왕신은 괴로움에 몸부림치기 시작했고, 그 틈을 타 통천검은 수만이 넘는 검으로 나누어지며 대마왕신의 팔다리를 잘라내기 시작했다.

  대마왕신은 괴로워하면서도 계속해서 통천검과의 대결을 계속했다. 싸움이 치열해질수록 상처를 입는 분신들도 많았다. 대마왕신 외에도 수없이 많은 마왕신들이 엄청난 힘으로 공격을 하니, 말 그대로 지구 전체가 순식간에 일어난 대전투로 아수라장이 된 상황이었다.

  바로 그때, 지구의 땅속이 보였다. 천당에서 연결된 빛이 지구 중심의 마그마 층에 다다르고, 순식간에 땅속의 마그마 층에서 붉은 기운들이 지상으로 치솟아 오르는 모습이었다. 그러자 통천검의 금빛이 땅을 비추고, 대마왕신이 잡고 있던 수많은 쇠사슬의 고리가 금빛으로 변하며, 그 금빛의 줄을 땅에서 올라온 붉은 기운들이 땅속으로 끌고 내려가는 것이었다!

  동시에 큰 지진이 일어나듯 대마왕신의 궁성들이 땅속으로 꺼지듯 내려앉으며, 그 붉은 기운들의 힘에 의해 발버둥 치던 대마왕신도 서서히 땅속으로 끌려들어 가고 있었다.

  바로 그 순간, 수많은 통천검이 하나로 합하여지며, 대마왕신의 이마에 꽂혀 있던 태천검과 함께 정수리에 꽂혔다. 대마왕신은 괴성을 지르며 몸부림을 치다 땅의 붉은 기운 속으로 빨려 들어가듯 녹아내리는데, 엄청난 괴성에 주위의 땅이 꺼질 듯하였다.

이때, 기사진에서 수많은 핵의 기가 쏟아지면서 사찰과 사원에서 나온 마왕신들을 공격하니, 지구의 분신들도 총공격을 하기 시작했다. 땅속에서는 끌려 내려간 궁성들과 수많은 마왕신들이 붉은 기운 속에 녹아내리고 있었다. 마치 악신들이 용암 불에 던져진 듯한 모습이었다. 말 그대로 불지옥이었다.

　다음 순간, 사찰과 사원에 지어진 신의 세계의 궁성들이 한꺼번에 무너져 녹아내렸다. 스승님께서 두 손을 드시고 방언을 하시니, 무너져 무가 된 악신들의 궁성 위로 성신님전의 궁성이 지어지며 수도 없이 많은 성신님들이 궁성으로 배치받는 모습이었다.

　말씀전에서는 "지구의 대마왕신 계열과 계보의 최고의 주신이며 지네신의 화신인 대마왕신을 찾아내서 싸워 이겼다." 하시며, "지구 전체의 나머지 O교, O교 계열과 계파 역시 전체 다 무너져 무가 되게 하라."는 말씀을 내리셨다. 이에 스승님께서는 두 손을 드시어 기원을 드리셨다.

　이내 지구 전체의 일부 거짓된 종교와 신앙 단체의 모습이 보였다. 하늘에서 내려온 심판의 빛이 그 종교와 그 신앙 단체의 건축물들을 내리치니, 그 건축물들이 폭파되어 무너져 내리는 모습이었다.

　지금껏 전투 상황을 숨어서 바라보던 수많은 악신들이 순식간에 무가 되며, 땅속의 빛들이 솟아오르더니, 마치 땅 위의 수많은 건축물들이 땅속으로 꺼지는 듯하고, 지구가 전쟁으로 폐허가 된 듯한 모습이었다.

　그러나 잠시 후 획 하고 빛의 바람이 불었다. 이내 땅이 깨끗해지고, 없어진 건축물 대신 성신님전의 궁성이 지어지며 분신들이 배치되니, 지구 전체가 오색찬란한 궁성과 분신들의 그 늠름한 모습들로 너무도 아름다운 모습이었다. 마치 지구에 오색찬란한 만리장성이 이어진 듯 아름다운 모습이었다.

힘겨운 싸움을 마치신 후, 스승님께서는 하늘께 감사를 드리시며, 땅에도 감사하다는 말씀을 하셨다. 그도 그럴 것이 이번 대승리는 다른 전투와 달리 땅에서 도와 승리한 전투였던 것이다.

"땅에서 도와주어 대승리를 이룰 수가 있었어. 그동안 땅에서 가리어 찾기가 어려웠는데, 하나님전의 은사로서 지왕신의 권세와 권능과 권한을 내려 주시니, 땅이 우리 편에 서서 땅을 다 열어 주고, 땅에서 지상으로 못 올라오게 잡아끌어, 용암 불에 다 집어넣어 줌으로써 한꺼번에 정리할 수가 있었던 거야. 그렇지 않았으면 아마 상상하기도 어려운 난리가 났을 거야."

도사님께서 내려 주신 능력을 반납한 해미생들

운암에 자리를 잡은 지도 어느덧 7년여의 세월이 흘렀다. 우리는 가끔 해미 시절을 얘기하곤 하는데 그 당시 해미 수도생들을 '해미생'이라 표현한다. 그간 해미생들과 왕래는 없었지만, 가끔 연락하는 사람들이 있어서 간간이 소식을 전해 듣곤 했다. 그러던 중 이OO 선생을 통해 놀라운 소식을 듣게 되었다.

해미생들이 같이 모여, 기도를 한다며 도사님께서 생전에 주셨던 크신 능력을 반납하였다는 것이다. 이유를 들어보니, 대전 김OO씨가 "도사님께서 살아 계실 때, 도사님께 받았던 능력을 반납하고, 그보다 훨씬 큰 능력을 받으라."는 통신을 받았다며, 해미의 기도생들을 모이게 했다는 것이다.

대전 김○○씨, 큰오빠, 서울의 박○○씨 등이 그 자리에 모였는데, 대전 김○○씨의 통신 내용대로 도사님께 받은 능력을 다 반납하고 새로운 능력을 받는 의식을 했다는 것이다. 얼마 후, 큰오빠는 자신의 행동이 큰 실수였다며 이런 이야기를 했다고 한다.

"우리가 빈껍데기가 되었어. 도사님께서 육으로 살아 계실 때 주신 능력이 얼마나 큰 능력인데……. 더구나 지금은 도사님께서 육으로 살아 계신 것도 아닌데, 우리가 그 능력을 반납했으니 우리는 이제 무가 된 거야. 난 참회 기도를 백일을 했어."

나로서는 정말 이해가 안 되는 일이었다. 도사님께서 생전에 계실 때 내려 주신 능력이 얼마나 큰데 더 큰 능력을 욕심낸 것도 그렇지만, 통신을 누가 준 건지도 모르면서 그런 행위를 했다는 사실이 놀라울 뿐이었다.

악신에게 속아 자신의 것을 악신의 것과 바꿨으니, 본인들의 말대로 이제 그들은 빈껍데기가 된 것이다. 이제는 선천 시대가 끝나고 후천이 되어 지금 남아 있는 악신들이래야 능력도 없는데, 누가 누구에게 무엇을 준다는 것인가.

도사님께서 육으로 계실 때 주신 능력을 바르게 쓰기만 하면 엄청나게 큰 능력인데, 너무도 큰 욕심으로 그런 결과를 낳은 것이다. 지나친 욕심이 화를 부른다더니, 딱 그 꼴이었다. 그동안, 스승님께서는 그들이 바르지 못함을 아셨지만, 그들이 가진 능력은 도사님께서 생전에 친히 주신 능력이시기에 거두지 않고 지켜만 보셨다.

그런데 본인들 스스로 도사님께서 주신 능력을 반납했으니, 하늘께서 모두 거두신 것이다. 모든 것이 본인들의 욕심에서 비롯되었으니, 사필귀정이었다.

777 대승리의 날

무사히 성전을 건립한 후에도 스승님은 걱정이 많으셨다. 땅과 건물을 매입하는 과정에서 생긴 부채로 인해 성전을 건립한 부지가 아직도 금융 기관에 저당 잡힌 상황 때문이었다. 현실이 그렇다 보니 성전이 담보로 잡힌 형국이니 금전적으로 심각한 문제가 일어날 경우, 성전을 지켜낼 수 없는 상황이었다.

그러다 보니 스승님께서는 매일처럼 그 문제를 어떻게 해결할지 고민이 많으셨다. 그러던 중, 하루는 스승님의 눈앞에 "성전과 성전 아래의 땅 사이가 쫙 갈라지는" 모습이 펼쳐졌다. 성전을 모신 곳과 사람들이 사는 곳 사이가 갈라지는 신적인 모습이었다.

순간, 스승님께서는 무릎을 치셨다. 성전을 모신 곳과 사람이 사는 곳을 나누어 해결하자는 생각이 떠오르신 것이다. 결국, 스승님께서는 성전을 모신 땅과 사람이 사는 땅을 경계 측량하여 두 필지로 나누어, 상주하는 곳을 담보로 융자를 받아 성전을 모신 땅의 부채를 정리하게 하셨다. 그러시면서, 성전은 온전하고 안전하게 모셔야 된다고 하시며 사람들이 사는 곳은 사람들이 해결하면 되는 것이라고 말씀하셨다.

마침내 성전을 온전히 모시게 된 것이다! 그동안 밤낮으로 악신과 싸우는 한편, 대도대한을 꾸려가며 여러 어려움을 풀어왔지만, 이 일만큼 중대한 일은 없었다. 스승님의 온전한 믿음과 온전한 확신, 무슨 일이 있어도 성전을 지켜드려야 한다는 간절한 소망이 그토록 큰일을 이루어낸 것이었다. 기적이고 이적이었다.

처음 운암에 터를 내릴 때, 보여 주셨던 모습이 떠올랐다. 신전을 중심으로 사람들이 모이고 성지가 되는 모습……. 마침내, 우리가 그 일을 이루어낸 것이었다! 스승님도 나도 가슴이 벅차 그저 천당만을 바라볼 뿐이었다. 이제, 비로소 온전하게 모시게 된 우리의 성전을 말이다.

천당을 온전히 모셔드리게 됨을 감사드리며, 우리는 천당에서 정식으로 인사를 올렸다. 스승님께서는 두 눈에 눈물이 맺히신 채 목이 멘 채로 감사 기도를 드리셨다. 그동안 온전히 모시지 못했음에 대한 용서를 구하시며, 이렇게 온전한 천당을 바쳐 올림에 감사드린다는 기도셨다.

순간, 놀랍게도 금빛의 성전이 그 모습 그대로 들려 하늘로 올라가는 모습이었다! 성전은 하늘에 오르더니 순식간에 우주를 거쳐 주님전이 계신 곳으로 올라갔다. 주님전에서 직접 성전을 받으시더니 인자하게 웃으시며 성전을 주님전의 궁성에 내려놓으시는 모습이었다.

"극락전에 별채가 생겼네요.
땅의 영광을 받았으니 보답을 해야지."

주 알파와 오메가님전의 말씀이셨다. 말씀과 함께 축복을 내려 주시는데, 주 알파와 오메가님께서 직접 쓰시던 면류관, 지니시고 계시던 금빛의 천검, 입고 계시던 금빛의 세마포 두루마기 관복을 복사하듯 황금 상자에 넣어 스승님께 내려 주시는 모습이었다.

이는 지구의 신의 세계와 육의 세계의 모든 것을 다스릴 수 있는 하늘의 천세와 천능과 천권이라 하셨다. 스승님의 신께서 내려 주시는 관복을 입으시니, 주님전에서는 하늘의 천자로서의 철장의 권세를 내려 주시며, 지구별을 육으로 통일하여 하나님전에 바치라는 말씀을 내리셨다.

스승님께서 감사 기도를 드리시며 성도들에게도 축복을 하여 주시옵기를 청하시니, 성도들에게도 각자에게 해당하는 관복이 내려지며,

가슴에는 그 수고와 노력을 치하하는 훈장이 내려졌다. 또한, 성전을 중심으로 신적인 궁성이 더욱 아름답고 굳건하게 지어졌다.

때는 천기 7년이었다. 도사님께서 하늘을 통일하시어 후천을 여신 후, 우리는 1999년을 천기 원년으로 삼고 있었다. 성전을 지어 비로소 온전히 모실 수 있게 된 것이 2005년, 즉 천기 7년 7월의 일이었다. 이로써 우리는 777 대승리의 날을 맞이하게 되었다.

천기 7년 7월 7일은 '7'이 세 번 겹치는 경사스러운 날이었다. 세상에서도 '666'을 좋지 않게 보지만, 실제로 관을 하여 보면 6은 선천의 악귀 악신의 계열과 계보의 숫자로서 악신을 믿고 섬기는 이의 이마에는 666이 선명하게 새겨져 있는 것이다.

이에 비해, 7은 성령과 성신의 계열과 계보의 숫자로서 777은 그 중에서도 가장 영광된 수인 것이다. 그동안의 고된 여정을 통해 악신과의 싸움에서 승리하여 지구를 통일하였고, 성전을 건립하여 온전히 모셨기에, 천기 7년 7월 7일 우리는 777 대승리의 날을 맞이할 수 있었던 것이다.

그토록 영광된 날, 우리는 성전에 모여 하늘께 감사와 경배의 예를 올렸고, 하늘에서는 다음의 말씀을 내려 주셨다.

"대광 엘리사가 지구의 신의 세계를 통일하였으며,
천지원의 천당을, 땅의 영광을 하늘에 바쳤어요.
이 땅의 777의 대승리예요.
큰 축복이며, 기쁨의 날이며, 즐거움의 날이에요.
땅의 영광을 하늘에 바쳤으니,
새로운 땅에 새 방주를 이 땅에 내려 주심이에요.

내가 육으로 있을 때, 하늘의 777로서 승리로 이루었어요.
육의 기나긴 세월 동안 어렵게 이루었어요.
그때 대광 엘리사가 많은 것을 도와주었지요.
대광 엘리사가 도와주지 않았다면,
오랜 세월 동안 이루기가 힘들었을 거예요."

이렇게 하여, 마침내 스승님께 남기신 도사님의 말씀은 모두 이루어졌다. 성령과 성신의 종파를 세우며, 후천의 하늘 신앙을 사람들에게 널리 알릴 수 있는 성지를 정하고, 바른 사람을 구하라 하신 말씀을 깊이 새기시며, 도사님의 말씀을 온전히 이루셨던 것이다.

책과 인터넷, 교육을 통해 이 땅에 새 하늘의 영광을 새 땅으로 이어받아 땅의 사람들을 후천의 하늘 사람으로 키우시며, 그들을 이끌어 참하늘을 신앙하는 종단을 세우셨으며, 성전을 지어 하늘께 바치셨던 것이다.

성전을 온전히 모시고 한참의 시간이 지난 후에 스승님께서는 제자들을 모아두고 이런 말씀을 하셨다.

"15년 전에 하늘에서 언약의 두루마리를 내려 주셨습니다. 그때, 네가 하늘을 위해 무엇을 할 것이며, 하늘을 위해 무엇을 바칠 것인지를 언약하라 하셔서, 저는 세 가지 언약을 했습니다.

세상에 충성치 않고 하늘에 믿음과 순종과 충성을 다할 것이며, 이 땅에 후천의 하늘을 우러러 신앙할 수 있는 종단을 세울 것이며, 이 땅에 하나님전을 섬기며 모시는 성전을 지어 하늘께 바치겠다는 세 가지 언약이었습니다.

그 언약을 지키며 이루기 위해 지금까지 기원과 노력과 정성을 다하였습니다. 이제 그 언약을 이루었기에 이렇게 그 언약에 대해 처음으로 이야기하는 것입니다."

그랬다. 스승님께서는 당신의 생명을 걸고 그 언약을 지키셨으며, 도사님의 말씀을 지켜내셨다. 끝이 보이지 않던 수많은 악신들과의 수많은 전투에서 대승리를 거두셨고, 이 지구를 성령과 성신의 지구로 통일하셨으며, 이 땅에 후천의 하나님전을 섬기며 모시는 성전을 세워 하늘께 온전히 올려드렸다.

그 힘겹고 어려운 세월을 오로지 하나님전에 대한 신앙으로 이겨내시며, 오로지 하늘의 사명을 다하는 데 온 정성과 노력을 기울이신 스승님의 대승리이셨다.

스승님, 백두산에서 천제를 올려드리다.

2004년에 지리산 천왕봉에 오르시어 중립을 지키고 있던 땅으로부터 지왕신의 권세를 인계받으신 후, 2006년 가을에 스승님께서는 민족의 영산으로 알려진 백두산에 오르시게 되었다. 출발에 앞서 스승님께서는 성전에서 백두산 산행에 대해 보고를 드렸다.

이에, 주 알파와 오메가님전에서, 태초의 말씀의 하나님전에서, 12하나님전에서, 칠성 하나님전에서 오른손을 들어주시며, 축복의 은사의 천기를 스승님과 함께하는 성도들에게 내려 주셨으며, 다음과 같은 말씀을 내리셨다.

"세상으로 나아가는 첫해, 땅의 지기의 중심인 백두산
정상에 올라, 지구별을 통일하도록 해요.
이 땅의 지기의 중심은 백두산이에요.
앞으로 지구별 땅의 많은 변화 속에서,
백두산을 중심으로 한 중앙아시아의 땅은 큰 변화가 없는
거예요.
지구의 중심이에요.

백두산 정상에 올라서서 땅의 지기의 중심을 바로 세우며,
앞으로 인기로써 사람을 다스리도록 하세요.
태초의 하늘과 우주가 있었으며,
후천의 이 땅에, 천기와 지기가 하나로 이루어지게 하세요.
백두산에 오름으로 천기와 지기는 하나로 이루어지는 거예요.
세상을 통일하는 데 많은 도움이 될 거예요.
조심해서 잘 다녀오도록 하세요."

성전에서 정식으로 보고를 드리고, 다음 날 새벽 우리는 천지원을 출발했다. 대한민국이 남북으로 나뉘어 있어, 중국을 통해 백두산으로 올라야 하는 여정이었다. 휴식을 위한 여행길이 아니라, 백두산에서 천제를 모시기 위한 막중한 사명을 띠고 가는 길이라 긴장이 많이 되었다.

시작부터 중국행 비행기가 불분명한 이유로 네 시간 가까이 연착을 하는 등 순조롭지만은 않았지만, 막상 중국에 도착한 후부터는 순조롭게 일이 진행되었다.

마침내 2006년 9월 11일 새벽 다섯 시!
스승님이신 대광 엘리사 천지인님과 성도들은 백두산 정상에서 함께

하늘에 천제를 올려드렸다. 그 전날 올라와 있었기에, 천지의 물로 깨끗하게 준비한 과일과 포도주, 중국의 현지 술 등과 현지에서 나는 견과류로 천제를 올려드렸다.

스승님이신 대광 엘리사 천지인께서는 천제를 올려드리며, 다음의 기원문이자 선언문을 발표하셨다.

주 알파와 오메가님 감사드리옵나이다.
태초의 말씀의 하나님 감사드리옵나이다.
천지신명 하나님 감사드리옵나이다.
칠성 하나님 감사드리옵나이다.
성령과 성신께 감사합니다.

셀라 셀라 셀라 셀라 셀라 셀라 셀라

저 대광 엘리사 천지인은 사명자들과 함께,
천기 8년 9월 11일 윤 7월 19일 오늘,
선천 시대 이 땅의 시작이며,
전 인류의 영산인 이곳 백두산에서,
후천의 전체 통일성령 하나님전이신
천지신명 하나님전에,
감사와 경배와 찬양의 천제를 올리옵나이다.

감사드리옵나이다. 감사드리옵나이다. 감사드리옵나이다.
경배드리옵나이다. 경배드리옵나이다. 경배드리옵나이다.
찬양하옵나이다. 찬양하옵나이다. 찬양하옵나이다.
세세토록 영광스러운 축복의 날이옵나이다.

말씀이라.
이 땅은 들을지라.

지금 이 땅에 후천의 말씀이 임하셨음이라.
이후로 이 땅의 역사는 후천의 역사로 쓰심이라.
앞으로 이 땅의 신앙은 오로지 천지신명 하나님전이라.

나, 대광 엘리사 천지인은
오늘 이곳 백두산에서 제국의 아침을 맞이하니,
이는 이 땅이 크고 크신 하나님전에서 다스리는
대한제국이 되었음을 선포함이라.

대한제국은 크고 크신 하나님전에서 다스리는 나라이며,
이 땅으로 하늘의 영광이 함께하시어
땅에 축복을 내리심이니, 기뻐하라
그리고 너희를 곱게 단장하여 정성을 다해 맞이하며
감사하라.
그 기쁨과 정성과 감사함만이 너희를 구하리라.

천지신명 하나님
이 땅의 선천 시대를 마감하고 후천의 땅을 이룰 수 있게
하여 주시옵소서.
이전 선천 시대의 혼돈된 이 땅의 기운들을 다 거두시고,
후천의 천기와 지기와 인기로써
이 땅을 새로이 창조하여 주시옵소서.

새로운 창조로써 이 땅이 하나 되어
하늘 자녀들이 그 은혜와 은총과 은사에 감사하며,

하늘의 축복 속에서 기쁨과 충만함으로
번창하게 하여 주시옵소서.

성령과 성신의 이름으로 기원드리옵나이다.

**셀라 셀라 셀라 셀라 셀라 셀라 셀라
셀라 셀라 셀라 셀라 셀라 셀라 셀라
셀라 셀라 셀라 셀라 셀라 셀라 셀라**

기원문을 읽으시는 대광 엘리사 천지인님의 신께서는 금빛의 면류관과 세마포 관복을 입고 계시는 모습이었다. 금빛의 천사님의 큰 날개가 있으시며, 30대의 젊으신 신령님의 모습이셨다. 백두산에 함께 오른 성도들과 함께 오지 못한 성도들도 본인의 가장 높은 분신들이 함께하는 모습이었다.

성도들의 인신과, 함께하는 가장 높은 분신께서도 금빛의 면류관을 쓰고 있으며, 금빛의 세마포 관복을 입고 있는 모습이었다. 모두가 경건하게 위엄을 갖추고 예를 다하여 행사에 임하는 모습이었다.

천제를 올려드림에, 하늘이 열리어 금빛의 천기의 빛기둥이 백두산 천지에 내리시어 비추이고, 백두산 천지의 하얀 물의 기운이 치솟아 하늘로 올라가며, 대광 엘리사 천지인님의 몸에서 금빛과 여러 빛의 인기가 함께 어우러지는 모습이었다.

하늘의 천기와 땅의 지기와 대광 엘리사 천지인님의 인기가 하나로 합쳐지며, 큰 빛기둥으로 이루어졌다. 천기, 지기, 인기 조화의 빛기둥이 이루어지며, 백두산 천지 물가 위에 아름답고 웅장한 유리성인 신의 세계의 궁성을 지어 주시는데, 궁성은 웅장한 금색의 빛의 궁성으로 보이기도 하고, 백옥의 하얀 궁성으로 보이기도 하고, 여러 빛깔의 보석과 같은 빛의 궁성의 모습으로 보이기도 하였다.

마치 성경에 묘사되어 있는 극락전의 하늘 궁성의 모습의 빛과 같은 모습이었다. 천지원에서 기그림을 모셔갔는데, 그 그림에서 신령왕님께서 나오시며 백두산 천지의 궁성에 임하시고, 천지원에서부터 같이 함께했던 성도들의 분신인 천군, 선녀, 신선, 신장, 장군신께서 궁성에 배치가 되는 모습이었다.

천기, 지기, 인기 조화의 빛이 함께하면서, 어느새 대광 엘리사 천지인님의 모습이 50대의 신령님의 모습으로 변하시며, 금빛의 천사님의 큰 날개가 있으신 모습에서 살포시 작은 날개 한 쌍이 더 보이셨다. 백두산에 배치받은 성도들의 분신들의 관복이 빛으로 이루어진 순백의 빛깔로 만들어져 너무나도 아름답고 멋진 모습이었다.

백두산 정상에 오르기 전에는 대광 엘리사 천지인님의 분신 중 한 분이신 신장 왕께서 백두산 운궁에서 백두산 전체를 관장하고 계셨는데, 앞으로는 세상으로 나아가는 이때 백두산이 중요한 중심이므로, 성신님전의 최고의 신들께서 백두산 중심에서 함께하시며 세계화를 도우시겠다고 하셨다.

천기, 지기, 인기 조화로써 이루어진 빛은 백두산 천지를 중심으로, 동서남북 24방 5방 6방 12진방으로 펼쳐졌다. 웅장한 빛기둥은 백두산을 통해 남쪽의 금강산, 설악산, 태백산을 지나 지리산으로 연결되는 모습이었다.

또 다른 빛기둥은 중국의 만리장성을 지나, 아시아와 유럽 전역을 잇는 실크로드의 빛의 길로 연결되었다. 백두대간의 정기가 아시아와 유럽을 이으며, 아름답고 웅장하게 펼쳐지는 모습이었다.

하늘의 천기는 빛기둥으로 내려져 천지원을 중심으로 퍼져 나가며, 이 땅의 모든 지기는 백두산으로 합하여져 퍼져 나가며, 그 천기와 지기가 대광 엘리사 천지인님의 인기와 합이 되며 연결되는 모습이었다.

주 알파와 오메가님전에서는 이때에 다음과 같은 말씀을 내려 주셨다.

"이 축복된 날을 감축해요.
후천의 이 땅 지구별에 백두산을 중심으로
대한제국이 세워졌어요.
천기, 인기, 지기 조화의 합이 하나로 이루어졌어요.

하늘의 천기와 스승인 대광 엘리사 천지인의 인기와
땅의 지기가 하나로 이루어졌으니,
이제는 세상을 통일하는 일에는 성도들이
다 같이 최선을 다해서 이루어야 해요.

오늘 대광 엘리사 천지인을 중심으로 하여
30인이 함께했어요.
세상을 통일하는 데에는 많은 사람이 필요한 것은 아니에요.
선천의 많은 혼란과 환란을 지나면서,
지구의 사람들은 자신 안의 중심을 잃고,
수많은 거짓 종교와 종파와 종단을 만들고 이에 따르는
어리석은 일들이 일어났어요.

이제는 천지원의 천당을 중심으로
하늘 신앙과 정도를 바로 알게 해야 하며,

대한제국을 통해 나라와 역사의 중심을 세우고,
세계의 중심을 세워야 해요.

후천에는 어떠한 어려움 속에서도 하늘의 사명을 받들어
사심 없이 최선을 다할 30여 명의 사명자만 있다면
세상에 나아감에 이루지 못 할 일이 없어요.

많은 사람들이 있다고 해서
많은 일이 이루어지는 것은 아니에요.

제대로 된 30명이 300명, 3,000명, 30,000명의
역할을 할 수 있는 거예요.
이것이 30인의 의미임을 알아야 해요.

이제는 성도들이 최선을 다해야 할 때예요.
앞으로 7년의 세월이 성도들에게 주어졌어요.
최선을 다해 자신이 할 수 있는 일을 하는 것은,
성도들의 몫이고 성도 자신의 사명이에요.

이 땅에서 대광 엘리사의 목숨을 건, 악신과의 7년 전쟁으로
지구별의 신의 세계가 완전히 통일되었어요.

앞으로 성도들이 7년 동안 최선을 다해
이 땅의 영광을 하늘에 바치도록 하세요.
그 수고와 노력의 땅의 영광은 성도 자신의 것이에요.
믿음과 순종과 충성은 자신에게서 이루어지는 거예요.

새로운 시대가 열렸어요.

그 시대를 맞이하는 성도들이 되길 바래요.
자신의 자리에서 머물거나 뒤로 물러서는 어리석은 성도가
되지 않길 바래요.

성도들은 하늘의 천기와 땅의 지기와 스승의 인기를 받아
하늘의 천자로, 성자로, 인자로 거듭나길 바래요.

이때 이 시기에 대광 엘리사 천지인을 중심으로 함께하는
성도들은 하늘의 극락전의 생명책에 기록되어
하늘의 축복과 영광을 받을지라."

말씀과 함께, 극락전의 금빛 생명책에 백두산과 천지의 사진과 동영상, 상황 기록과 함께하는 성도들의 천명과 은명과 인명과 사진이 기록되는 모습이었다.

주 알파와 오메가님전에서, 태초의 말씀의 하나님전에서 오른손을 들어 주시며, 하늘에서 내려 주시는 축복과 영광이 백두산 천지에 내리시는 모습이었다. 하늘의 축복과 영광이 함께 하며 땅의 기운들이 살아나 대광 엘리사 천지인님과 전체 성도들에게 함께 함에 그 축복됨과 기쁨을 함께하는 모습이었다.

그중에서도 특히 지구별의 성도들의 분신들이 기뻐하며 즐거워하는데, 축복과 기쁨의 날을 기념하여 축배를 들며, 지구별 전체에 연회가 벌어진 모습이었다.

스승님께서 백두산 정상에 오르시어 천제를 올려드림으로써, 천기, 지기, 인기 조화의 빛으로서 당당히 제국의 아침을 맞게 되시니, 자연신들 역시 예를 갖춘 모습이었다.

영산인 백두산의 모습 그대로 하얀 빛의 백두산신과, 관련된 자연신들이 예를 갖추고 있는 모습인데, 자연신들은 "후천의 천기와 땅의 지기와 인기가 하나로 이루어졌으니, 앞으로는 백두산의 지기를, 그 어떠한 나라나 종교나 사람들에게 연결하지 않겠습니다."라고 약속을 하며, "지금까지 연결되었던 악신들의 연결고리는 다 무로 하여 주시옵소서." 하며 고개를 조아렸다. 이에 자연신들은 그대로 남고, 연결된 악신들은 전체 다 제령으로 무가 되었다.

한편, 세계적인 상황이 같이 보이는데, 많은 변화가 일어나는 모습이었다. 그리고 대도대한이 세상으로 한발, 한발 나아가는 모습이 보이고, 지구 곳곳에 있는 대한민국 교포들이 점차 하나로 모이는데, 그 중에는 방해하는 사람들도 있는 모습이었다. 세계적인 사람들 중 대한민국을 돕는 외국인이 많이 보이는데, 특히 유럽에서는 대한민국에 대해 호의적인 반응을 보이며 도와주려고 하는 사람들이 연결되는 모습이었다.

그 사람들의 내면을 보면 그 사람들의 영이 태초의 본래의 자리로 돌아가기 위해 노력하는 모습이며, 동시에 그 사람의 조상신이 움직임을 갖고 도와주는 모습이었다. 국내에서는 대한민국의 바른 역사와 전통문화 예술 찾기 운동과 함께 국내외에 많은 변화가 일어나는데, 친일파와 친미파의 세력이 이를 거세게 방해하는 모습이었다.

천제를 올려드린 후, 환하게 열린 천지를 바라보고 있자니 가슴 깊이 벅찬 감동이 차올랐다. 도사님께서 어천하시기 얼마 전, 스승님께 나를 인도하신 후, 그 유언 아닌 유언하심을 좇아 뒤 한 번 돌아보지 않고 살아온 날들이었다. 스승님을 도와 생명을 내어놓고 악신과 싸울 때에는 이런 날이 올 것을 짐작하기조차 어려웠다.

한편으로는 악신과 싸우며, 한편으로는 이 땅에 성전을 건립하고 대도대한을 세워 하늘의 신앙을 알려가는, 좀처럼 끝나지 않을 것 같았던 스승님의 그 험난한 과정 속에서 나는 늘 스승님과 함께했다. 그것이야말로 스승님을 도와주라 하셨던 도사님의 유언과도 같은 말씀을 지키는 길이었기 때문이다.

어찌 보면, 지금까지 나는 도사님의 말씀을 충실히 따르고 있는 사람일지도 모르겠다. 그러나 자만하지 않을 것이다. 지금의 나는 신의 세계에 갓 입문한 어린아이가 아니기 때문이다. 하늘을 섬기고, 스승님을 보필하며 악신들과 싸우는 감찰사로서의 사명을 내려 받았으며 그 사명은 육이 다하는 날까지 계속될 것이다.

내 육의 삶이 끝나는 날까지 나는 영원토록 하늘에 순종하는 용감한 하늘의 천군으로서 아직도 남아 있는 악신들과 싸울 것이며, 스승님의 가시는 길을 도울 것이다……!

2부
죽어서 가는 길

1. 사후세계의 비밀
2. 조상제 이야기
3. 하늘에서의 영원한 삶

죽어서 가는 길

신의 세계를 공부하게 된 후, 나는 관을 통해 여러 모습을 보게 되었다. 그중 관심을 가지고 지켜본 것이 바로 사람이 죽으면 어떻게 되는가 하는 것이었다. 나 역시 사람이기에 사후세계에 대한 궁금함을 가지고 있었던 것이다.

죽음 이후에 사람은 어디로 갈까? 사람들의 말처럼 하늘나라나 저승으로 가게 되는 것일까? 죽은 사람은 무엇을 먹고 무엇을 입고 사는 것일까? 그 사람이 어떻게 살았느냐에 따라 사후세계도 다른 것일까? 나는 그 모든 궁금증을 안고 신의 세계를 공부하였고, 관을 통해 죽지 않고도 사람의 사후세계를 들여다볼 수 있었다.

놀랍게도 사람의 사후세계란 세상에 알려진 그 어떤 모습과도 달랐다. ○○교에서 주장하는 것처럼 "○○를 믿어 천국에 가는" 사람도 없었으며, ○교에서 주장하는 것처럼 죽은 지 49일 만에 몸을 바꿔 태어나는 사람도 없었다. 죽은 사람은 사람의 몸 밖으로 빠져나오는 순간, 신神이 되어 사후세계에 편입되었다.

그런데 그 사후세계라는 것이 사람에 따라 세 가지로 다른 모습이었다. 어떤 사람은 아름다운 관복과 관을 쓰고 하늘의 천신天神이 되어 아름답게 살아가는 모습이었고, 어떤 사람은 건강한 모습으로 좋은 옷에 좋은 음식을 먹으며 안정된 곳에서 살아가는 모습이었다. 그런가 하면 어떤 사람은 이 땅을 떠돌며 후손들의 몸속에서 생전의 병을 계속 앓으며 비참하게 살아가는 모습이었다.

그렇다면 그러한 차이는 어디에서 오는 것일까?

사람들은 일반적으로 사후세계가 사람마다 다르다고 하면, 그 사람이 착하고 나쁨을 생각한다. 사실 그 선악이 세속적인 기준일 뿐인데도, 선악에 의해 사후가 달라질 거라고 생각한다. 그러나 내가 본 바에 의하면, 사후세계가 달라지는 기준은 그 사람의 선악이 아니었다. 그 사람의 인신人神이 이룬 도의 정도에 따라 사후세계가 달라지는 모습이었다.

사람이 죽으면 그 사람의 몸에서 그 사람과 똑같은 모습을 한 인신(사람신)이 빠져나오게 된다. 세상에서는 이를 귀신이라 하기도 하고, 영혼이라 하기도 한다. 사후세계를 사는 것은 바로 그러한 인신으로, 인신이 도를 얼마나 이루었느냐에 따라 삶의 질이 달라지게 된다.

이는 사후세계가 신들의 세계이며, 신들의 세계는 곧 도의 세계이기 때문이다. 사람이 생전에 바른 도를 닦아 인신이 성신聖神이 되고 천신天神이 되었다면, 그 인신은 구태여 땅의 세계에 머물 이유가 없는 것이다. 천신으로서 하늘에 올라 신으로서의 새로운 삶을 살아가면 될 것이다. 반면에 인신에게 도가 전혀 없다면, 당연히 하늘에 오를 수 없으며, 이 땅에서 더 강한 신들에게 쫓기며 구차하고 비참한 사후를 살아갈 수밖에 없는 것이다.

결국, 사람의 사후가 다른 것은 인신의 상태가 각각 다르기 때문이었다. 지금부터 나는 이러한 죽음 이후의 세 가지 삶의 모습에 대해 자세하게 적고자 한다. 내가 신의 세계를 공부하며, 직접 보고 들은 사후세계의 세 모습을 말이다.

1. 사후세계의 비밀

다음은 내가 관을 통해 보게 된 사후세계의 모습이다. 신앙이나 수도의 유무에 상관없이 이 땅 지구에 사는 99% 이상의 사람들이 여기에 속한다고 할 수 있다. 즉, 대부분의 사람이 죽음 이후에 겪게 되는 보통 사람의 사후세계의 비밀이라 하겠다.

죽음 이후

사후세계를 보고자 기도를 드리니, 한 병원으로 연결되었다. 암 병동이라고 쓰여 있었다. 한 남자의 모습이 보였다. 그리 늙지 않은 모습인데, 곧 죽을 것 같이 핏기 없는 얼굴로 자리에 누워 있었다. 남자의 주변에는 가족인 듯 보이는 사람들이 서너 명 정도 서 있는 모습이었다. 그 남자를 보고 있는데, 몸에서 뭔가가 빠져나왔다.

그 남자와 똑같은 모습에 똑같은 옷을 입은 사람신이었다. 사람의 몸에는 사람과 똑같은 모습의 사람신(인신)이 있는데, 살아 있을 때는 몸에 같이 있다가 육체가 생명을 다하면 몸 밖으로 빠져나오게 되는 것이다. 세상에서 흔히 '귀신'이라고 부르는 존재이다.

남자신은 멍한 표정으로 자기가 빠져나온 육체를 바라보았다. 얼마 후, 남자의 자식인 듯한 20대 남자가 울음을 터뜨리고 가족들은 남자의 몸을 심하게 흔들며 남자의 이름을 불렀다. 멍해 있던 남자신은 겁먹은 표정으로 아내인 듯 보이는 여자를 바라보는 모습이었다.

　아내는 남자신의 존재를 눈치채지 못하고 큰 소리로 울고 있었다. 남자신은 몸을 움츠리며, 누워 있는 시체와 살아서 움직이는 자신(남자신)을 천천히 번갈아 보았다. 얼떨떨하고 겁먹은 얼굴이었다.

　이때, 죽은 사람의 몸에서 검은 연기 같은 것이 회오리바람처럼 쏟아져 나왔다. 남자의 몸속에서 기를 취하며 살아가던 악한 신들이었다. 뱀, 토끼, 까치, 쥐, 잉어, 조개, 개구리, 여우, 파리, 모기, 풀, 소나무…… 무수히 많은 동물신과 식물신이 검은 연기처럼 쏟아져 나왔다. 또, 남자가 병으로 오래 앓았던 모양인지 주사약이며 주사 바늘, 링거, 병원 침대 등의 동토신들이 남자 몸에서 무수히 많이 쏟아져 나왔다.

　어린 시절 사용했던 기저귀부터 평생을 입어온 옷가지며 신발까지도 동토신의 모습으로 몸에 박혀 있다가 남자의 죽음과 함께 우수수 쏟아져 나오는 모습이었다. 그중에는 큰 신들도 있었다. 남자의 가슴 부위에 크게 자리를 잡고 있던 호랑이신은 죽은 남자의 몸 밖으로 나오며, "어흥~!" 하고 크게 울부짖었다. 남자신은 그 모습에 겁을 먹고 주저앉았다.

　그런데 호랑이신은 울고 있는 50대 여자(남자의 아내)의 몸속으로 들어가는 것이었다. 남자신의 몸 밖으로 빠져나온 다른 신들도 남자의 가족이나 간호사 등 주변 사람들의 몸으로 들어가기 시작했다. 마치 새로운 집을 찾아 이사라도 하는 것처럼, 신들은 분주하게 새로운 사람을 찾아 이동하는 모습이었다.

그중, 큰 구렁이신이 막 문을 열고 들어오는 간호사의 몸에 붙어 목을 칭칭 감는 것이었다. 제법 큰 신이어서 여자는 현기증을 일으키며 넘어질 뻔한 모습이었다. 옛 어른들이 '상가에 가면 상문살을 받는다.'라고 한 것이 바로 그런 것이었다.

죽은 사람 몸에서 수많은 신이 나오고, 그 신들 중 많은 수가 상가를 방문한 사람들의 몸속에 들어가 새로 자리를 잡는 것이다. 그중 큰 신이 몸에 박히거나 특별히 사악한 신들이 몸에 붙어 방해를 하면, 사고를 당하기도 하고 몸이 아프기도 하는 것이다.

한편, 남자신은 멍한 표정이었다. 이미 빠져나온 몸에 다가가지도 못하고, 가족들에게도 다가가지 못하고 어떻게 해야 할지를 모르는 듯했다. 그때, 한쪽 귀퉁이에서 얼굴에 주름이 많은 할머니신이 다가왔다. 할머니신은 겁먹은 듯 주변을 두리번거리다 남자신 앞에 서는 모습이었다.

"어머니!"

남자신은 할머니신을 붙잡으며 소리를 질렀다. 할머니신은 지친 표정으로 남자신을 다독이며 소곤소곤 작게 속삭이기 시작했다. 자세히 들어보니, 할머니신은 남자신에게 사람신의 삶을 이야기해 주고 있었다. 남자신의 죽음이 가까운 것을 알고 일부러 찾아온 모양이었다. 남자신은 고개를 끄덕이기도 하고, 믿을 수 없다는 표정으로 주변을 둘러보기도 하며 할머니신의 말에 귀를 기울이는 모습이었다.

장례식 – 상가에서

계속 관을 통해 남자신을 지켜보는데 이번에는 상가로 연결되었다.

남자의 위패가 모셔지고, 음식을 차려내는 모습이었다. 사람들이 하나둘 모여들기 시작하더니 이내 소란스러워지는 모습이었다. 그런데 상가에는 사람만이 있는 것이 아니었다.

어느새 온갖 신들이 모여들어 음식을 먹기도 하고, 사람들 몸속으로 들락거리기도 하며 북새통을 이루고 있었다. 도깨비신이며 각종 동물신에서 파리신까지 세상에 존재하는 동물과 식물의 신들이 가득 모여 음식의 기를 빨아들이는 모습이었다.

그중에는 저승사자의 모습을 한 신들도 있었다. 신의 세계는 힘과 능력이 곧 계급이어서, 힘과 능력이 강한 신들이 좋은 자리를 차지하고 있고, 약한 신들은 강한 신들의 눈치를 보고 있었다. 같은 계열일 경우에는 낮은 신들이 더 높은 신에게 음식을 가져다주는 모습이었다.

몇 마리의 여우신이 보이는데, 그중 체격이 크고 꼬리가 많은 여우신이 대장인 듯 체격이 작고 꼬리가 하나인 여우신들이 대장 여우에게 머리를 조아리는 모습이었다.

한쪽에는 초라한 행색의 사람신들이 악신의 눈을 피해 허겁지겁 음식을 먹고 있었다. 몇몇 사람신은 악한 신들에게 얻어맞으며 쫓겨나기도 하고, 요행히 자리를 잡은 사람신들도 계속 악신의 눈치를 살피며 간신히 음식을 얻어먹고 있었다. 신의 세계에서 얼마나 힘겹게 살았는지 모두 남루한 모습이었다.

한 남자신은 갓을 쓰고 수염이 길며 공부를 많이 한 선비인 듯 보이는데, 얼굴은 비쩍 마르고 갓이 너덜거렸다. 한 여자신은 한복을 입은 모습인데 겉치마가 찢어져 속치마가 보이기도 하고, 비녀도 녹이 슬어 있었다.

사람은 죽고 난 후에 죽을 때의 모습 그대로 사람신이 되어 신의 세계에서 살아가는데, 도가 없기 때문에 시간이 갈수록 초라하고 비참한 모습으로 변하는 것이다.

관이 보이는데, 남자의 시체가 놓여 있었다. 남자신은 자신의 몸에 들어가 보려다 멈칫하는 모습이었다. 시체에는 기가 하나도 없기 때문에, 남자의 몸에는 더 이상 사람신이 들어가 살 수 없는 것이다. 남자의 아내와 자식들이 보이는데, 처음처럼 크게 우는 모습은 아니었다.

그런데 남자신이 크게 우는 모습이었다. 막상 몸에 들어갈 수 없으니 자신이 사람이 아니라는 사실을 실감한 듯했다. 남자신이 통곡하자, 숨어 음식을 먹던 조상신들이 남자신을 잠시 바라보았다. 그러나 그들은 이내 음식으로 눈을 돌리는 것이었다. 후손이 제사상을 차려주는 날 정도를 제외하고는 먹을 것을 구하기 어려운 그들에게 당장 중요한 것은 먹을 수 있을 때 먹어 두는 것이었기 때문이다.

장례식 – 무덤에서

계속해서 남자신의 모습을 보는데, 어느 산속으로 연결이 되었다. 자세히 보니, 남자의 관을 실은 장례차가 어느 산 밑에 도착하는 모습이었다. 남자신은 가족들의 옆에 나란히 앉아 가족들이 우는 것을 보기도 하고, 어머니인 할머니신의 이야기를 듣기도 했다. 이어 어느 산속에 차가 도착하여, 인부들이 남자신의 무덤을 만드는 모습이 보였다.

할머니신의 무덤이 근처에 있는지, 할머니신을 보고 무덤에 있던 몇 명의 사람신이 인사를 해왔다. 그중에는 어린아이를 업고 있는 젊은 여자신과 머리를 산발한 늙은 남자신이 있었다. 젊은 여자신은 온몸이 물에 젖은 채 춥다고 이야기를 했는데, 관을 해서 여자신의 무덤을 보니 무덤 밑으로 물이 흘러 시체가 손상된 모습이었다.

그런데 이상한 것은 의외로 빈 무덤이 많다는 사실이었다. 관을 해서 자세히 보니, 분명히 무덤 안에 백골은 있는데, 사람신은 무덤에 없었다. 그런 무덤이 제법 많은 모습이었다.

남자신은 조심스럽게 무덤을 살피는 모습이었다. 할머니신은 울먹이는 며느리에게 몇 마디 하기도 하고, 당신 무덤에 풀이 우거졌다며 후손들에게 넋두리를 하기도 했다. 남자신은 무덤이 못마땅한 표정이었다. 자세히 보니, 무덤의 흙에 유난히도 습기가 많고, 벌레들도 많은 모습으로 시체가 훼손될 수 있고 사람신이 살기에도 적합하지 않은 모습이었다.

얼마 후, 남자신의 가족들이 차에 오르는 모습이었다. 가족들은 무덤 쪽을 돌아보며 눈물을 글썽이다 차에 올랐다. 그런데 이게 웬일인가. 아내와 자식들이 돌아오는 차 안에는 죽은 남자, 즉 남자신도 같이 타고 있는 모습이었다.

자신의 무덤에서는 도저히 살 수 없다고 판단한 모양이었다. 아내와 자식들은 죽은 사람만 홀로 두고 어떻게 돌아가느냐고 울고 있는데, 정작 남자신은 산 사람과 장례차를 타고 가족들과 함께 집으로 돌아오는 모습이니 그 모습을 보는 나로서는 어이가 없을 뿐이었다.

사후세계 – 사람신의 생활

관을 통해 계속 남자신을 보는데, 지하철로 연결되었다. 장례가 끝나고 한참 된 듯한 모습인데, 남자신이 어머니인 할머니신과 같이 아들을 따라다니는 모습이었다. 아들이 지하철에 타자 남자신과 할머니신도 지하철에 올랐다. 할머니신과 남자신은 산 사람처럼 나란히 빈 좌석에 앉은 모습이었다.

남자신은 때로 몹시 아파하며 가슴을 움켜잡고는 했다. 죽을 때 암병동에 있었으니, 생전에 암을 앓았던 모양이었다. 이때, 남자신의 모습이 자세히 보이는데, 죽은 남자신의 몸 곳곳에 암 덩어리가 크게 자리 잡고 아직 빠지지 않은 모습이었다. 생전의 병이 죽은 후에까지 계속되어 여전히 고통을 받는 모습이었다.

이때, 맞은편에 앉은 한 사람이 음식물이 든 상자를 무릎에 안고 가는 모습이었다. 남자신은 고통을 느끼면서도 배가 고픈지 음식을 향해 쓰러질 듯 다가서는 모습이었다.

남자신이 그 사람에게 가서 음식물의 기를 빨아들이려 하는데, 그 사람의 몸에서 도깨비신이 튀어나오는 것이었다. 온몸에 털이 많고 눈이 하나인 도깨비신이었다. 도깨비신은 큰 방망이를 들고 남자신과 옆에 있던 할머니신을 세게 내리치는 모습이었다. 사람신인 남자신과 할머니신은 미처 도망도 가지 못하고, 상처가 깊어 그 사람이 가진 음식에는 얼씬도 하지 못하는 모습이었다.

남자신을 계속 보고 있는데, 남자신과 할머니신이 시장터를 헤매는 모습으로 연결되었다. 남자신은 여러 명의 사람신들과 함께 시장을 헤매며, 냄새를 빨아들이는 모습이었다. 그런데 막상 각종 음식이 가득 쌓인 가판에는 접근하지 못하는 모습이었다.

음식점이며 시장의 음식물 가판 주위에는 그 음식을 지키고 있는 터

주신들이 험상궂게 서 있는 모습이었다. 때로 악신들에게 잡혀 거의 죽을 지경으로 당하는 사람신의 모습도 보였다. 남자신은 음식마다 지키고 선 여러 악신들을 피해 다니며 간신히 음식 냄새라도 맡아 허기를 채우기 위해 애쓰는 모습이었다.

또 다른 쪽에서 사람신의 모습이 보이는데, 시장 한쪽의 쓰레기 더미였다. 사람신들이 그곳에 모여 쓰레기통을 뒤져 음식물 쓰레기의 기를 흡수하는 모습이었다. 악한 신들은 대개 힘이 강하기 때문에 쓰레기통까지 지키고 선 경우는 거의 없었다. 그러나 쓰레기 더미에는 그다지 먹을 것이 많지 않고, 상한 음식이어서 음식의 기 또한 많지 않았고 그나마 상해 있는 모습이었다.

더구나 작은 쥐신 같은 경우는 살아 있는 쥐와 비슷하게 음식물 더미를 뒤지기도 하는 모습이었다. 때로 쥐신들은 음식물 더미에서 기를 섭취하는 사람신을 공격했고, 사람신은 대항도 못 하고 숨거나 도망치기에 바쁜 모습이었다. 신의 세계는 도술과 마술 등의 도가 클수록 힘과 능력이 강하며, 힘과 능력으로 지배되는 세계이기 때문에 생전에 도를 닦지 않은 사람신은 미미한 존재들의 신조차 이기지 못하는 모습이었다.

남자신은 죽은 직후보다 더 마르고 초췌해진 모습이었다. 죽은 후에도 여전히 생전의 병으로 고통을 받는 데다 벌써 여러 날 굶은 듯 음식을 찾아 헤매는 모습이 계속 보였다. 살아 있을 때야 육체가 있어 기를 취하지만, 죽은 후에는 육체가 없기 때문에 따로 음식의 기를 취해야 하는데, 힘이 강한 악신들을 피해 음식을 구하기가 쉽지 않은 모습이었다.

결국 남자신과 할머니신은 아들의 몸으로 들어가는 모습이었다. 사람의 몸 안에는 수없이 많은 신들이 있고, 그 신들 때문에 사람신이 관계없는 사람의 몸에는 들어갈 수 없지만, 후손의 몸일 경우 악신들도 어느 정도는 봐주는 모습이었다.

남자신과 할머니신은 아들의 몸에서 아들이 밥을 먹을 때 같이 밥의 기를 취하고, 아들의 몸에 자리를 잡은 채 전보다는 한결 낫게 살아가는 모습이었다. 비록 아들 몸에 자리한 수많은 신들로 인해 아들이 먹는 음식의 기를 겨우 신의 목숨을 부지할 수 있을 정도밖에 섭취하지 못하고, 아들의 몸에서도 강한 악신들의 눈치를 살피며 살아가지만, 쓰레기 더미를 뒤지며 악신의 공격을 받아 죽기도 하는 상황보다는 나은 모습이었다.

그런데 문제는 아들의 몸에서 일어나는 모습이었다. 가슴이며 온몸 전체에 암 덩어리가 퍼진 남자신이 자리 잡은 후, 아들의 몸이 남자신의 영향을 받는 모습이었다. 아들의 몸이 자세히 보이는데, 신적으로는 이미 아들의 몸 곳곳에 감자씨와 같은 암세포들이 자라나기 시작하는 모습이었다.

그러한 암세포들이 몸을 덮어 육체적으로 드러나는 데까지는 어느 정도 긴 시간이 걸리겠지만, 십 년 후이든 이십 년 후이든 아들의 몸에 아버지와 똑같이 암이 발생할 수 있는 모습이었다. 아버지인 남자신 역시 그 사실을 알지만, 자신이 살아야 하고, 아들의 몸 밖에는 달리 갈 곳이 없기 때문에 아들의 몸에서 계속 살아가는 참으로 비참한 모습이었다.

이와 같이, 사람이라면 누구나 죽음 이후에 사람신이 되어 신의 세계에서 살아간다. 그중 대부분은 이 땅에 남아 후손의 몸을 떠돌며 비참한 삶을 살아가게 된다. 간혹 종교 생활을 했거나 도를 닦았다 해도, 그 신앙과 도가 자신의 인신人神을 키우는 신앙이나 신도神道가 아니라면 사후세계의 준비와는 아무 상관이 없다.

　인신이 도를 이루지 못한 사람은 누구라도 이 땅에 남아 이 땅에서의 사후세계를 살아가야 하기 때문이다. 그렇다면, 바른 신앙과 도를 만나지 못한 채 죽음을 맞이한 사람은 어떻게 되는 것일까? 아무런 희망도 없이 추위와 배고픔에 시달리고 악한 신들에게 쫓기며 이 땅에서 천 년의 삶을 살아가야 하는 것일까?

2. 조상제 이야기

조상제는 바른 도와 신앙을 만나지 못한 채 죽음을 맞이하고, 비참한 사후세계를 살아가는 사람신을 위한 유일한 희망이라 할 수 있다. 조상제는 죽은 조상신(사람신)을 불러, 아픈 곳은 치료하고, 낡은 옷은 갈아입혀, 풍족하고 안락한 삶을 살 수 있도록 안전한 곳으로 보내 주는 의식이다.

지금 이때에 은사로서 하늘의 초입에 '운궁'이라 하는 궁을 내려 주심으로, 조상신들이 땅에서의 고통을 벗어나 그곳에서 편하게 살아갈 수 있도록 하여 주심이다. 이러한, 운궁으로 조상신들을 모시는 제를 '조상제'라 한다.

조상신들을 온전하게 해결하기 위한 조상제는 죽은 사람신들의 유일한 구원이다. 조상제가 된 조상신은 사람신으로서 각자에 맞게 새롭게 태어나 악신들의 침범도 없으며, 안전하고 먹고 생활함이 자유로운 운궁에서 백성으로 살아간다.

세상에서는 '천도제(천도재)'라 하여 사람을 하늘로 보낸다고 하는데 이는 맞지 않는 소리이다. '천도'라는 말 자체가 '하늘로 이끈다.'라는 뜻인데, 하늘은 성신님들이 사시는 곳으로 성신이 아닌 일반 사람신이 갈 수 있는 곳이 아니며, 육을 가진 사람이 갈 수 있는 곳도 아니다. 오직 성령으로 잉태된 성신만이, 100% 순수체이신 성신께서만 하늘에 오를 수 있는 것이다.

하늘께서는 하늘을 위해 일한 바 없으며, 백의 순수체가 아닌 일반 사람신을 하늘에 올리시지 않으신다. 성신이 아닌 이상 사람은 죽음 이후에도 이 지구를 벗어나지 못한 채, 이 지상의 신의 세계에서 사람신으로서 살아가게 되는 것이다.

조상제의 진행 과정

그렇다면 조상제는 어떤 과정을 거쳐 진행되는 것일까?

(1) 의뢰인이 조상제 신청을 하면, 의뢰인의 직계 조상들이 오시게 된다.

대개 조상제를 신청하는 사람들을 보면 다음의 세 경우로 나뉘어진다. 사람 안의 영이 구원을 받고자 그 사람을 이끄는 경우, 사람 몸 안에 자리 잡은 큰 신이 자신의 영이나마 구원받고자 사람을 이끄는 경우, 조상신 중 생전에 기도를 많이 했거나 도를 이루려 노력을 많이 했던 조상신이 이끄는 경우이다.

미혼일 경우, 부모님과 함께 아버지 쪽 직계 조상들이 모두 오시게 된다. 아버지-어머니, 할아버지-할머니, 증조 할아버지-증조 할머니, 고조 할아버지-고조 할머니…… 하는 식이다. 이때, 외가는 해당되지 않기 때문에, 원할 경우 외가 쪽 조상제는 따로 진행해야 한다.

의뢰인의 이름과 주소를 부르면, 의뢰인의 직계 조상신들이 기로 만들어진 양탄자를 타고 이동되어진다. 후손의 몸에 따라온 조상들은 걸어오기도 하지만, 대개는 쇠약해서 거동이 어려운 경우가 많고, 사는 곳도 일정하지 않기 때문에 대개는 기로 만들어진 양탄자로 이동되어진다. 이때 이미 조상들과 관련된 악신들은 어느 정도 정리가 된다. 우리 분신님들이 해당 지역에 찾아가 정리를 하시기 때문이다.

(2) 조상신의 몸에 숨어있는 악귀, 악신들이 전체 다 뽑혀져서 무가 되며, 연결된 악신들 또한 전체 다 정리되어 무가 된다.

사람이 죽어 육체를 떠나게 될 때, 사람의 몸에 있는 악한 신들은 거의 빠져나가 새로운 사람의 몸에 들어간다. 그러나 일부는 사람신의 몸에 계속 남아 있기도 하다.

예를 들어, 암으로 죽은 사람이 사람신이 되었는데도 몸에 암과 관련된 병균신 등이 사람신의 몸에 그대로 박혀 있는 경우가 있다. 이때, 조상제를 하게 되면 사람신의 몸에 남아 있던 병균신 등이 완전히 뽑혀져 무가 되는 것이다.

(3) 조상신들의 몸이 치료를 받아 건강해진다.

사람은 누구나 죽음을 맞이한 상태 그대로 사람신이 되어 신의 세계에서 살아간다. 그러다 보니, 조상신들은 대개 쇠약하고 건강하지 못한 모습이다. 늙어 죽은 경우에는 노쇠하기 그지없으며, 병으로 죽은 경우에는 사람신도 병을 그대로 가지고 있고, 사고로 죽은 경우에는 사람신이 되어서도 사고의 상처를 계속 간직하게 된다.

심한 경우, 전쟁터에서 다리가 잘려 죽은 사람신은 다리가 잘린 그대로 다니기도 한다. 신의 상처를 치료하자면, 도가 있어야 하는데 사람신은 도가 없기 때문에 상처를 치료하지 못한 채 계속 고통을 안고 살아가는 것이다.

조상제를 하게 되면, 그러한 조상신들이 머리부터 발끝까지 건강을 되찾게 된다. 지나치게 노쇠한 조상신들은 30~40대 정도의 모습으로 다시 젊어지며, 사고로 몸이 찢긴 경우에는 몸이 치료되며, 병으로 죽은 경우에는 그 병이 다 사라지고 건강해진다.

대개의 경우, 나이 드신 할머니들은 젊은 여자의 모습이 되게 해 달라고 부탁을 해오며, 유산으로 엄마 뱃속에서 죽은 태아신들은 다섯 살에서 열 살, 많게는 스무 살 이상이 되게 해 달라고 부탁해오기도 한다.

본인들이 태어나지 못한 한이 있기 때문에 자라난 모습을 원하는 것이다. 현실에서는 아기들은 말을 못 하지만, 신의 세계에서는 태아신들도 말을 할 수 있고 소원하는 바를 정확히 밝히곤 한다. 또, 키가 작은 신들은 키가 커지고, 얼굴이 예쁘거나 멋지지 못한 경우에는 훌륭한 외모를 갖게 되기도 한다.

신의 세계는 도만 있으면 무엇이든 이룰 수 있는 세계이기 때문에, 조상제를 하는 경우 그동안 신의 세계에서 많은 고생을 한 조상신들의 불편함이나 바라는 바를 해결하여 주시는 것이다.

(4) 조상신들의 옷이 원하는 옷으로 바뀐다.

사람신은 죽음 이후 500~1,000년을 살아가게 되는데, 이때의 의복이란 죽을 때 입은 옷 한 가지인 경우가 대부분이다. 그러다 보니 대부분의 사람신은 옷이 낡거나 찢겨져 있다. 그러므로 조상제를 할 때, 조상신들의 옷을 깨끗하고 좋은 옷으로 갈아입히는데, 그 과정에서 조상신들이 원하는 옷을 입게 하는 것이다.

본인의 취향에 따라 양복을 원하면 양복으로, 한복을 원하면 한복으로 기로써 옷이 지어져 자동으로 갈아입혀진다. 신발 역시 마찬가지이며, 머리 모양도 지나치게 튀는 스타일이 아니라면 원하는 대로 바꿔 주신다. 이 과정을 마치면, 조상신들은 건강과 함께 깨끗한 용모를 갖추어 전과는 다른 모습이 된다.

(5) 조상신들이 하늘께 예를 갖추어 인사를 올린다.

조상제는 사람신에게 베풀어 주시는 하늘의 은혜라 할 수 있다. 이 땅의 신의 세계에서 비참한 삶을 살아가던 이들이 안전한 곳으로 옮겨져 건강한 모습으로 안락하게 살아가며 원한다면 하늘의 공부를 통해 신도를 닦을 수도 있는 것이다.

그러므로 조상제의 혜택을 입게 된 조상신들은 누구나 하늘께 예를 올리게 된다. 이 과정에서 대개의 조상신들은 스스로 감사함을 표현하며, 감정이 복받쳐 눈물을 흘리기도 한다.

(6) 조상신들이 조상제를 의뢰한 후손에게 하고 싶은 이야기를 한다.

조상제를 통해 정해진 곳으로 가기 전에, 조상신들은 후손에게 마지막으로 이야기할 기회를 갖게 된다. 대개는 조상제를 해 줘서 고맙다는 이야기를 하거나 그동안 후손에게 해 준 게 없어 미안하다는 이야기를 하며, 때로는 후손에게 앞으로 어떻게 살라는 당부를 하기도 한다.

예를 들어, 부부간에 금슬 좋게 살라고 하거나 조상제를 해 주신 선생님을 많이 의지하며 공부 열심히 하라는 식의 이야기가 오간다. 조상신이 독립운동가라거나 선비일 경우, 특이하게도 나라를 위해 충성을 다하라거나 바르게 살아가라고 당부하기도 한다.

(7) 기로 조상님들이 있는 곳으로 이동된다.

이 모든 절차가 끝나면, 조상신들은 조상신들이 모여 사는 곳으로 이동하게 된다. 신의 세계의 운궁에 들어가게 되는 것이다. 대개의 조상신들은 앞의 여섯 단계를 다 거치면 조금이라도 빨리 조상신들이 살고 있는 운궁으로 이동되기를 원한다. 그동안 후손의 몸속에서 살면서 너무 힘들고 굶주려왔기 때문이다.

때로 후손이 조상제를 의뢰해도, 세상에서 나쁜 일을 많이 했거나, 일부 종교를 맹신하다 죽은 경우에는 조상신이 오지 않는 경우가 있다. 이런 경우, 해당하는 조상신은 기로 이동되는데, 대개는 그 조상신 안에 있는 악한 신들을 정리하고 나면 태도가 달라져 금세 조상제가 됨을 축복으로 여기게 된다.

조상제 후, 조상신들의 생활

조상신들을 위해 지어진 궁성은 악한 신들의 침입으로부터 절대적으로 안전하다. 궁성이 천기로 만들어져 있기 때문에, 악신들이 침입하고자 하면 자동으로 타서 무가 되는 것이다. 조상신의 궁성은 오직 조상신만이 살아가는 곳으로 의식주 모두가 풍성하고 안락한 곳이다. 신도神道를 닦지 못한 사람이 죽어서 갈 수 있는 최고의 장소로서 말 그대로 낙원인 것이다.

궁성은 특급 호텔 이상의 시설을 갖추고 있다. 침대면 침대, 온돌이면 온돌을 좋아하는 대로 선택할 수 있으며, 가족끼리 지내고 싶을 경우에는 가족과 함께 지내는 방으로 배치가 된다. 식당은 뷔페식으로 한식과 일식, 중식, 양식 등이 모두 갖추어져 있다.

그곳에는 세상에 있는 것이면 무엇이든 다 기의 형체로 머물러 있기 때문에 필요한 것은 다 구할 수 있으며, 여가 생활을 즐길 수 있고, 천문글을 쓰거나 부적글을 쓰고, 음정과 동작을 하며 신의 공부를 하기도 한다.

대부분의 조상신들은 후손을 위해 기도하며, 조상신들 중에서도 공부를 많이 하여 문관이나 무관으로서 배치를 받아 장군신까지 오르는 경우도 있다. 장군신의 경우, 조상신들이 사는 궁성에 배치를 받기도 하고, 지구에 배치를 받기도 한다. 조상제를 하게 되면, 처음에는 잘 적응을 못하지만, 어느 정도 시간이 지나면 곧 적응이 되어 자신이 할 일을 스스로 찾게 된다.

조상신들의 궁성에는 몇 가지 규칙이 존재한다. 술을 마시는 것은 괜찮지만, 하루에 포도주 석 잔 이상을 마셔서는 안 되며, 기분 좋을 정도라면 몰라도 취하는 것은 허용되지 않는다. 다툼 역시 금지되어 있다. 만약 다툼이 지나치게 많은 조상신이 있다면, 거기에 해당되는 벌을 받게 된다. 대개의 경우, 조상신들은 신의 세계를 살며 워낙 많은 고생을 해왔기에 일단 조상제가 되고 나면 큰 문제를 일으키지 않고 살아간다.

그러나 사람신 자체가 비뚤어진 성격을 갖고 있을 경우에는 조상제가 된 후에도 여러 가지 문제를 일으킨다. 이 경우, 조상신들이 살고 있는 궁성에 가서 성격을 고쳐야 하는데, 처음에는 그 성격을 그대로 가지고 있지만, 규칙에 따른 징계를 받아 가며 서서히 성격이 바뀌게 된다. 잘못이 너무 클 경우 큰 벌을 받기 때문이다.

심한 잘못이 있을 경우, 세상으로 퇴출되기 때문에 퇴출되는 것을 제일 두려워한다. 한편, 조상신 중에는 결혼을 하는 경우도 있다. 신의 세계에서는 여자에게 선택권이 있으므로 여자신이 남자신을 선택한다. 그러나 결혼을 했다 해도 아이는 낳지 못한다. 신의 세계에서 사람신끼리는 출산, 즉, 신의 생산은 없는 것이다.

조상신들은 조상신들이 머무는 궁성을 떠나지 않는다. 그렇기 때문에 간혹 후손이 보고 싶으면 신의 세계의 동영상을 통해 후손이 살아가는 모습을 볼 수 있다. 후손이 제사를 지낼 경우, 제사상이 기로 이동되어 조상신들이 제사상을 받을 수 있게 된다.

조상제 이야기

다음은 조상제를 한 사람들의 실례를 기록한 것이다.

- **뇌암으로 죽은 사례**

OOO 선생님은 운암에서 주방을 맡아 공덕을 쌓은 OO 선생님의 사위이다. 평소 OO 선생님의 딸 내외는 수도나 기도를 위해서라기보다는 인간적으로 이곳 운암을 좋아해 1년 정도 운암을 오고 가던 사람들이었다.

하루는 그 부부가 속해 있는 지역에서 스승님을 초청했는데, 스승님께서 OOO 선생님을 보시고는 몸이 이상한 것을 아시고 당분간 하는 일을 접고 운암에 가 있으라고 하시며 상황을 설명해 주셨다. 내게는 OOO 선생이 운암에 오게 되면 말씀전에 그 사람과 관련되어서 문의 드리고 신경을 써 주라 하셨다.

며칠 후, OOO 선생님 부부가 운암에 왔는데, 남자분의 몸을 보니 머리를 중심으로 몸에 나쁜 기운이 퍼져 있는 모습이었다. 말씀전에 문의를 드리자, 남자의 병은 이미 깊고 고칠 수 없는 상황이며, 세상적인 명이 얼마 남지 않았으니 각오를 하라 하시며, 환자가 치료가 안 되고 어려운 병에 걸렸으니 가족이 안수나 치료를 해서는 안 된다는 말씀을 내려 주셨다. 아내 되는 분에게 상황을 전하니, 당분간 쉬면서 서서히 준비를 하겠다고 했다.

그 후, 말씀전에서 근처 병원에 가서 진단을 받아보라는 말씀을 내리셨는데, 병원에서는 뇌암 말기로 병원 치료는 어렵다는 판정을 내리며, 그래도 항암치료를 받을 것인지 물었다. 아내 되는 분은 한참 고민하다, 환자 형제들과의 관계도 고려하여 병원에 입원해서 항암 치료를 받게 되었다.

그러던 중, 병원 치료가 너무 힘들고 낫는다는 보장도 없는 상황이라 아내 되는 사람은 고민 끝에 남은 생이라도 편하게 공기 좋은 곳에서 지내게 하고 싶다는 뜻을 전달했고, 공기 좋은 시골집을 얻어 지내게 되었다.

환자는 암 환자치고는 편하게 지내며 그다지 힘들어하지 않았다. 생각과 판단을 주관하는 뇌에 병이 있어서인지 환자는 이상한 이야기를 잘했다. 곤충, 고양이 등 사람이 아닌 생명체와 대화를 한다는 것이다. 들어보니, 신의 세계를 보며 생명체들의 이야기를 표현하는 것이었다. 죽음이 가까워오니, 자신도 모르게 신의 세계를 조금씩 보게 되는 상황이었다.

얼마 후, 그분은 환자로서는 편안히 잘 지내다 세상의 명을 다했다. 아직 젊은 나이에 세상을 떠난 것이 마음 아팠지만, 암 환자치고는 고통 없이 정말 편하게 세상을 마무리한 듯하여 그나마 다행스러웠다. 환자의 숨이 멈추면서 몸 안에서 엄청난 수의 신들이 순식간에 쏟아져 나왔다.

몸 안에 자신의 몸주처럼 자리잡고 있는 늑대 모습의 본신과 셀 수 없이 많은 악신들이 보여 기도를 드렸다. 순식간에 붉은 불의 기운이 연결되어 나쁜 신들을 일시에 태워 버렸다. 죽은 남자분의 인신이 옆에 있다 깜짝 놀라는 모습이었다.

나는 상황을 설명하며, 남자분의 인신에게 3일장이 끝나면 조상제를 한다고 전해 주었다. 남자분의 인신은 3일장 내내 신장신의 보호를 받고있는 모습이었다. 죽어서 신의 세계를 보니, 어리둥절하며 놀라는 표정이었다. 그 후, 아내가 조상제를 하러 왔는데, 남자신은 죽을 때 모습 그대로였다. 죽을 때 입은 옷과 아직 아픈 곳의 병이 그대로 남아 있었다.

죽은 사람신에 대해 기원을 드리고 조상제를 해 주었다. 불의 기가 연결되어, 남자신 안의 나쁜 기운을 녹여 없앴다. 죽을 때 모습 그대로인 남자신의 신체(神体-신의 몸)가 치료되고, 새 옷이 입혀졌다. 조상제가 끝나고 남자신은 매우 고마워했다. 아직 신의 세계가 적응이 안 되는지 당분간 조상신들과 함께 있겠다고 했다.

그 후, 100일이 지나고 통신이 왔다. 남자신이 신의 세계의 지구별에 배치받아 새롭게 시작하고 싶다는 것이었다.
이에 성신님전의 인준의 말씀이 내리시어, 남자신은 지구별 사령부에 배치를 받아 신의 세계에서의 삶을 멋지게 살아가게 되었다.

후에 아내 되는 OO 선생님은 남편이 죽기 전에 조상제 하러 왔던 날, 말씀전에서 당부하셨던 말씀을 기억하며 내게 말했다.

내가 기억하기로도 당시 말씀전에서는 "우황청심환을 꼭 먹으세요. 머리가 많이 약해요. 머리를 보호해야 해요. 나중에 머리에 질병이 생겨서 고생해요." 하셨다.

당시 아내는 자신이 평상시에 두통이 심하여 하루에도 몇 번씩 두통약을 먹기 때문에 오히려 자신이 머리가 약하고 남편은 매우 건강한데 왜 자신이 아닌 남편에게 우황청심환을 먹으라 하시는지 마음속으로 내내 의아했다 한다.

지금에 와서 보니, 당시 말씀에 따라 남편이 우황청심환을 먹었던 일이 뇌암임에도 불구하고 큰 고통과 아픔 없이 세상을 떠날 수 있도록 도와준 것 같다는 믿음을 내비쳤다.

아내는 그 후 어머니를 따라 함께 상주하며 우리의 일을 돕고, 열심히 공부를 하고 있다. 긍정적인 생활 태도로 항상 얼굴에서 웃음이 끊이지 않아 주변 사람들의 귀감이 되고 있다.

■ 수도를 하는 OO 선생님 형수의 사례

한번은 고등학교 교사로 2년 넘게 수도를 해온 OO 선생님이 조상제를 하기 위해 아내와 형님 내외와 함께 운암을 방문했다. 조상제가 다 끝난 후, 형수 되는 분이 자신의 이야기를 했다. 유방암에 걸렸는데 병원에서 몇 개월 못 산다고 했다면서 스승님께 제발 살려달라고 하며, 하라고 하시는 대로 다 하겠다고 애원을 해 왔다.

이에 스승님께서 상황을 조사해 보라고 하셔서 보니 이미 가슴 부위 외에도 다른 장기 쪽으로 암이 전이가 되어 있는 상황이었다. 스승님께서는 워낙 큰 병이고 병원에서도 몇 개월 못 산다는 판정을 내린 상황인 데다 내가 본 상황까지 들으시니 고민을 하시는 모습이셨다.

잠시 후, 스승님께서는 "힘들지만 같이 노력해 보죠. 하지만 이곳에 올 때 혼자는 안 되고 보호자와 같이 오세요. 우리가 직접 안수하여 치료를 하지는 않습니다. 하지만 우리가 암 환자 가족에게 기를 넣어 주고, 그 가족이 안수를 하여 치료를 하게 합니다."라고 말씀하셨다.

며칠 후, OO 선생님이 환자인 형수와 형수의 딸을 데리고 점심 무렵에 도착했다. 그런데 저녁 무렵이 되자 환자가 병원으로 가고 싶다고 하며, 병원 약이 별로 없어 불안해서 간다는 것이었다. 결국 마산에서 OO 선생님이 와서 다니던 병원에 입원을 시켰는데, 일주일 뒤 명을 다했다는 것이다.

그러면서 죽음 이후의 절차는 자신이 믿던 종교 식대로 하고 싶다는 유언을 했다는 것이다. 가족들은 마음이 아프지만 본인의 유언대로 해 주었는데, 그 상황을 듣고 내가 보니 여자가 믿었던 종교에서 이야기하는 좋은 곳은 어디에도 없는 모습이었다. 여자가 죽자마자 악신들은 여자를 괴롭히기 시작했고, 너무도 힘들어하던 여자는 딸의 몸으로 숨어들어 의지를 하고 지내는 모습이었다.

여자신은 죽기 전에도 건강이 좋지 않았는데, 딸의 몸에 들어가서 딸의 기운으로 간신히 버티는 모습이었다. 더 안타까운 것은 딸의 기가 죽은 엄마신에게로 들어가니, 딸도 간혹 가슴과 위 부분에 통증을 느끼고 고통을 느끼기 시작하는 모습이었다.

중병을 앓던 조상이 죽어 조상신이 되어 후손 몸에 있게 되면, 조상신은 먹고 싶은 것을 제대로 먹지 못하기 때문에 후손이 먹는 음식의 기를 가져가는 것이다. 조상신의 몸체는 죽을 때 그대로이니, 후손의 육의 기운에 의지하고, 후손의 좋은 기운을 취하며 신의 세계에서 살아가는 것이다.

또, 조상신은 좋은 기운을 받을 공급처가 없기 때문에, 신의 세계를 알아도 기도를 해서 힘을 키우지 못한다. 자신이 의지하는 후손의 주변에는 셀 수 없이 많은 악신들이 있는데, 그 악신들은 사람신이 기도하는 것을 결코 용납하지 않으며, 괴롭히고 죽이겠다고 협박을 하는 것이다.

그러니 사람신의 삶은 한 줄기 희망도 없이 고통스러울 수밖에…….

어쨌든 나는 그 후에도 그 여자신의 상황을 간혹 보며 마음이 아팠다. 몇 개월이 지나며 여자신은 내게 통신을 보내며 매달렸다.

"제발 좋은 데로 보내주세요. 제가 잘못했어요. 제가 어리석었어요."
그렇게 계속 매달려 왔다. 그러나 그 사람은 두 번의 기회를 스스로 저버린 사람이었다.

그 사람신을 좋은 곳으로 보내려면 인준의 말씀이 있어야 하는 것이지, 내가 맘대로 할 수 있는 것이 아니라서 마음은 아프지만 어쩔 수 없었다.

그 후, 1년의 시간이 흐른 어느 날, 말씀전에서 형편이 되지 않아 양가 조상제를 하지 못한 사람들과 특별한 사정이 있는 사람들의 조상제를 해 주라는 말씀이 내리셨다. 그 여자신의 가족에게 그 상황을 전하니, 그 여자신도 가족도 너무 좋아했다.

그 후, 여자신은 조상제가 되었고, 본인의 조상신들이 살고 있는 곳으로 가서 잘 살게 되었다. 그 여자신이 음악을 좋아하는지 취미로 첼로 같은 악기를 연주하는 모습도 자주 보였다. 나중에 가족을 통해 들으니, 생전에 형수가 음악을 듣고 책 보기를 좋아했다고 한다.

■ 임파선 암으로 죽은 십대 소년의 사례

사람의 몸에는 여러 명의 사람신들이 살고 있다. 그중에는 조상신도 있고, 업과 연에 의해 들어온 사람신도 있다. 그런데 몸에 들어온 사람신의 기운이 어떠하느냐에 따라 산 사람도 그 영향을 받게 된다. 예를 들어, 몸에 자연유산이든 인공유산이든 유산을 많이 한 여자신이 들어 있으면 유산이 많이 된다.

또, 낙태를 많이 한 경우에는 자신의 몸속에 있는 태아신의 영향으로 유산이 되기도 한다.

임파선으로 죽은 남자아이가, 아버지의 몸에 살며 아버지에게 많은 영향을 준 사례가 있다. 아들은 고등학교 1학년 때, 임파선 암에 걸려 암 선고를 받은 지 몇 달 만에 죽었다 한다. 조상제를 하는데, 아버지가 아들로 인해 몹시 괴로워하는 모습이었다. 아들이 죽은 후에, 아버지는 죽은 아들의 방에 가서 누워 있고, 아들의 옷을 입기도 하며, 아들이 자기 몸에 있다는 생각으로 우울증이 걸린 상태였다.

조상제를 위해 조상신들을 부르자, 아들이 아버지의 몸에서 나오는데 힘이 없어 거의 움직이지 못하는 상태였다. 기로써 조상제를 하는 장소까지 부르자 옮겨지는데 바로 서 있지 못하고 주저앉는 모습이었다.

남자아이의 피부는 백지장처럼 하얗고, 온몸에 암 덩어리가 전이된 끔찍한 모습이었다. 몸 안에 얼마나 나쁜 신들이 가득한지, 사람들이 보면 기절할 지경이었다. 사람의 몸에 수많은 신들이 있듯이, 사람신의 몸에도 상당히 많은 신들이 숨어 있는 것이다. 사람신 안에 또 다른 신들이 박혀 있는 것이다.

사람의 병과 관련된 병균신, 일반 목귀풀신, 동물신 등이 들어 있는 것이다. 그 이유는 사람신을 조종하여 후손의 기운을 뺏기도 하고, 원하는 것을 이루기도 하고, 후손의 꿈에 사람신이 나타나도록 조종하여 원하는 것을 취하기 위해서이다. 남자아이의 몸에도 나쁜 신들이 가득한 모습이었지만, 부모님이 충격을 받을까 봐 차마 그 상황을 다 이야기하지는 않았다.

조상제가 시작되자, 남자아이의 머리부터 발끝까지 붉은색 불의 기가 채워지는 모습이었다. 기가 회오리치자 관련된 신들과 병든 몸 안에 있는 안 좋은 것이 썩은 물이 쏟아지듯 다 빠져나오는 모습이었다.

동물 형상의 덩어리며 신들이 축소되어 몇천이 넘게 들어 있다 빠져나오는 모습이었다. 암으로 죽어서인지, 풀신도 많았다. 암을 일으키는 근원이 풀신이기 때문이다. 남자아이의 몸에 든 풀과 관련된 신만도 엄청나 녹즙이 쏟아지는 듯했다.

신이 다 뽑히고 몸이 건강해진 후, 남자아이에게 새 옷이 입혀졌는데, 다른 아이들과는 달리 '양복'이었다. 그 아이는 성인이 되면 양복도 마음껏 입고 싶고, 멋진 군인도 되고 싶었다며 나중에 하늘의 군인으로 살아가고 싶다는 이야기를 했다.

그 이야기를 아이의 어머니에게 전하니, 어머니는 그 애가 생전에 빨리 커서 해군이 되고 싶다는 이야기를 했었다며 눈물을 글썽였다. 아이는 가족 모두가 건강하기를 바라며, 특히 부모님이 일찍 죽은 자신 때문에 마음 아파하거나 힘들어하지 말고, 자기 대신 남동생을 훌륭하게 키워 주었으면 하는 간절한 바람을 표했다.

살아있는 가족을 위해 간절히 기도하는 모습을 보니 참 듬직하다는 생각이 드는 한편, 가족들이 아들의 간절한 바람처럼 살았으면 하는 마음이 들었다. 그 후, 시간이 흐르고, 조상신이 있는 곳으로 가 있던 아이는 성신님전의 심사에 통과하여 천군사령부의 제복을 입은 천군이 되었다.

살아서는 군인이 되지 못했지만, 신의 세계에 편입된 후 당당한 하늘의 천군으로 살아가게 된 것이다.

■ ○○사 ○○○ 승려의 사례

○○사 ○○○ 승려는 우리 공부를 하는 선생님 중 한 분의 소개로 운암까지 찾아온 경우이다. 그분은 우연히 〈천비록〉을 읽고, 신의 세계를 공부하는 분의 설명을 듣게 된 후 그동안 본인이 천도제를 한 것이 잘못이었다는 사실을 알게 되었다 한다.

그간 그 단체의 주요 수입원은 천도제였다 한다. 일 년에 몇 번씩 신도들의 조상을 천도한다며 제를 지내고, 조상님께 후손을 도와주십사하는 제를 지냈다 한다. 그때마다 신도들은 제를 위해 목돈을 성금했고, 그것이 그 단체의 주요 수입원이었다는 것이다.

그러던 중 우리의 조상제 이야기를 듣고 자신이 그동안 천도제라고 한 것이 잘못이었음을 알게 되었다는 것이다. 자신은 막연히 '천도제'를 했을 뿐, 자신이 진행하는 천도제가 어떻게 이루어지는지 확인할 길도 없는 상황에서 막연히 조상님을 위로하는 차원에서 제를 올렸다는 것이다.

진정으로 조상신들을 좋은 곳으로 보내려면, 먼저 조상신 안의 악한 신들을 다 빼 주고, 병을 고쳐 주어 건강하게 만들어 주고, 새 옷을 입혀준 후 조상신을 좋은 곳으로 보내야 하는데 그런 능력이나 자격 없이 그저 보통 하듯이 '천도제'를 올렸다는 것이다.

○○○ 승려는 본인이 신도들에게 천도제를 제대로 못 해준 데 대한 죄책감, 조상신들을 제대로 모셔드리지 못한 죄책감 등으로 고민하던 중 '자신이 잘못 치른 천도제에 관련된 사람신들을 제대로 된 조상제로 받아주실 수 있는지.'에 대해 의뢰를 해왔다. 확인을 해보니, 그 의뢰인들의 수가 몇백 명이 넘었다. 지난 3년간 한 단체에서 치른 천도제의 명단이기 때문이다.

OOO 승려는 그 지역의 우리 공부를 하는 선생님과 상의하여 천도제 명단을 다 넘겨왔다. 그 승려는 상당히 양심적인 분이어서, 의뢰한 신도들에게 어느 정도는 사실을 이야기했다 한다.

"그동안 제가 천도제를 해 드려서 조상님들을 좋게 해 드렸는데, 이번에 더 큰 공부를 하시는 분에게 부탁을 드려서 조상님들을 더 좋은 곳으로 가실 수 있게끔 했어요. 저는 당분간 그간 조상님들을 더 좋게 해 드리지 못한 것에 대해 기도할 테니, 여러분도 그런 크신 선생님께서 도와주시는 데 대한 감사함을 마음으로 가지세요."

그 후, 그 승려는 그 지역 선생님과 정리한 지난 3년간 천도제를 한 사람들의 명단을 보내며 '많이 못함이 죄송하다.'는 말과 함께 작은 성의라며 성금을 보내왔다.

조상제가 있는 날, 스승님께서는 총 지휘를 하시고, 나는 조상제의 진행 상황을 관을 통해 보았다. 우리 쪽 남자 선생님 두 분이 이름과 주소 등 명단을 부르기 시작했다. 신의 세계에서는 조상제를 진행하기 전날, 이미 다음 사항을 공표해 놓은 상황이었다.

"OO사에서 천도제를 한 조상신들은 내일 운암에 모이십시오.
내일 부르는 시간에 오지 않으실 경우, 다음에는 조상제가 따로 진행되지 않습니다."

그렇게 공표를 하면, 지역에 계시는 분신님들께서 지역별로 통보를 하여 신의 세계에 조상제 상황을 미리 알리는 것이다. 그날의 조상제 역시 전날에 이미 전국으로 전해졌기 때문에, 조상신들이 준비를 하고 있는 상황이었다.

그날 아침 10시부터 기도를 드리고 조상제에 들어갔다. 전국에 기가 연결되어 천도제의 명단에 해당되는 조상신들은 기로써 이동되도록 연결되었다. 후손의 주소와 이름, 천도제 명단을 남자 선생님이 부르자, 해당되는 조상님들이 각지에서 드러나며, 기로써 순식간에 이동되는 모습이었다.

조상신들이 운암으로 이동되자마자 조상신의 몸 안에 있는 안 좋은 것들이 빠지고, 육으로 죽을 때의 병이 다 고쳐지고, 건강해지며, 조상신들에게 새 옷이 입혀졌다. 그런 과정으로 수천 명이 넘는 조상신들의 조상제를 하고 나니, 오후 6시였다.

조상신들의 궁성인 운궁은 전날에 이미 궁성이 확장된 상황이었다. 수천 명이 넘는 조상신이 새로 궁성에 들어간다는 보고가 있었기 때문이다. 조상신의 대대적인 입성으로 궁성은 거의 잔칫날과 같은 분위기였다.

어찌나 관련된 조상신이 많은지, 명단을 부르는 남자 선생님들은 목이 잠기고, 나 역시 계속 눈을 뜨고 신적인 상황을 보다 보니 눈동자가 얼얼하고 눈이 시릴 정도였다.

그 후로도 며칠간 눈이 아팠지만, 승려께서 큰 짐을 덜었다고 너무 좋아하는 모습을 보니, 참으로 보람 있게 느껴졌다. 이틀 후, 승려는 운암에 간단한 선물과 음식을 사 들고 와 한 번 더 고마움을 표현했다.

■ **어느 절의 천도제를 담당하는 승려의 사례**

어느 날, OO종에서 천도제를 담당한다는 승려 한 사람이 찾아오게 되었다. 그 승려는 자신이 어느 절에서 천도제를 담당하는 승려인데 천도제가 제대로 이뤄지지 않아 걱정이라며 고민을 털어놓았다.

그러면서 하는 말이 그동안 자기네 절에서 천도제를 해서 천도제가 제대로 안 된 사람들의 조상제는 못 해도, 본인 집안의 조상제만은 꼭 해야겠다고 통사정을 해오는 것이다. 스승님께서는 본인이 원하니 오게 하라고 허락을 해 주셨다.

조상제를 진행하는 날, 스승님께서는 조상제에 앞서 보이는 상황을 설명하라고 말씀하셨다.

상황을 보니, 수없이 많은 사람신들이 그 승려를 쫓아와 욕을 하고 돌팔매질을 하듯이 신적인 각목 등으로 그 승려를 죽일 듯 아우성을 치는 모습이었다. 한 마디로 아수라장이었다.

잘못된 천도제를 해 준 조상신들이 그 승려를 따라왔으나 차마 우리의 본원까지는 들어오지 못하는 상황이었다. 본인의 절도 마찬가지였다. 사천왕신이 신적으로 무섭게 지키고 있으므로, 절 안에는 못 들어가지만 절 입구에서는 그 승려를 욕하며 아우성을 치는 모습이었다.

절 안에는 큰 신들이 살기 때문에 사람신이 절 안에 들어가서 함부로 하지는 못하지만, 후손의 몸을 타고 들어가 욕을 하기도 하는 모습이었다. 그 사람이 조상제를 하는 날에도, 그 절 입구에는 사람신들이 가득한 모습이었다.

조사를 해 보니 그 사람신들은 그 절에 천도제를 의뢰한 후손들의 조상신들이었다. 그 조상신들이 화를 내는 이유는 이랬다. 천도제를 해 준다며 후손들에게 많은 돈을 받고도 정작 천도제는 되지 않았으며, 조상신들이 그 절에 천도제가 되지 않았다는 항의를 했다가는 그

절 안의 신들에게 얻어맞고 쫓겨나는 경우가 숱하게 많았던 것이다. 그래서 조상신들은 그 절을 욕하고, 천도제를 담당한 그 승려를 욕하는 모습이었다.

나는 그 상황을 그 승려에게 설명해 주었다. 스승님께서는 지금 상황이 이런데, 그런데도 조상제를 하겠느냐고 물으셨다. 그 승려는 무슨 수를 써서라도 본인 집안의 조상제는 하겠다는 것이다.

스승님께서는 그 승려 본인이 조상제가 무엇이며 어떤 것인지를 알아야 남의 조상을 천도해 준다는 소리를 함부로 못 하는 것이라고 하시며, 경험도 될 겸 조상제를 해 주기로 결정을 하셨다.

그 승려의 조상신들은 몰려든 사람신들로 인해 공포에 떨며 움츠러든 채 조상제가 진행되었다. 조상제의 절차가 마무리되며, 스승님께서 후손에게 따로 할 얘기가 없는지 물으시자 조상신들은 이런 이야기를 했다.

"조상제를 해 주신 분들께 너무 고맙습니다. 저희 후손이 바르게 갈 수 있게 도와주십시오. 저희가 선조 때 지은 많은 잘못이 있는데 이렇게 조상제를 해 주셔서 감사하기도 하고 면목도 너무 없습니다. 저희 후손이 잘못해서 조상제가 안 되신 분들께 너무 죄송합니다. 그분들도 나중에 좋은 인연으로 꼭 조상제가 됐으면 좋겠습니다."

스승님께서는 그 승려에게 본인이 천도제를 바르게 하지 못한 것에 대해 양심의 가책을 느끼지 못하는지 물으셨다. 그러자 그 승려는 양심의 가책은 느끼지만 자기가 개인적으로 신도들의 천도제를 한 것이 아니라 그곳에서 천도제를 주관하는 OO대사라는 직책을 받아 한 것뿐이라면서 자신의 책임이 아니라고 발뺌을 하는 것이었다.

똑같이 천도제를 진행한 후 양심의 가책으로 괴로워하다 이곳에서 조상제를 지낸 ○○사 주지승과는 너무도 대조되는 모습이었다. ○○대사라는 이름과 달리, 그 승려가 신경 쓰는 것은 자기 자신뿐인 듯했다. 그 승려는 자신이 여기서 조상제를 했다는 사실과 이곳에 와서 그 절에 대해 이야기한 것을 절대로 밝히지 말아 달라고 신신당부를 했다.

스승님께서 그 절에서는 천도제를 어떻게 진행하는지 물어보시자, 승려는 이런 대답을 했다. 신도들이 천도를 원하는 사람의 명단을 가지고 오면, 사람에 따라 금액이 달라지고, 집안에 따라 달라진다는 것이다.

적게는 오백만 원에서 많게는 억 단위까지도 돈이 오고 가는데, 한 달에 한 번 정도는 일 억짜리 천도제가 들어온다며, 천도제를 하려는 사람에게 될 수 있으면 큰 걸 하라고 권하는데 금액이 적을 경우에는 오전 중으로 끝내고 조금 많은 경우는 하루를 해 주며 1억짜리는 한 달간 조상신들이 좋은 데로 가시라는 기원을 드리고 경을 읽으며 기도를 해 준다는 것이다.

스승님께서는 다시 천도제가 진행될 때 어떤 의식이 진행되는지, 보는 사람들이 있는지, 증거하는 사람들이 있는지 물어보시며, 본인이 천도제를 직접 하니까 본인이 보는지 물어보셨다. 그 승려는 본인은 보지 못하지만 간혹 보는 사람이 있는데, 그런 사람들도 조상신이 와서 옷을 입고 있는 것까지는 보지만 그 후에 어떻게 되는지는 모른다는 것이다. 그냥 막연히 좋은 곳으로 가겠지 생각할 뿐 어디로 가는지, 어떻게 되는지 모른다는 것이다.

그 승려는 자신의 잘못된 천도제의 결과에 대해 별로 신경을 쓰고 있지 않은 듯했지만, 사실 잘못된 천도제의 영향은 심각한 것이다. 실제로, 천도제를 한다고 조상신들을 부르면 천도제가 되는 줄 알고 명단에 있는 사람신들이 모이게 된다. 특히, 천도제를 해 본 경험이 없거나 별로 경험이 많지 않은 사람신들의 경우, 많은 기대를 갖고 모이게 된다.

천도제를 한다며 그 행위하는 곳에서 해당하는 의식을 치르면, 그 행위하는 곳에 모셔진 신들에게 제물을 바치는 의식이 되는 것이지 조상신들에게는 아무런 혜택이 없다. 조상신들은 오히려 무서운 신들을 보고 놀라 그 집회 장소 밖에서 혹시나 하며 그 의식을 지켜보고 기다리는데, 의식이 끝나고도 아무것도 없이 후손이 돌아가게 되면 후손을 원망하고 그 행위를 주도한 사람을 계속 원망하게 된다.

심한 경우, 후손을 어렵게 하고 그러한 거짓된 행위를 주도한 사람을 다치게 하는 경우도 보았다. 결국, 후손의 마음 하나 편해진 것 외에는 조상에게는 오히려 불효만 저지른 셈이 되는 것이다.

- **조상의 영향으로 고시에 계속 실패하는 한 남자의 사례**

한 번은 고시 공부를 하고 있는 남자분이 조상제를 하게 되었다. 그분은 고시에 몇 번 떨어진 데다 기대를 했던 일반 행정 시험까지도 실패해 몹시 좌절하고 의욕도 없는 상황이었다. 그런 상황을 이야기하며 이런 질문을 하는 것이었다.

"도대체 조상님들이라면 후손이 잘되기를 바라는 마음에서 도와주고 그러실 텐데, 후손을 왜 안 돕습니까? 후손을 도와주시게 되면 대대손손 번창할 수 있으니, 집안의 명예가 되지 않습니까."

조상신들이 왜 후손을 돕지 않는지에 대한 궁금함과 약간의 원망이

섞인 질문이었다. 또, 자신이 전생에 무슨 잘못을 했기에 이렇게도 사는데 막힘이 많은지도 궁금하다는 질문을 해왔다.

조상신의 상황을 보니, 조상신들이 그 사람의 몸에도 있고 고향인 남쪽 지역에도 있는 모습이었다. 조상님들이 3대 이상을 걸쳐 큰 관직에 있었는데, 문관 쪽에 있을 때 많은 잘못을 하는 모습이었다.

인맥이나 금전적 청탁을 받은 경우를 제외하고는, 실력 있는 사람들을 부당하게 시험에서 탈락시키고, 인사와 관련되어서도 청탁 비리가 있는 모습이었다. 결국, 몇 대에 걸친 탐관오리였던 셈이다. 그러던 중, 그 집안의 비리가 다 드러나서 남쪽 지역으로 유배를 가서 죽게 되는 모습이었다.

후손이 그러한 영향을 받아, 국가고시에 번번이 실패하는 모습이었다. 실제로 그 남자분은 시험을 보러 가면, 갑자기 앞이 막힌 것처럼 답답하다는 것이다. 틀리지 않아도 되는 문제도 어처구니없이 틀리는 현상이 일어난다는 것이다.

그러한 상황을 신적으로 감찰해 보니, 그 남자분의 조상신들이 떨고 있는 모습이었다. 시험장에 온 수험생들과 시험관들의 몸 안에 남자분의 조상들이 억울하게 낙방시키고 부당하게 대우했던 사람신들이 들어 있는 것이다. 조상님들이 겁에 질려 당황하니 그 영향을 후손이 받아 시험에 집중하지 못하는 모습이었다.

한편으로는 남자분의 전생이 보이는데, 중국에서 고위 관리의 집안에서 태어나 승승장구하며 출세 가도를 달리는 모습이었다. 어릴 때는 성격도 착하고 원만했으나 관직에 들어서면서 점점 변하여 많은 사람들을 다치게 하고, 반대 세력을 가차 없이 숙청하는 모습이었다. 그러다가 결국 40대 이후에 젊은 나이로 죽임을 당하는 모습이었다.

결국, 조상신의 연결과 전생에서의 업의 연결로 본인이 국가고시에 계속 낙방하며 어려움을 겪는 모습이었다. 더구나 전생에 40대의 젊은 나이로 죽었기에 단명수도 같이 있는 모습이었다.

스승님께서는 조상제와 함께 전생에 대한 죄사함 기도를 할 수 있도록 해 주셨다. 그러시면서 이제는 본인이 공부 열심히 해서 본인의 실력으로 합격하는 일만 남았다는 말씀과 함께 앞으로는 본인의 책임이니 조상님 탓을 하지 말라는 말씀을 해 주셨다.

또, 처음의 불안정한 모습이 안정되었으니, 안정된 마음으로 열심히 공부하면 좋은 결과가 있을 것이라는 말씀도 이어서 해 주셨다.

그 후 그 남자분은 열심히 공부하여 공사에 합격하여 공무원이 되었다. 그리고 얼마 지나지 않아 좋은 배필을 만나 행복한 나날을 보내고 있다.

■ **어느 무속인 모녀의 사례**

한 번은 어느 무속인이 조상제를 하러 찾아왔다. 본인도 무속인이지만, 딸도 약간 빙의 상태여서 딸이 이상하다며 딸과 함께 찾아온 것이다. 사연을 들어보니, 그 무속인 아주머니 부부는 각각 재혼한 사람이고, 그 딸은 아주머니가 전 남편과의 사이에서 낳아 재혼 후에도 데리고 있었다는 것이다.

지금은 딸과 같이 살지는 않지만, 서로 왕래는 자주 하는 편이라 한다. 그런데 그 딸이 신에 치이며, 밤마다 가위눌림을 당하고, 자꾸 엄마가 싫다고 한다는 것이다. 딸의 말에 의하면, 엄마가 하는 일이 너무 같잖다는 것이다. 엄마에게 별로 무속의 능력이 있는 것 같지도 않은데, 무속 활동을 한다며 얕잡아 보는 것이다.

관을 통해 상황을 보니, 본래 아주머니에게 있던 무속의 신이 딸에게로 넘어간 모습이었다. 본래 그 아주머니는 관을 잘하고, 능력이 있는 것으로 소문이 나서 한동안 돈벌이도 괜찮았다는 것이다. 그러던 것이 어느 날부터 힘이 없고, 약해지는 것 같고, 관도 잘 안된다는 것이다. 아주머니에게 능력을 주던 신이 딸에게 갔으니 당연한 결과였다. 아주머니는 나이도 있고, 더는 젊지 않기 때문에 그 신이 딸에게 간 상황이었다.

그 신은 이미 딸의 몸에 완전하게 자리를 잡고 있는 모습이었다. 그렇기 때문에 그 딸은 엄마만 보면 싫고, 능력도 없으면서 계속 무속 일을 한다고 생각하게 되었던 것이다. 딸은 심정을 이야기하며, 엄마가 무속 일을 하는 것을 보면 자기가 더 잘하는데 하는 마음이 들고 엄마가 하는 이야기는 듣고 싶지도 않고 간섭받는 것도 싫다는 것이다.

아주머니는 딸이 결혼도 하고 아이도 낳기를 바라는데, 딸이 만나는 사람을 싫다고 하며 예민하게 구는 것에 대해 걱정을 했다. 그러면서 딸은 정상적으로 사회생활 하며 결혼도 하고, 본인은 본래 있던 능력대로 무속 활동을 계속하고 싶다는 것이다. 가정적으로 금전적인 부분도 해결할 겸 무속 활동을 계속하기를 바라는 상황이었다.

이에 대해, 스승님께서는 조상제가 끝난 후, 백일 만이라도 모녀가 시간을 내어 백일기도라도 하는 것이 어떻겠느냐고 말씀하셨다. 모녀가 백일간 와 있게 되면, 어머니의 소원대로 딸의 몸에 연결되어 무속의 길로 이끄는 신은 정리를 하고, 어머니에게는 바른 기도를 할 수 있는 가르침을 주시려고 하신 것이다.

모녀는 스승님의 말씀을 들은 후, 오늘은 조상제를 하러 온 것이니 그냥 가고 다음에 정리해서 다시 오겠다고 했는데 다시 오지 않았다. 모든 것이 본인들의 선택이지만, 기회를 주셨는데 잡지 못해서 참으로 안타까웠다.

■ 유산된 태아의 원망이 형제에게 영향을 미친 사례

조상제를 의뢰해 온 경우 중 한 번은 고등학교를 다니는 아들이 가출 후 집에 돌아오지 않아 고민하는 경우가 있었다. 그런데 놀랍게도 조상제를 한 다음 날, 아들이 집에 들어오겠다는 문자 메시지를 보내왔고, 실제로 집에 돌아와 잘 살게 되었다.

이와 비슷한 경우로 남동생이 집을 나가 연락이 없다며, 한 여자분이 조상제를 의뢰해 왔다.

사연을 들으니, 아버지는 건강하시지만 어머니가 암에 걸렸다는 것이다. 그 여자분은 이미 결혼한 상태로, 미혼의 남동생 중 하나가 아버지와의 불화로 가출하여 연락이 끊겼다는 것이다. 어머니는 암으로 임종을 앞둔 상태이고, 두 남동생 중 하나는 곧 결혼을 앞두고 있으니 누나의 걱정은 이만저만이 아니었다.

누나의 바람은 두 가지였다. 어머니의 생명이야 이미 암 말기이니 어쩔 수 없다지만 어머니가 돌아가시기 전에 집 나간 동생이 돌아왔으면 좋겠고, 결혼을 앞둔 남동생이 결혼하기 전에 어머니가 돌아가시지 않았으면 좋겠다는 바람이었다. 암 말기이니 소생할 수는 없지만 남동생이 결혼을 하는 것이라도 보고 돌아가셨으면 하는 바람이었다.

조상제를 하는데, 상황을 보니 가출한 남동생의 몸 안에 유산된 동생이 들어 있는 모습이었다. 어머니의 뱃속에서 유산이 된 태아신이었다. 태아신이 남동생의 몸에 들어가서, 아버지와 어머니를 싫어하도록 영향을 준 것이었다. 자기가 엄마 배 속에 있을 때, 부모님들이 자기를 소홀하게 다루어 유산이 되었다며 부모를 싫어하고 원망하는 것이었다. 조상제를 하면서 그 남동생 이름을 불러 조사를 해서 유산된 아기신도 조상제를 해 주었다.

그 후, 며칠이 지나 남동생이 연락을 해 와 집에 돌아왔다 한다. 바로 밑의 남동생 역시 예정대로 결혼을 진행했고, 어머니는 남동생의 결혼 후 4~5일을 더 살다가 돌아가시게 되었다. 조상제를 의뢰한 누나의 소망이 둘 다 이루어진 것이었다.

■ 부부의 조상신들이 원수지간인 사례

한 번은 부부의 조상제를 진행하는데, 부부의 조상님들끼리 원수지간인 모습이었다. 상황을 조사해 보니, 남편 쪽 조상님들이 아내 쪽 조상님에게 큰 잘못을 한 상황으로 아내 쪽 집안의 조상신들이 남편 쪽 조상신들을 핍박하는 모습이었다.

양쪽 집안은 본래 반대 세력으로 세력 싸움 중 작은 꼬투리를 잡아 한쪽을 핍박하는 모습이었다. 즉, 양반들이 파벌 싸움을 하다 한쪽이 다른 한쪽을 핍박하는 모습이었다. 그때의 원한이 여전히 남아 있는지, 조상제를 하는데도 양쪽 집안이 멀리 떨어져서 조상제를 하는 모습이었다.

재미있는 것은 실제 부부지간의 모습도 아내가 남편을 볶아대는 상황이었다. 남편은 호인인데, 아내가 이유 없이 남편을 괴롭히는 것이다. 조상제를 하게 된 사연도 딸이 빙의되어 정신병원에 입원했기 때문이었다. 조상제를 할 때 보니 아내 쪽에 직접적인 무속의 연결이 크게 있는 모습이었다.

대개 조상님 중 무속의 활동을 하던 분이 후손의 몸에 있으면 후손이 무속의 연결을 받는다. 또, 능력이 있는 큰 신이 사람을 선택하여 기도를 시켜 그 능력을 취할 경우에도 무속의 연결을 받는 것이다. 어떤 경우이든 사람이 신을 선택하는 것이 아니라 신이 사람을 선택하는 것이다.

결국, 그 부부의 경우 아내와 딸이 문제를 같이 풀어야 하는 상황이었다. 어머니 쪽에 무속의 연결고리가 있어 딸이 그 영향을 받는 경우이기 때문에, 바른 기도를 하지 않으면 빙의 상태가 되거나 자꾸 나쁜 일이 생겨 다치거나 하는 일마다 꼬이게 되는 것이다.

딸은 한동안 병원에 입원해 있다가 자해를 하는 상태로 같이 이곳을 방문하기로 하였다. 어머니는 딸을 감당할 수도 없으면서 자꾸 퇴원을 시키거나 다른 곳으로 옮기자고 주장을 했고, 아버지는 가까운 곳에서 딸을 돌보자며 아내를 달랬다. 아내 되는 쪽이 안절부절못하며 계속 변덕을 부리는 모습이었다.

아버지의 영향도 있겠지만, 근본적인 원인이 어머니에게 있기 때문에 딸을 위해 어머니가 기도를 많이 해 주어야 한다는 사실을 전해 주었다.

한편, 남편은 금은방을 하며 도둑을 세 번 맞고, 칼에 찔려 병원에 한동안 입원한 적이 있었다 하는데, 다행히 급소를 비껴서 살았다 했다. 조상님 쪽 상황을 보니, 남자 쪽 조상님 중 몇 대에 걸쳐 거부로 살던 분들이 보였다.

그런데 그분들은 부자이면서도 가난한 이들을 돕지 않고, 덕을 베풀지 못해 동네에서 인심을 잃고, 한번은 강도가 들어 단검으로 찔린 적이 있었다. 그러한 조상의 업을 현세의 후손이 그대로 받게 된 모습이었다.

그 후, 가족들은 딸이 건강을 되찾았고, 그다음 해 대학에 입학하여 지금도 잘 지내고 있으며, 집안도 많이 안정되었다는 고마움을 전해왔다.

■ **죽은 아들에 대한 집착으로 빙의 상태를 고집하는 사례**

조상제를 하러 온 한 여자분의 경우, 어느 법당에서 신을 받아야 하는 운명이라는 이야기를 듣게 되었다 한다. 그런데 어머니가 그 이야기를 듣고 어떻게 젊은 딸이 신을 받게 하느냐며 차라리 자신이 신을 받겠다고 하며 강릉의 어느 무속인에게 신을 받아 빙의가 되었다고 한다.

특이한 것은 그 어머니의 아들이 죽은 상태였는데, 빙의가 되자 그 아들이 자기 몸에 들어와 있다고 생각해서, 주변에서 빙의에서 벗어나자고 하는데도 그것을 거부하는 상태가 되었다는 점이다. 빙의 후 어머니는 20여 킬로그램이 빠질 정도로 몸이 쇠약해졌다. 어머니의 심각한 상황에 걱정하던 딸들이 조상제를 의뢰한 것이다.

조상제를 진행하며, 그 아들을 부르자 아들이 나오는데 어머니의 몸이 아니라 자신의 어린 아들의 몸에서 나오는 것이었다. 결국, 그 어머니는 아들에 대한 집착 때문에 자기 안에 있지도 않은 아들이 있다고 믿고 빙의 상태에서 벗어나기를 거부했던 것이다. 그분의 상태가 너무 심각한 편이라 조상제가 끝난 후에도 나는 계속 그 어머니를 점검했다.

그러던 중, 식사를 거부하던 어머니는 식사를 하게 되었고, 지금도 빙의 상태가 완전히 벗겨진 것은 아니지만 많이 호전되고 있다.

빙의가 되었을 때, 가장 중요한 것은 자신이 그 상태에서 벗어나고자 하는 노력이 있어야 한다는 점이다. 자기 안에 연결된 악한 신에 대해 바르게 알고, 빙의 상태가 자신에게 좋은 것이 아니라 나쁜 것이라는 정확한 인식이 있어야 자기 안의 인신과 빙의된 신이 분리될 수 있는 것이다.

■ 조상제 후 건강을 회복한 사례

우리 공부를 하는 여선생님 중 한 분은 조상제를 할 당시 몸이 몹시 좋지 않았다. 당시만 해도 계단 오르기도 힘들고, 얼굴이 까맣게 변해 보통의 60대분들보다 훨씬 몸이 안 좋고 연세가 들어 보이는 상태였다. 그분이 처음 오는데, 건강이 좋지 않아 한 번 쓰러지면 회복이 안 되고, 병원에 입원해서 경제적 손실도 있고 자녀들도 힘들어지는 그런 모습이 보였다.

조상제를 할 때 보니, 몸이 아픈 조상신, 전쟁으로 다친 조상님, 하복부에 큰 병이 있는 조상신들도 있고, 살이 썩어가는 것처럼 생긴 조상신들도 몸에 들어 있는 모습이었다. 그러한 연결로 인해 본인의 몸이 계속 좋지 않은 상태였다.

조상제를 하고 난 후, 몸을 아프게 하는 조상신의 연결이 사라지자 그분의 몸은 점점 좋아졌고, 계단도 쉽게 오르내리게 되었다 한다. 전에는 지하도라도 내려가려면 벽을 짚고 힘들게 내려갔는데 그런 증상이 말끔히 사라진 것이다.

그 후, 그분은 몸이 건강할 때 공덕을 쌓고 싶다며 이곳 운암으로 오게 되었다. 가족들은 걱정은 하면서도 모시고 살 입장이 아니라 반대는 못했고, 결국 이곳에 내려와 주방을 맡게 되었다. 그 후, 주방 일을 하며 오히려 건강이 좋아져 현재는 '백설공주'라는 별명으로 불리고 있다. 피부가 우윳빛으로 곱기 때문이다.

■ 오랜 암으로 고생하던 한 할머니의 사례

얼마 전 우리 공부를 시작한 한 남자분의 어머니는 오랫동안 암을 앓아 본인도 너무 힘들고 가족들도 힘에 겨워 불화가 생긴 상태였다. 그러던 중 어머니가 돌아가셔서 조상제를 하게 되었다.

그 남자분은 전에 이미 조상제를 한 상태로 어머니의 조상제가 추가로 진행되었다. 스승님께서 조상제를 한 후 직계가족이 죽었을 경우에는 해당되는 사람이 연락을 하고 이곳 천지원을 방문하면 아무 조건 없이 조상제를 해 주는 것으로 정하셨다.

이곳에서 정식으로 공부를 하는 선생님들의 부모님은 죽을 때 보호를 받는다. 조상제가 될 때까지 공부하는 선생님들의 분신님이 보호를 해 주시며, 조상제가 되면 바로 신의 세계에서 조상님이 사는 운궁에 들어가게 되는 것이다. 공부하는 자녀를 둔 혜택으로 다른 사람신에 비해 고생을 하지 않게 되는 것이다. 조상제를 할 때 보니, 어머니는 거의 거동이 불편하여 혼자서는 움직이지 못하는 상태였다.

그런데 그분은 아들의 몸에 함께해서, 조상제라는 큰 은혜를 베풀어 주시는 천지신명 하나님전에 꼭 인사를 드리고 싶다고 부탁을 해오셨다. 아드님이 천당에서 술잔을 올려드리며 인사를 드릴 때, 본인께서도 후손의 몸을 빌어서 인사를 드리고 싶다 하셔서 그렇게 하도록 해 주셨다.

조상제를 통해 어머니의 몸이 건강해진 후, 새 옷을 입을 때 어머니는 상의는 아이보리색 꽃무늬 저고리를, 하의는 하늘빛을 치마폭에 담아 학 무늬가 있는 치마를 입고 싶다고 하셨다. 당신 아들이 너무도 바르고 정직한 학 같아서 당신의 마음에, 당신이 입은 옷에 담고 싶다고, 자식이지만 너무도 의지가 되는 아들이어서 신의 세계인 그곳에 가서 항상 함께하며 기도를 드리고 싶다고 하시며, 아들에게 너무 고맙다고 큰 은혜를 받았다고 하시는 것이었다.

신의 세계에 살아보니까, 많은 사람신들이 힘들고 어렵고 두려워하며 살아가는 그 모습들을 보고 당신은 정말 축복받은 그런 사람신이라는 것을 알았다고 하셨다. 그분은 그런 감사함을 마음 가득 느끼며 기쁘게 조상님들이 사는 운궁으로 들어가게 되었다.

3. 하늘에서의 영원한 삶

앞에서 나는 죽음 이후의 두 모습을 적어 보았다. 하나는 이 땅의 신의 세계에서 비참하게 살아가며 후손의 몸에 의탁하는 경우이고, 다른 하나는 조상제를 통해 신의 세계에서 안정되게 살아가는 경우이다. 사람은 누구나 죽게 된다. 어느 누구도 사후세계를 피할 수 없는 것이다.

어느 누구도 추위와 굶주림에 떨며 후손의 몸에 의탁하는 비참한 사후세계를 피할 수 있다고 자신할 수는 없는 것이다. 다행히 조상제가 되어 안정된 삶을 살게 된다면 모르지만, 후손이 조상제를 해 줄 것이라고 누가 장담할 수 있겠는가.

사람이라면 누구나 죽음을 피할 수 없으니, 누구라도 죽음 이후의 세계를 준비해야 하는 것이다. 사람신의 사후세계가 그토록 비참한 이유는 신의 세계에서 살아갈 힘과 능력이 없기 때문이다. 신의 세계는 도술과 마술, 도법과 마법, 요술 등의 세계이다. 도가 클수록 신의 세계에서의 삶도 안락해지는데, 사람신에게는 자신을 지킬 최소한의 도조차 없는 것이다. 그러다 보니 악신의 눈을 피해 후손의 몸에서 간신히 살아가는 것이다. 모두가 살아있을 때 죽음 이후를 준비하지 않았기 때문이다.

그렇다면, 사람은 그러한 비참한 사후세계를 피하기 위해서는 어떻게 해야 하는가?

그 답은 바로 선천의 하늘이 아닌 후천의 하늘을 신앙하며 바른 도로써 나아가야 함에 있다. 나는 앞에서 선천의 시대가 끝나고 후천의 시대가 시작되었음을 밝힌 바 있다. 이제는 선천의 하늘이 아닌 후천의 하늘을 신앙해야 하며, 후천의 하늘에서 연결하여 주신 바른 도를 통해 인신을 성장시켜 성신으로 바꾸어 가야 하는 것이다.

세상에는 많은 신앙과 도가 있지만, 이는 모두 자신의 몸 안에 뿌리 깊이 자리 잡은 악한 신을 위한 도이지, 진정한 '나'라 할 수 있는 인신을 위한 도는 아니다. 겉으로 드러나는 모습이 아무리 그럴듯해도, 참하늘에 연결된 신앙과 도가 아니라면 인신에게는 아무 소용이 없는 것이다.

후천의 하늘은 바로 천지신명 하나님전이시다. "천지신명님"은 우리 조상님들이 기도를 드리며 찾았던 그 명호로서, 천지에서 가장 밝으신 성신님전을 의미한다. 천지신명 하나님전은 후천의 성신의 하나님전이시며 참하나님전이시다. 살아서 하나님전을 신앙하며 바르게 수도하면, 자기 안의 인신이 성신으로 거듭날 수 있으며 죽어서는 하늘에 올라 천신으로서 영원히 살아갈 수 있게 된다.

그런데 인신이 도를 닦을 수 있는 것은 사람이 육을 가지고 있을 때뿐이다. 일단, 사람의 육체가 죽어 인신이 몸 밖으로 나오고 나면, 인신은 도를 닦고 싶어도 닦을 수 없는 것이다. 그러므로 사람이 죽기 전에 도를 닦아 자기의 인신을 성신으로 거듭나게 해야 하는 것이다.

일단 사람이 바른 신앙과 도를 통해 인신을 성장시키게 되면, 그 사람의 죽음 이후에 인신이 성신이 되어 하늘에서의 새로운 삶을 살아가게 된다. 실제로, 후천의 하늘을 신앙하며 수도를 하던 중 명을 다한 한 여자 선생님은 인신께서 선녀님의 도를 닦은 상태라 현재 선녀님들을 거느린 선녀장으로서 새로운 삶을 살아가고 있다. 일반인들이 후손의 몸에 숨어 근근이 생명을 유지하는 모습과는 그야말로 하늘과 땅 차이인 것이다.

이렇게 사후의 모습은 인신의 상태가 어떤가에 따라 전혀 달라진다 할 수 있다. 아무런 준비 없이 인생을 낭비하며 죽음 후 비참한 사후 세계를 맞이할 것인지, 살아 있을 때 바른 신앙과 도로써 인신을 성장시켜 하늘의 신으로서 영원한 삶을 살게 될지는 모두가 자신의 선택에 달려 있다 할 것이다.

죽음 이후를 준비하는 것은 어려운 일인 듯 보이지만, 누구나 바른 신앙과 도를 닦아가기만 하면 인신을 성장시킬 수 있는 것이며, 이는 바른 마음과 정성만 있다면 누구든 할 수 있는 일이기 때문이다.

3부
전생과 현생

1. 나의 전생
2. 전생 이야기

전생과 현생

신의 세계를 공부하며 나는 많은 전생을 보게 되었다. 그중에는 나의 전생도 있었지만, 다른 사람들의 전생도 있었다. 전생은 태초의 창조하심으로 태어난 이후 현재 본인의 모습 이전까지 영이 겪게 된 무수히 많은 삶이다. 그 삶의 모습에는 사람으로 태어난 경우도 있지만, 각종 동물이나 식물, 곤충이나 어족류로 태어난 경우도 있고, 외계에서 태어난 경우도 있으며, 신의 세계에서 태어난 경우도 있다.

그런데 이러한 전생의 삶은 현재 자신의 삶에 많은 영향을 끼치게 된다. 전생에 연결된 연緣과 업業과 살煞의 영향을 현재의 자신이 그대로 받게 되는 것이다. 업業과 연緣을 따라 신들이 들어오는 것이다. 수많은 윤회 속에 연결된 모든 관계를 연이라 하며, 그로 인해 발생된 모든 행위를 업이라 한다.

각 사람들은 현재가 어떠하든 간에 전생을 통해 무수한 연을 맺어 왔고, 많은 업을 지어 왔다. 그러한 연과 업으로 인한 신들이 그 사람에게 찾아드는 것이다.

예를 들어, 어떤 사람이 전생에 나무를 베어 집을 지은 적이 있으면 그 나무신들과 나무에 기거하고 있던 생명체들의 신들이 찾아오며,

또 식량으로 사용하기 위해 동물들을 잡아죽였다 하더라도 그 동물의 신들이 찾아오는 것이다.

이때, 찾아온다 함은 보고 싶어서 오는 것이 아니라 복수하기 위함이니, 함부로 살생을 하지 말라 하는 것은 이러한 업으로 인해 발생하는 신들에 의한 살煞을 미연에 방비하자는 의미라 하겠다. 이러한 연·업·살은 현재의 자신에게 많은 영향을 주고 있다.

다음은 나와 몇몇 사람들의 전생이다. 이 중, 태초의 전생과 태초 이후의 전생을 나누어 기록하고자 한다. 태초의 전생도 본인이 살아온 수많은 전생들 중 한 부분이지만, 태초의 전생은 그 사람의 첫 번째 삶으로서 그 사람에 대한 많은 비밀을 담고 있기 때문이다.

태초의 전생은 하늘의 창조하심으로 영이 창조된 이래, 맨 처음 살게 된 첫 번째 삶으로서 현생에도 많은 영향을 주는 매우 중요한 전생이라 할 것이다.

1. 나의 전생

(1) 태초의 전생

신의 세계를 공부하던 어느 날, 말씀이 내리시며 태초의 전생을 보여 주셨다. 태초에, 나는 태천 태왕성 소속 천사장으로 왕의 권세를 가지고 있었다. 뛰어난 능력과 바른 품성으로 일사천리로 성공하며 하나님전의 총애를 받는 모습이었다. 그 후, 악신들이 반란을 일으킬 때 가슴에 칼을 맞고 죽게 되었는데, 그로 인해 가슴에 긴 상처가 남게 되었다. 타락천사의 반역으로 암습을 당해 죽음에 이른 것이다.

이후부터 긴 윤회의 터널에 빠져들게 되었는데, 천우천제 악마대제 계열로 태어나기도 하고, 악마신 계열에서 잡아끌기도 하며, 천일주 주명대신왕의 부하로서 살아가기도 하고, 흑마성주 성황대신의 계열에서 태어나 살아가기도 하는 모습이었다.

태초에 천사장으로 살았던 연결이 있어, 현생에서도 하늘을 신앙하고, 하늘의 도를 닦아가며, 숱한 악신들과 용감하게 맞서며 하늘의 용감한 천군으로서 많은 활약을 할 수 있는 모습이었다. 육체적으로는 태초의 전생에서 가슴에 큰 상처를 입은 것이 현생에도 연결되어 가슴에 울혈이 있는 증상이 나타나게 되는 모습이었다.

신의 세계를 공부하다 보면, 전생의 많은 삶들이 크고 작은 영향을 주는 것을 느낄 수 있는데, 그러한 모든 삶들이 태초의 전생을 시작으로 연결된 것이니 태초의 전생이 얼마나 중요한 의미를 지니고 있는지 알 수 있을 것이다.

(2) 태초 이후의 전생

신의 세계를 공부하며 나는 많은 것을 보고 듣게 되었다. 평소에도 호기심이 많은 터라 궁금한 것이 있으면 기도를 하며 궁금함을 풀기 위해 노력했다. 그러던 중, 하루는 나의 업이 얼마나 많은지, 얼마나 노력을 해야 나의 업이 다 벗겨질지 너무도 궁금했고, 이렇게 기도를 드렸다.

"저의 업이 얼마만큼이고, 얼마만큼 노력을 해야 저의 업이 다 벗겨지는지 알려 주시옵소서."

한참을 기도하자 나의 모습이 보였다. 나를 둘러싼 업이 보이는데, 도대체 몇 겹인지 셀 수도 없을 정도였다. 마치 한지와 같이 얇은 껍데기가 몸의 중앙에서 시작해서 바깥쪽으로 덮여 있는데, 그 두께가 거의 30센티미터가 넘을 만큼 두터웠다. 한지처럼 얇은 껍데기에는 동물이나 어족, 새, 식물신 등의 모습이 보였는데, 각각 모습이 다 달랐다. 그 모습을 한 겹 한 겹 살펴보니 정말 놀라웠다.

몸의 제일 외곽에 있는 껍데기의 모습이 자세히 보이는데, 영국의 젊은 여자였다.
전에 해미에서 공부할 때 도사님께서 전생에 영국에서 태어났다고 하셨는데, 바로 그 전생이었다. 전생의 모습이 자세히 보이는데, 얼굴이 아름다운 젊은 여자로 몸이 많이 아픈 모습이었다. 작은 마을에서 태어나 어려서는 춤추고 노래하는 것을 좋아하는 모습이었다. 밝고 씩씩한 모습으로 사람들과 잘 지내는 모습이었다.

그러다 숙녀가 되고 좋아하던 동네 총각과 결혼하는 모습이었다. 둘 사이에서 아이도 낳고 행복하게 사는데 어느 날부터 기침을 하며 가슴을 쥐며 아파하는 모습이었다. 그러다 점점 심하게 아픈 날이 길어지며 가슴을 쥐고 각혈을 하는 모습이었다.

그러던 어느 비 오는 날, 침대에서 쓰러져 죽는 모습이었다. 가족들은 나의 죽음을 보고 몹시 슬퍼하는 모습이었다. 당시 나이가 삼십 대 초반이었다.

그 전생을 보고 있자니, 내가 젊은 나이에 왜 그렇게 폐며 호흡기 질환으로 고생을 했는지 알 것 같았다. 마치 그 전생처럼 밝고 행복하게 살던 나는 이십 대 초반을 지나며 몸이 극도로 악화되었다.

날이 궂은 날이면 몸이 더욱 아팠고, 일 년 중 반 이상을 감기로 고생해야 했으며, 기침이 심했고, 폐 한 쪽에서는 작은 선풍기가 돌아가는 듯 바람이 새어 나왔다. 오죽하면 이렇게 아플 바에야 차라리 죽고 싶다는 생각을 했을까.

아마도 도사님을 만나 뵙지 못하고, 스승님의 말씀대로 자가치유를 하지 않았다면 아마도 삼십을 넘기기 어려운 삶이었을 것이다. 그 전생을 보고 있자니, 전생의 영향이 참 크구나 하는 생각이 들었다.

영국에서의 전생 다음의 껍데기가 자세히 보이는데 여우의 모습이었다. 지구에서 여우로 두 번 태어나 윤회하는 모습이었다. 나의 모습이 여우로 보이며, 전생의 모습이 자세히 보이기 시작했다. 여우로 살며 생존을 위해 작은 토끼며 들짐승을 잡아먹는 모습이었다. 새끼를 많이 낳아 번식을 하며, 토끼와 같은 작은 짐승을 집단으로 공격하고 노루나 사슴 등을 잡아 새끼들에게도 나눠 주는 모습이었다. 살아가기 위해 죽는 순간까지 많은 새끼를 낳으며 작은 동물들을 잡아먹는 모습이었다.

다음의 삶도 여우의 모습이었다. 이번에도 작은 토끼와 들짐승을 잡아먹는 모습 등이 보이는데, 들짐승을 잡으러 뛰어다니다 큰 돌에 부딪혀 앞발 왼쪽 무릎이 부러지는 모습이었다. 그 이후 상처가 깊어지더니 무릎부터 서서히 썩어 들어가 병들어 죽어가는 모습이 보였다.

죽은 여우의 모습과 관련되어 신들이 내게 연결되어 있는 모습이었다. 암여우신의 모습으로 가피와 살이 씌여 있고, 생존을 위해 잡아먹은 수많은 동물들이 신이 되어 내 뱃속에 들어 있는 모습이었다.

그 삶의 영향으로 지금도 내 왼쪽 무릎이 약하구나! 하는 생각이 들었다. 또, 걸어 다닐 때 조심해도 유난히 어떤 물체에 부딪히는 일이 잦았다. 그런대로 운동 신경이 뛰어난 편이어서 그렇지 걸을 때마다 넘어질 뻔한 일이 한두 번이 아니었다.

화면이 지나가며, 전전생의 모습이 보이는데, 호랑이의 모습이었다. 지금의 전전생에 지구의 암호랑이로 살았던 모습이었다. 호랑이로 살며 토끼와 노루 등 크고 작은 동물들을 많이 잡아먹는 모습이 보였다. 새끼를 낳고 살아가며 때로는 얼룩말을 공격하여 잡아먹는 모습도 보였다. 또, 다른 호랑이와 싸우다 여기저기 상처를 많이 입는 모습이 보였다. 그 호랑이는 늙어 쇠약해져 죽는 모습이었다. 죽은 호랑이의 뱃속에는 무수히 많은 작은 동물신이 들어 있었다.

그 삶이 현재 나의 오장육부에 영향을 주고 있구나! 하는 생각이 들었다. 평소에 나는 오장육부가 약한 편이며, 고기를 잘 소화하지 못해 채소류를 좋아하는 편이다. 고기류를 먹으면 고기 냄새가 나서 어쩌다 한 번씩 먹는 것 외에는 고기류를 거의 즐기지 않는 편이다.

그렇게 내 전생을 살펴보기를 수십 겁 하다 보니, 생명체로도 윤회 공전하였지만 도깨비신 같은 악신으로 다른 우주의 다른 별에서 수천 년을 살았던 모습도 보였다. 겨우 수십 겁을 보았을 뿐인데도 많은 전생을 통해 수많은 신들과 죄가 연결되어 있는데, 그동안 수억 겁을 윤회 공전해왔으니 얼마나 많은 죄와 업과 살과 가피를 입었을지 앞이 캄캄했다. 도대체 그토록 많은 업과 살과 가피를, 그토록 많은 죄를 어떻게 벗어야 할지 아득한 일이었다.

나의 육을 보고 나니 다른 사람들은 어떤지 궁금하여 다시 기원을 드렸다.

순간, 이 지구의 사람들의 모습이 환하게 보였다. 이 지구의 모든 사람들은 모두가 다 나와 마찬가지였다. 우리 가족이나 주위 사람, 같이 공부하는 여러 선생님들이며, 지구상의 각계각층의 지도자라는 사람들까지, 한 사람도 빠짐없이 수많은 윤회를 거쳐 수도 없이 많은 가피와 업과 살과 죄로 덮여 있는 모습이었다.

모두가 많은 윤회 속에서, 동물이나 식물과 같이 살아 있는 생명체로서 윤회를 하기도 하고, 다른 별에서 윤회를 하기도 하고, 신의 세계에서 살아가는 악신으로서 윤회를 하기도 하며 수없이 많은 윤회를 하는 모습이었다.

결국, 지구의 모든 사람들의 육은 업과 살과 죄와 가피로 덮여 있으며, 수천 겹을 벗겨야 하는 모습이었다. 흔히 가피를 입는다고 하지만 가피는 입는 것이 아니고 벗겨내야 할 흔적으로, 전생에 잘못한 업으로 인한 자신에게 평생 씌워진 무거운 거죽과 같은 것이다. 자신이 호랑이로 살았다면 그때의 흔적이 가피로 고스란히 남아 자신에게 호랑이의 흔적이 덮여 있는 것이다.

그러한 가피를 없애기 위해서는 오직 바른 신앙과 바른 기도·수도 속에서 하늘의 은총을 받아야 하는 것이다. 업과 살과 죄와 가피는 오직 하늘에서만 벗겨 주실 수 있기 때문이다.

2. 전생 이야기

다음은 태초의 전생과 그 이후의 전생들에 관한 기록들이다.

(1) 태초의 전생과 그 이후로 이어진 전생들

■ 태천 선도국 관리이며 천사장이었던 전생

대도대한에서 기도정진하며, 자신의 전문 분야를 통해서도 일하고 있는 OO 선생님은 태초에 태천의 선도국 관리로서 천사장이었다. 일월성을 담당하며, 5,200 성을 관리하는 태모성전 주무대신이었으며, 남천사신이었다.

그러던 중 선천 악도의 배역으로 불사전에 납치되어 선천 악도의 고문으로 정보를 유출하고 화형당했으며, 정보의 유출로 하나님전이 점령당하게 되었다. 탈출의 기회가 있었으나, 이미 도술로 세뇌당한 상태였으며, 확실한 선이 없어 탈출의 기회를 놓쳤다. 이는 충성자로의 확실한 선이 없었으니, 이것이 죄가 되었다.

그 후 게으른 천사마귀신, 나태의 신으로 환생하게 되었는데, 아무도 그의 의지를 부추길 수 없었다. 전생의 후유증으로 살아도 죽은 것과 같았으며, 두뇌의 일부 기능이 정지되어, 영만이 움직이려 하였을 뿐이었다. 암울하고 흐릿한 세상을 살게 되었으니, 영은 슬퍼했으며, 스스로에 대한 배신감으로 자신을 학대하기도 하였다.

그 후 네피림 아래 계묘전 소속 전사로 환생하였다. 등에는 여러 개의 깃발을 꼽고 다녔으며 표정의 변화가 없는 냉철한 장군이었다. 명령만 수행할 뿐 아무런 감정이 없었으며, 명령을 수행하는 데 가차 없었다. 잔인한 행동을 함에도 본인은 느끼지 못하였고, 나중에 특공대 대장이 되었다. 네피림은 이러한 성정을 충분히 이용하였고, 네피림의 충복자가 되어, 140계열의 나라를 멸망시키는 데 일조를 담당했다. 이 나라 중에는 하나님 나라도 있었으며, 악신의 나라도 있었다.

종국에는 눈물을 흘리며 자살하게 되었다. 이 업이 사슬보다 강하여, 후생에도 이 영향에서 벗어나지 못하니, 영은 계속 울고 있으며, 갈 곳을 모르며 머물 곳을 몰랐다. 영이 환생의 의지가 없이, 그냥 흘러 다니니, 나그네의 마음이었다.

그 후 선천의 세도나 마귀궁 소속의 마귀천사신으로 환생했는데, 날개의 끝만 흰색이었다. 이후 검은색과 친밀해졌으며 악으로 희열을 느꼈다. '이러한 세계도 있구나. 이곳에서 나의 할 일이 있구나.' 하며 즐거워하였다. 그러나 영은 울고 있었다. 영의 슬픔의 역사였으며, 영은 구원자를 기다렸다.

그 후 흑사마귀천사신으로 환생하여 생명 있는 곳에 각종 병을 퍼뜨렸고, 흑사병으로 인류의 1/4을 사망시켰다. 이 전생이 지금도 연결되어 있으며, 큰 계열로 타인이 함부로 하지 못하였다.

그 후에는 중국 춘추전국 시대 장수로 태어났다. 요나라의 국경성을 담당하는 장수였는데, 침략을 자주 겪었으며, 전장과 전장이 이어지니 그 속에서 세월이 흘러갔다. 내부의 침울함이 전장 속의 핏빛으로 발열되어 미친 듯이 싸웠다.

그 외에는 아무것도 없었으며, 중앙부서에서는 사고뭉치로 판정하였고, 전장에서 사망하였다. 복부에는 창이 꽂혔는데, 죽는 순간에도 칼을 손에 쥐고 죽었다. 칼은 자신의 분신이었으며, 그 핏빛 칼이 쫓아다니며, 계속 이 시대를 재현하고자 충동질하였다. 죽은 자의 비명소리가 따라다니고, 지옥과 같은 불길 속에서 죽어가는 사람들의 비명소리가 들려왔다. '또 이런 삶을 살았구나.' 영은 울고 또 울었다.

이후 수십 차례 인간으로 환생하였다. 업으로 인한 살이 몸 주위로 풍기니, 주위 사람이 편하지 못하였고, 부부가 해로하지 못하고 슬하의 자식이 온전하지 못하였다. 업을 풀어야 하는 것이다.

그 후, 대한민국에서 여자로 환생하였는데, 도를 추구하여 스스로 가족의 품을 떠났다. 정도의 연을 만나지 못하면 계속 홀로 살게 되었으니, 자신의 업으로 스스로 주위 사람을 피하였다. 원한살, 원망살, 원귀원혼살을 풀어야 하며, 태천에서 화형으로 인한 가슴의 울화를 풀어야 하는 것이다.

OO 선생님은 자신의 태초의 전생을 알게 되어, 자신에 대한 많은 의문이 풀렸다고 이야기하였다. OO 선생님은 어렸을 때부터 TV에서 고문당하는 장면이 나오는 것을 유독 무서워하였고, 밀폐된 공간에 들어가면 순간적으로 공포감을 느꼈다 한다. 선천 악도에게 고문을 당한 영향이 현세에까지도 이어지고 있는 것이다.

그 후 20대 중반에 한 도 단체를 찾아 집을 떠나게 되었는데, 그 도

단체는 외국의 OOO에 제2의 본거지를 만든 곳으로서, 자신은 어린 시절부터 삶에 대한 의문으로 많은 종교나 도 단체를 전전했는데, 한 곳에서도 마음을 붙이지 못하다가, 유독 그 단체는 자신과 너무도 잘 맞아 결국 지도자 생활까지 하게 되었다고 말했다. 선천의 영향이 자신에게 이어진 것이다.

한편, 대도대한을 찾아 입문을 한 이후에도 OO 선생님은 사람들과의 마찰이 많았다. 화를 참다가도 어느 순간 폭발하듯 화를 내어 문제가 되기도 하였다. 이런 성향들은 태천에서 화형을 당한 가슴의 울화, 그리고 자신이 숱하게 사람들을 해했던 원한살, 원망살들이 연결되어 있는 탓인 것이다.

OO 선생님 같은 경우는 하나님의 법으로 확실한 충성자가 되어야 하며, 하나님에 대한 확실한 믿음만이 유일한 생명줄이 되는 경우이다. OO 선생님은 많은 고비들을 거쳐 이제는 기도·수도 속에 해답을 찾으려 정진하고 있다.

■ 극락조였던 전생

공직에 종사하고 있는 OO 선생님은 태초에 극락조였으니, 하나님전 궁전의 천조였다. 아름다운 자태와 밝고 빛나는 모습으로, 성령으로 잉태되어 밝고 아름답게 빛나라 하시니, 그 있는 곳을 비추어 환하게 빛이 나는 모습이었다.

후에 천사국 국조대신, 신령전 우화마사 도술신, 기독사령부 사령관, 사바천왕전 서기대신, 국왕영통능인사 사불대신, 천리마 관리대장, 철기성형 우주국 무기고 관리대신, 삼농신농 농무대신으로 태어났는데,

이상이 3우주까지의 동영지신 계보였다.

그 이후의 삶은 암흑기였다. 검은 안개에 휩싸이듯 생사의 윤회가 분명하지 않았다. 검붉은 눈빛에 출렁이는 머릿발로, 큰 칼을 손에 들고 분노에 찬 듯 한쪽 무릎을 꿇고 있었다. 마귀마왕족 표식이 이마에 있으며 실성한 듯 분노를 폭발시켜 닥치는 대로 베고 부수니 큰 업이 연결되어 있었다. 마수의 신, 악업의 신, 저승사자관으로서 나중에 옷이 갈기갈기 찢긴 모습으로 번개 모양 창에 맞아 죽게 되었다.

그 이후 인디언 추장으로 태어났을 때는 음악에 조예가 있었으며, 새를 숭상했고, 얼굴에 붉은 줄을 그려 넣은 모습이었다.

이러한 경우는 강한 믿음으로 성공하여야 하며, 처음의 마음을 더욱 크게 가꾸어 나가야 하며, 주변으로부터 자신을 지키는 현명함이 필요하다.

OO 선생님은 전생에 관리들로 일했던 영향으로 현세에서도 공직자로 일하는 데, 성품이 아주 청렴하고 강직하다. 또 평소에는 조용하고 차분한 성격이지만, 태초에 극락조였고, 또 인디언 추장으로 태어났을 때 음악에 조예가 깊었던 전생이 있어, 즐거운 자리가 되면 흥겹게 노래도 잘하고 춤도 잘 춘다.

■ 현직 수학 교사인 OO 선생님의 전생

수학 교사로 일하는 OO 선생님은 태초에 3우주의 천사신이었으며, 천사장의 직위까지 올랐다. 차분한 기질로서 일을 꼼꼼히 처리했으며, 나팔을 매우 잘 불어 기쁨을 널리 전하고 소식을 멀리 퍼지게 하였다.

그러다 보니 현생에도 명석하고 일을 처리하는 모습이 꼼꼼하다.

그 후로 두꺼비로 태어났는데, 볼이 볼록볼록하며 움직이며 다녔다. 술을 좋아하고, 계급은 장군급으로서, 신으로 마술에 능하였다. 큰 주머니가 있어 이 속에 항상 술병을 넣고 다녔다.

전생의 모습이 그러하고 몸에 술도깨비신이 있다 보니 OO 선생님은 술을 매우 좋아한다. 게다가 아버지가 양조장을 하셨고, 집안 내력상 아버지를 비롯해 아들들 또한 모두 술을 좋아한다. 전생과 현생의 환경적인 요인, 그리고 본신의 영향이 합쳐져 본인에게 나쁜 영향을 주고 있는 것이다. 그것을 이겨내지 못해서 OO 선생님은 술로 인한 많은 사연들이 있다.

■ 불천사신이었던 전생

OO 선생님은 태초에 태천 태을주 성주의 딸로서 태양을 주관한 주신의 딸이었다. 태초의 삶에서 불천사신으로 살며, 불을 가지고 장난을 치다 불을 땅에 떨어뜨려 많은 불을 내곤 하였다. 그러한 행위가 지나쳐 그 벌로 죽게 되었다. 주신을 보좌하지 못하고 일사를 방해한 죄였다.

그 후, 윤회 속에 빠져들어, 다시 불의 신으로 환생하게 되었다. 하나님께서 다시 기회를 주신 것이었다. 불천국 천사전 소속 천사신으로 불의 전령사로서 불씨의 보관을 책임지고 있었는데, 그만 부주의로 불씨를 꺼뜨리게 되었다. 하나님께서 내리신 성불을 꺼뜨린 죄를 범하게 된 것이다. 그로 인해 하늘에서 추방당하게 되었고, 이후에는 땅에서 환생을 하게 되었다.

그 후, 열락국에서 환생하여 지하전 소속 수비대장으로 일하였는데, 지하의 신이 땅 위로 함부로 올라가지 못하게 하는 임무를 띠고 있었으나 인정에 약하여 하나님전의 말씀을 지키지 않고 사사로이 인정을 베푼 행위로 인해 지하에서 벌을 받고 있던 신이 성문을 파괴하고 땅 위로 탈출하여 수십 년간 혼란이 벌어지게 되었다. 이 일로 다시 죽게 되어 길고 긴 윤회의 삶을 계속하였다.

지금은 그렇지 않지만, OO 선생님 역시 우리 공부를 시작한 지 얼마 되지 않았을 때에는 본인 나름으로 우리 공부를 해석하다 엉뚱한 실수를 벌이곤 하였다. 그중 하나가 악신으로부터 잘못된 통신을 받고, 그것을 사실로 믿었던 일인데 바로 '태왕비' 사건이었다. 불과 관련된 우주 괴물신 쪽에서 본인이 태왕비가 되었다는 잘못된 통신을 받은 것이다.

태왕비란 태양을 주관하시는 하늘의 높으신 분의 여신님으로 인간은 오를 수 없는 위치에 계신 분이다. 여하나님의 지위에 계시는 분인 것이다. 그런데 본인이 태왕비가 되었다니, 스승님께서는 "누가 교주가 되는가 했더니 OO 선생 같은 사람이 되는 모양이구만!" 하시며 많은 꾸중을 하셨던 것이다.

불의 천사신으로 살았던 태초의 전생 이후, 불과 관련된 신으로 여러 번 윤회를 하던 중 악신 쪽과 인연을 맺게 되니, 그때 연결된 악한 신들이 그러한 통신을 주었던 것이다. 그 일을 계기로 OO 선생님은 당분간 공부가 중지되었고, 악신의 연결에서 벗어나기 위해 많은 노력을 하게 되었다.

한편, OO 선생님은 평소에도 열이 많은데, 이 또한 태초와 그 영향으로 인해 비롯된 여러 전생의 영향이라 할 수 있다. 현재 OO 선생님은 전생의 잘못과 업을 하나둘 찾아가며 바른 기도와 수도로써 정진하고자 노력하고 있다.

■ 어느 지역의 책임자로 있는 OO 선생님의 전생

현재 OO 지역의 책임자로 있는 OO 선생님은 태초에 검고 긴 머리와 수염, 화려한 관복을 입은 신령계 소속이었다. 12개로 구분된 상황판 중 8개를 관할했는데, 이는 기후와 자연현상과 관련이 있었으며 이때에 많은 권세를 가지고 있었다. 또한 거느리던 신들도 많았고, 많은 수의 여신들도 함께하며, 흥겨운 자리를 자주 갖는 편이었다.

그런데, 시간이 흐를수록 한 편으로 치우쳐지는 경향이 늘어났다. 양이 있으면 음이 있고 이 둘을 모두 바라봐야 하는데 선호하는 쪽만 바라보았고, 이로 인해 실수가 있었음에도 이를 감추어 나중에 큰 상황을 만들기도 하였다. 중간이 없으며 양쪽으로 극단화된 삶이 이어진 것이다.

그 후에 타락을 하게 되어, 선천의 배역의 역사 속에 함께 합류하는 악신이 되었다. 등 뒤로 많은 날개를 가진 신이었는데, 공작처럼 부채꼴로 펼쳐졌으며, 큰 검을 들고 머리에는 이마 중앙 쪽이 더 두껍게 솟은 관을 쓰고 있었다. 검과 관에는 보석이 박혀 있는데, 큰 새를 타고 다니는 모습이었다.

두려울 것이 없고 거칠 것이 없는 삶이었다. 다른 별을 점령하기도 하고 마음에 들지 않으면 파괴하기도 하였다. 주변에 눈에 띄지 않게 많은 수의 부하들이 항상 함께하였는데, 유사시 부하들이 퍼져나가 진세를 형성하며, 이로 인해 적수가 별로 없었다.

천마왕 계열로서, 관장하는 별이 5개였는데, 중앙의 별이 가장 크며 좌우 순서대로 그 크기가 작아졌다. 그 일대에서 강한 기운이 퍼져 나오며 이로 인해 다른 신들이 함부로 접근하지 못하였고, 높은 계급과 많은 훈장을 받았다. 수정으로 된 성이 연결되었으며, 이곳이 주로 머물렀던 성이었다. 나중에는 움직임 없이 생각만으로도 모든 것을 조종할 수 있게 되었다.

그 후에는 끝이 뾰족한 기둥 위에 타원의 공간이 마련된 성이 있는데, 만화에서 나옴 직한 앙증맞게 생긴 신으로 태어났다. 그러나 표정이 별로 없고 성질은 무정하며, 판단한 대로 거침없이 행하였다. 과학이 매우 발달한 곳으로 이곳에서는 빛을 주로 사용하였는데, 그로 인해 형체가 선명해 보이기도 하고 반투명하게 보이기도 하였다. 머리 위로는 베레모를 쓰듯 타원의 고리가 쓰여 빙빙 돌고 있고, 이를 통해 서로 연결되며 통신을 주고받게 되었다.

그 후로는 거인족으로 태어났는데, 투구와 갑옷을 착용했으며, 원숭이와 유사한 모습이었다. 외계 사람으로, 날개가 달려 날아다니기도 하였다. 힘이 강해 상대의 몸을 많이 상하게 하였다.

그 후에는 전쟁의 신으로 태어나, 땅에 작용하여 전쟁을 일으키게 하는 모습이었다. 수많은 군사들이 양쪽에 진격해 와 치열한 전투를 하는데 이 신은 가운데 서서 이를 부추기고 있었다. 이로 인한 업이 머리 쪽에 많이 연결되어 있다.

그 후에는 멧돼지신으로 태어났다. 털이 곤두서면 침처럼 되었는데, 신으로 살아가며 상황이 생기면 이 침을 발사하였다. 맑은 물이 나오는 지역을 놓고 치열하게 싸웠는데, 이 싸움에서 이겨 그곳을 차지하였고, 이를 바탕으로 세력을 더 넓혀 나갔다.

화가 나면 그냥 내달리며 상대를 공격하였는데, 몸 전체가 진한 회색을 띠었고, 붉은색을 좋아해 이 색으로 치장을 하기도 하였다. 땅속 깊은 곳까지 이 신들의 영역이었고, 나중에 지하세계를 관장하게 되었다. 이때 소속은 흑마 계열이었다.

그 후에는 들소로 태어나게 되었는데, 달리다가 다리를 다쳤다. 또, 그 후에는 표범으로 태어났는데, 송곳니가 매우 길었고, 먹이 싸움에 등 쪽 척추 부근을 크게 찔렸다.

후에는 그리스에서 로마로 이어지는 시대에 태어난 적이 있다. 그리스 로마풍의 한쪽 어깨에 걸쳐지는 의복을 입고, 언변이 좋아 여러 사람들 앞에서 주장을 폈다. 배를 타고 여러 지역을 돌아다니기도 하였는데, 이로 인해 많은 사람들과 연결되었고, 그중에는 원망하는 경우도 있었다.

전생이 이러하다 보니 OO 선생님은 현세에 여자들과 사람들에 관한 업이 많아 방해가 많다. 기질적으로도 갑작스럽게 본인도 주체할 수 없을 만큼의 화가 치밀어 오르기도 하고, 상대를 배려하지 못하는 말로써 상처를 주기도 한다.

말씀전에서 이 사람은 앞으로 바른 신앙의 중심과 바른 정도를 가지고 굳건히 자신을 지키며 나아가야 하며, 자신이 취하려 하기보다 상대를 위해 베풀 줄 아는 성도가 되어야 한다고 하셨다. 작은 부분이라도 상대를 먼저 배려하고 생각해 주는 바른 책임자가 되어야 할 것이라 하시며, 그렇지 않으면 사람으로 인한 많은 어려움이 이어지게 될 것이라 하셨다. 평생 동안 이 말씀을 지키도록 명심하라 하시었다.

(2) 태초 이후의 전생

- **어느 부부의 전생**

현재 함께 공부하는 OO 부부의 전생 이야기이다.

부인은 전생에 유럽의 한 나라의 성주의 딸이었는데, 도도하고 성질이 괴팍하였다. 이 성주의 딸에게는 어린 시절부터 함께 자란 남자 노예가 있었는데, 그 남자 노예가 성주의 딸을 좋아했다. 그 노예의 아버지, 어머니와 함께 가족 전체가 그 성의 노예로 있었다.

그런데, 평상시 성주의 딸은 화가 나면 신경질을 부리며, 주변의 노예들에게 화풀이를 하였다. 한 번은 자기가 좋아하는 꽃을 꽃병에 꽂아 놓았는데, 일하던 한 여종이 우연히 그 꽃병을 깨뜨렸다. 그러자 화가 난 성주의 딸은 그 여종의 머리카락을 모두 잘라버렸다.

또, 그 성주의 딸은 화가 나면 채찍을 들고 눈에 띄는 노예들을 때렸는데, 그 남자 노예가 주로 맞았다. 그 후, 성주의 딸이 다른 성주의 아들과 정략결혼을 하게 되어, 결혼으로 인해 자신의 집을 떠나게 되자, 성주의 딸은 그 남자 노예를 함께 데려갔다. 성주의 딸이 정략결혼을 한 그 남편은 바람을 많이 피웠고, 그때마다 성주의 딸은 그 남자 노예에게 화풀이를 하는 모습이었다.

전생에서 성주의 딸을 좋아했던 업이 연결되어 남편은 현세에서도 부인을 매우 좋아한다. 그러나 남편은 부인을 함부로 대하지 않는데 반해, 부인은 매우 도도하며 완벽주의적인 기질로 남편을 대한다. 과거의 인연이 현세에까지 영향을 미치고 있는 것이다.

- **과학을 전공한 OO 선생님의 전생**

OO 선생님은 노래 부르기를 좋아하며 특히나 견과류를 좋아한다. 어느 날 우연히 OO 선생님의 전생을 보고 그 이유를 알 수 있었다. OO 선생님의 본신은 입이 항아리처럼 크고, 크게 날지는 못하고 주로 땅에 붙어 사는 새신이었다. 본신이 그러한 특이한 새신이고 보니 항상 노래 부르기를 좋아하고 간혹 춤을 추는 일이 생기면 다른 사람과는 달리 새가 날갯짓을 하는 듯, 점프를 하는 특이한 춤을 추곤 한다.

바로 앞 전생에는 다람쥐로 윤회를 했는데, 견과류를 좋아하는 것은 그 당시의 연결이 있기 때문이다. 견과류만 보면 늘 양쪽 호주머니에 넣고 다니며 하루 종일 조금씩 먹으며 노래 부르며 즐거워한다. 간혹 사람들에게 농담 반 진담 반으로 선물은 견과류 종합세트로 해 달라고 웃으며 이야기한다.

OO 선생님은 외계인이었던 전생이 있었다. 외계인으로서, 과학으로 우주를 왕래하는 모습이었는데, 총책임자로 일했으며 많은 함선을 지휘했다. 그런데 성능에 문제가 생기자 호통을 쳤고, 상대들이 같이 일하기 힘들어하였다. 그렇지만 본인은 상대들이 나태하며 부주의하다고 판단하고 있었다. 그의 역량은 무척 뛰어났으나, 나중에는 큰 폭발사고로 죽게 되었는데, 이것은 그의 평소 원만하지 못한 성격으로 인해 그를 미워하던 자들에 의한 계략이었다.

OO 선생님은 전생이 이러하다 보니, 실제로 물리학을 전공하고 박사학위를 받기도 했다. 그러나 실제로 일을 진행하다 문제가 생기면 호통을 치듯 하는 행동이 많아 한동안 주변 사람들이 어렵게 생각하기도 하였다. 그러나 기도·수도하는 과정 중에 차츰 밝아지고 이해성이 많은 모습으로 변모되어 가는 중이다.

4부
내가 본 신의 세계
Q&A

1. 신들의 의식주

■ 식!

신들도 먹어야 합니다. 힘이 센 악신들은 음식점이나 시장 등 음식이 있는 곳이라면 어디서나 쉽게 그 음식의 기를 취할 수 있습니다. 그러나 사람신의 경우에는 힘이 없기 때문에 음식의 기를 취하기가 쉽지 않습니다. 시장이나 음식점 등 음식은 도처에 있지만 가는 곳마다 악신들이 지키고 있기 때문입니다. 그래서 사람신은 주로 후손의 몸에 들어가서, 후손이 음식을 먹을 때 그 기를 같이 취하곤 합니다.

■ 의!

사람들의 의복이 인종이나 민족, 계급이나 재산 정도에 따라 다른 것처럼 신들이 입는 옷도 신의 서열에 따라 다릅니다. 발가벗고 돌아다니는 신들도 있고, 엄격한 군사 체제 안에서 군복과 같은 옷을 입고 다니는 신들도 있습니다. 또, 신에 따라 원시적인 복장도 있고, 화려한 의상을 갖춘 경우도 있습니다.

대개 옷을 완전히 갖춰 입은 신들은 높은 신입니다. 신분이 높으면

높을수록 화려하고 웅장한 옷을 입습니다.

또, 신의 습성에 따라서도 옷차림에 차이가 납니다. 화려한 것을 좋아하는 신과 음침하고 어두운 것을 좋아하는 신들이 있기 때문입니다. 일반적으로 여우신이나 새신들은 화려한 것을 좋아해서 옷도 화려하지만, 일반 동물신들은 화려한 것을 그다지 좋아하지 않으며, 어둡고 음침한 것을 좋아합니다.
그래서 사람 몸에 여우신이나 새신, 꽃뱀이나 뱀신이 들어 있는 경우에는 화려한 것, 꾸미는 것을 좋아하고, 다른 신들이 들어 있는 경우에는 그다지 꾸미는 것을 좋아하지 않습니다. 어떤 신이 들어 있느냐에 따라 그 사람이 영향을 받기 때문입니다.

그 사람 안에 자리한 본신이 어떠한 신이냐, 주관하는 신이 어떠한 신이냐에 따라 성격이나 취향까지도 영향을 받게 됩니다. 대개 본신과 주관하는 신이 같은 계열이면 그 신들의 영향을 받고, 본신과 주관하는 신이 다를 경우에는 본신보다는 주관하는 신의 영향을 많이 받습니다.

■ 주!

역시 신의 특성에 따라 달라집니다.
동물신이라면 산속이나 땅속에 살기를 좋아하고, 새신이라면 공중이나 나뭇가지 위에 집을 짓습니다. 물고기신들은 바닷속에 연결되고, 곤충신 같은 경우에는 주로 땅속에 집을 짓고 삽니다. 지구상에 동식물로 존재하지 않는 신들의 경우, 일반 건물 속에 살기도 하는데, 특히 도깨비신이나 외계신들, 우주괴물신들은 일반적으로 사람과 같이 생활하며 세상에 관여한다고 보면 됩니다.

2. 신들의 본성

신의 세계는 사람이 생각하는 것보다 훨씬 복잡다단합니다. 신의 계열과 계보에 따라 신의 종류가 매우 다양하기 때문입니다.

중립신의 계열일 경우, 사람의 몸에 연결되어도 사람에게 악한 기운을 연결하지는 않습니다. 비록 성신은 아니지만, 사악하지는 않은 것입니다.

악한 신의 계열일 경우, 사람의 몸에 연결되면 사람에게 포악하고 난폭한 영향을 줍니다. 실제로 영화 〈에어리언〉에 나오는 모습과 비슷한 우주괴물신이 신의 세계에는 실존하는데, 이런 신들은 생긴 모습처럼 악한 신이어서 사람에게 나쁜 영향을 끼칩니다.

신의 성격은 일반적으로 그 신의 모습에 따라 결정됩니다.
예를 들어, 호랑이신의 성격은 호랑이의 성격과 비슷합니다. 사람 몸에 이러한 신이 들어오면, 그 사람은 용맹하고 강합니다. 대개 유명한 장수나 지도자의 몸 안에는 이러한 신이 들어 있는 경우가 많습니다.

뱀신은 사악합니다. 이때, 그 뱀신이 어떤 종류냐에 따라서도 성격이 약간 달라집니다. 코브라신의 경우, 독이 없는 뱀신보다 훨씬 더 사악하고 독하고 난폭하며 무섭습니다. 대개 사람의 몸에 이러한 신이 들어오면, 그 사람은 독하고 사악하며 몹시 악랄한 성격을 갖게 됩니다.

이러한 뱀신의 성격은 나쁘게 보면 독하고 사악하지만, 한편으로는 냉정하고 사리 분별이 정확하며 판단을 잘하는 특성이 있기 때문에 뱀신이 본신(태어날 때부터 사람의 안에 자리 잡은 신으로 성격이며 특기, 체질 등에 막대한 영향을 주는 신)인 사람을 책사로 두면 세상사에 있어서는 일의 진행에 많은 도움을 받게 됩니다. 그러나 뱀신은 배신을 잘하기 때문에 이 점을 주의해야 합니다.

여우신의 경우는 꾀가 많습니다. 여자에게 여우신이 들어 있는 경우에는 남자들에게 인기가 좋으나, 남자에게 여우신이 들어 있는 경우에는 그 사람은 약삭빠른 행위를 하게 됩니다.

고목나무신의 경우는 강직하고 곧습니다. 고명한 학자들의 경우에는 몸 안에 고목나무신이 들어 있는 경우가 많습니다.

거북이신의 경우는 사람의 길흉화복과 관계됩니다. 거북이신이 사람의 몸에 있을 경우, 그 사람은 항상 길하고 특히 재물 운이 좋습니다.

과학이 발달한 우주의 외계신들이 사람의 몸에 들어가는 경우, 그 사람은 과학적인 발명을 많이 하게 됩니다. 또, 흔히 공상과학영화라고 불리는 영화에 종사하는 사람이 되기도 합니다.

보통 사회에서 신내림을 받는다고 하는 경우를 보면, 그 신내림을 받는 사람의 몸에 대개 도깨비신이 들어가는 경우가 많습니다.

이렇듯 신들의 모습과 성격에 따라 사람도 그 신과 유사한 행위를 하게 됩니다. 신들의 영향은 그 사람이 살아가는 방식이나 삶의 목적에도 영향을 줍니다.

3. 악신의 목적

신도 신 나름이지만, 신들의 공통된 목적은 하나입니다. 자신들의 세력을 확장시켜 신계神界와 인간계를 지배하는 것입니다.

지금 지구에는 많은 악신들이 숨어서 살아갑니다. 그들 중 대다수가 사람들의 몸속에 숨어 있습니다. 사람의 몸에는 수없이 많은 악신들이 살아가니, 이 지구상의 인구가 60억이라면 악신의 수가 얼마나 많겠습니까?

하늘이 통일되고, 후천이 열리면서 지구에 있던 선천의 악귀 악신 계열과 계보의 최고신들은 다 정리되었습니다. 그러나 남은 악신들이 사람의 몸과 생명체에 숨어서 번식을 계속합니다. 바로 그런 까닭에 사람이 성신의 편이 되어 자기 안의 악신과 싸워 물리쳐 나아가야 하는 것입니다.

성신의 편에 서는 사람이 많아질 때, 지구는 점차 성신의 세계로 변해가는 것입니다. 이미 지구를 제외한 전체 우주는 성신의 세계로 통일되었습니다. 지구만이 남겨져 성신과 악신의 대결이 계속되고 있는 것입니다. 현재 지구의 60억 인구 중 성신의 편에 선 사람은 극히 소수입니다. 지구가 성신의 세계로 안정되기 위해서는 인구의 50% 이상이 성신의 편에 서야 합니다.

   이때에 비로소 이 땅의 진정한 통일과 화합과 평화가 이루어지는 것입니다. 이는 지구에 있는 사람들에게 남겨진 큰 숙제인 동시에 유일한 희망입니다. 이를 이루었을 때, 하늘의 영광이 이 땅에도 임하시어 사람들은 영원한 축복의 삶을 누리게 될 것입니다.

4. 악신의 계급

악신들의 세계는 철저히 조직 체계와 서열에 의해 움직이는 것입니다. 최고의 신과 그 바로 아래 신들과 그 밑으로 수많은 신들이 산재되어 있어 마치 피라미드 조직과도 같습니다.

악신의 세계는 철저한 상명하복의 세계이며, 그 계열과 계보에 따라 철저히 종속되어 있습니다. 악신은 절대 성신님이 될 수 없기 때문에 오로지 지배가 아니면 죽음이라는 원리에 의하여 끝까지 성신님에게 대항하며, 사람이 성신님의 편에 서는 것을 방해하기 위하여 지금까지도 사람의 눈과 귀를 가리고 사람들을 지배하며 악신의 도구로 이용해 왔던 것입니다.

이것이 바로 우리가 바른 신앙을 찾아 성신님의 편에 서서 악신과 싸워야 하는 이유 중 하나라 하겠습니다.

5. 악신의 출산과 번식

신의 세계는 현실 세계와는 많은 차이가 있습니다.

악신들은 잉태된 지 20일 만에 태어납니다. 어떻게 태어나느냐는 신의 특성에 따라 다릅니다. 알로 번식하는 신들은 알을 낳고, 동물신의 경우에는 출산을 합니다.

대개 신의 종류에 상관없이 한 번의 출산에 매우 많은 신들이 태어납니다.

악신들은 때로 사람신들 중 여자신을 데려가 생산의 도구로 삼습니다. 악신들은 대개 못생기고 이상하게 생긴 데다 지혜가 없기 때문에 사람을 닮고자 하는 특성이 있습니다. 그래서 더 나은 외모와 지혜를 갖춘 종족을 만들고자 여자 사람신을 데려다 생산의 도구로 이용하는 것입니다.

한편, 악신들이 생산을 하여 세력을 번성시키는 데 비해 사람신들끼리는 생산을 못 합니다. 신의 세계에서는 사람신끼리의 관계가 불가능하기 때문입니다. 사람이 생산을 할 수 있는 것은 오직 살아서 육체를 가지고 있을 때뿐입니다. 사람신이 생산을 할 수 있는 경우는 여자 사람신이 악신에게 끌려가 악신의 생산 도구로 쓰일 때뿐입니다.

또한 악신들은 살아있는 여자의 자궁을 생산처로 이용하기도 합니다. 이러한 경우에는 그 여자에게 자궁 질환 등이 올 수 있습니다.

흔히, 여자들이 남자들과 관계를 맺는 꿈을 꿀 경우, 신적으로 보면 동물신 등의 악신이 변장하여 그 여자를 범하는 것입니다. 실제로, 어떤 여성의 경우 '밤마다 OO를 영접한다.'는 말을 해서 그 상황을 관을 통해 살펴보았더니, 도깨비신이 성스러운 모습으로 변장하여 여자에게 나타나 행위를 하는 모습이었습니다. 이렇게 사람은 도가 없거나 있더라도 그 신들보다 약하기 때문에, 악신들이 행위하고 보여 주는 그대로 믿는 경우가 대부분입니다.

물론, 여신들이 남자를 찾아오는 경우도 있습니다. 남자들이 꿈에서 여자와 관계를 맺는 경우, 대개는 여 악신들이 변장하고 나타난 것입니다. 그 경우는 거꾸로 그 남자의 기를 취하여, 자신이 직접 사람 형상을 닮은 신을 생산해 내기 위해서입니다.

대개 여자를 찾아오는 악신들은 도깨비신, 뱀신 등이 많으며, 남자를 찾아오는 악신들은 여우신이 많습니다.

6. 신화 속의 신들

그리스 신화에는 제우스, 헤라, 아프로디테 등 역할과 성격, 성별 등이 다른 신들이 나옵니다. 또, 메두사라고 해서 사람의 얼굴에 뱀의 머리카락을 가진 여신도 나옵니다. 그러한 신들은 실제로 신의 세계에 다 존재하는 신들입니다. 지금은 후천이 되어 다 정리되었지만, 신화가 글로 쓰일 당시에는 모두가 존재하던 신들입니다. 그들 중에는 사람의 모습과 비슷한 중립신 계열의 신들도 있고, 누가 봐도 끔찍한 괴물 모습의 악신도 있습니다.

덧붙여 설명하자면,
그리스 신화에 나오는 신들 뿐 아니라 최근 영화에서 나오는 특이한 모습의 존재(로봇, 외계인 등등)들은 모두 신의 세계에서 존재하는 것들입니다. 신의 세계는 144,000의 계열과 계보로 이루어져 있다고 말한 바 있습니다. 이 지구에 존재하는 모든 동식물, 어족 등등이 신의 세계에 모두 존재합니다.

지구상에 존재하는 모든 생명체와 비생명체, 생물체와 비생물체가 신의 세계에 존재하기 때문에 실제로 신들의 수는 셀 수 없을 정도로 많습니다.

최근에 가장 큰 문제가 되는 신들은 만화신입니다.

만화신의 경우, 만화가 계속 만들어지기 때문에 만화신의 종류는 매우 많습니다. 그 이유는 어떤 캐릭터를 그리면 그 즉시 그 캐릭터가 만화신으로 태어나기 때문입니다. 컴퓨터 상에 존재하는 만화이든 책으로 그려진 만화이든 영상물에서 나오는 만화이든, 만화신이 거의 무방비 상태로 쏟아져 나옵니다.

이를 해결하기 위해서는 만화를 만드는 사람들이 "악신 죽어라"를 많이 하는 것이 필요합니다. 만화를 만드는 사람이 "악신 죽어라"를 많이 하면, 만화가 만들어질 때부터 신이 정리되기 때문입니다.

실례로, 컴퓨터 게임을 하다 아이들이 이상 현상을 일으키고 발작을 하기도 하는 것은 바로 이러한 신들이 게임을 하는 아이의 몸에 들어와 영향을 주기 때문입니다. 만약 이러한 영향을 막고자 한다면, 컴퓨터 바탕 화면에 〈악신 죽어라〉라는 문구를 띄우면 많은 도움이 됩니다.

7. 악신이 사람을 통해 이루고자 하는 것

악신들이 사람을 통해 이루고자 하는 바는 크게 두 가지입니다.
그 하나는 사람의 몸에 머물며 그 사람에게 기도·수도를 시켜 산으로 들로 다니게 하여 그로 인해 얻게 되는 능력을 악신 자신이 취하는 것입니다.

사람이 기도를 하거나 수도를 하면, 수고와 노력은 사람이 하고 능력과 기는 악신이 취합니다. 그러다 그 사람이 더 이상 이용 가치가 없게 되면 그 사람을 버리고 떠나 버립니다.

그렇게 되면, 그 사람은 모든 능력을 잃고 껍데기만 남는 것입니다. 흔히, 신을 받았다는 사람이나 도를 통했다는 사람들 중 어느 정도의 능력을 가지고 있다가 갑자기 그 능력을 잃는 것은 몸에 있던 신이 능력을 다 가지고 떠나 버려서 그 사람에게는 남아 있는 능력이 없기 때문입니다.

그러나 이제 그런 일도 쉽지는 않습니다. 악신들은 사람에게 기도·수도를 시켜 능력을 얻고자 하나, 지금은 신법이 바뀌어 성신의 도와 능력 외에는 이루어지지 않습니다. 이는 신의 세계가 후천의 하늘법에 의해 바뀌었기 때문입니다.

또 하나는 사람을 통해 신을 생산하기 위함입니다.

악신들은 사람의 외모와 지혜를 닮고 싶어 합니다. 그래서 여자에게는 남 악신들이 연결되어 여자의 자궁을 통해 신들을 생산하게 하고, 남자에게는 여 악신들이 연결되어 그 남자의 기로 그 남자를 닮은 악신을 생산해 내는 것입니다.

8. 살생

이에 대해 직접 겪은 일을 이야기할까 합니다.

우리가 사는 곳 주위에는 밤나무가 많습니다. 지금 사는 건물은 새로 지어 튼튼하지만, 예전에 살던 건물은 나무로 짜여있어 작은 곤충들이 자주 들어왔습니다. 특히, 밤나무 주위에는 지네가 많아 방 안까지 들어왔습니다.

그러던 어느 날, 잠깐 낮잠을 자는데 뭔가가 다리를 기어가는 느낌이 들었습니다. 놀라서 이불을 들춰보니 아니나 다를까 지네였습니다. 집게로 지네를 집어 밖으로 던지는데, 평소 같으면 던지고 말았겠지만 순간 놀라게 한 지네가 너무 얄미운 마음에 신발을 신은 채로 밟아 죽이고 말았습니다.

그 후, 다시 졸음이 와서 잠을 청하는데 꿈을 꾸기 시작했습니다. 그런데 이게 웬일입니까. 방금 전 죽였던 그 지네가 꿈속에 나타나 내 몸에 달라붙는 것입니다. 잠시 후, 더 많은 지네신이 자석처럼 끌려와 내 몸에 달라붙었습니다. 조금 있으니 더 많은 지네신들이 달라붙고, 조금 있으니 더 많은 지네신이 달라붙어 내 몸에는 온통 지네신 밖에는 보이지 않았습니다.

그러고 보니, 지네를 죽이면서 "악신 죽어라"를 하지 않았던 것이 생각났습니다. 되도록 살생을 피해야 하지만, 부득이 살생을 할 수밖에 없을 때는 "악신 죽어라"를 외워야 어느 정도는 피해가 막아지는데, 그만 지네가 얄미운 마음에 그것을 잊었던 것입니다.

나는 늦었지만 열심히 "악신 죽어라"를 외우며 지네신을 죽이려 했지만, 한 마리 지네신도 정리되지 않았습니다. 나는 울면서 잠에서 깨었습니다. 사실 잠이라고는 하지만 꿈에서도 관을 통해 신의 세계를 본 것이기 때문에 신 정리를 하는 일이 급했습니다.

내 힘으로는 되지 않는 일이라 스승님께 도움을 청했습니다. 스승님께서는 내 어깨에 손을 얹어 주셨습니다. 순간, 스승님의 손에서 용광로 같은 불의 기가 쏟아져 나왔습니다. 불의 기는 순식간에 내 몸 전체로 번지며 내 몸에 붙어 있던 지네신들이 타는 것이었습니다.
한참 동안 셀 수도 없을 만큼 많았던 지네신들이 다 타서 없어지더니 푸른빛의 기가 몸에 찬물을 끼얹듯 얹어지며 몸이 깨끗해졌습니다.

스승님께서는 이런 당부를 하셨습니다.
"필요 이상의 살생은 하지 마. 다음에는 그냥 풀가에 버려. 알았지?"
스승님께 감사 인사를 드리며, 나는 안도의 한숨을 내쉬었습니다. 스승님께서 계셨기에 망정이지 아찔한 순간이었습니다.

그러고 보니, 스승님께서 되도록 살생을 하지 말라는 교훈을 몸소 보여 주셨던 일화가 떠올랐습니다.
전에 우리가 살던 곳에는 쥐가 몇 마리 살았습니다. 시골인 데다 통나무집이다 보니 통나무를 갉아 싱크대 밑까지 들어오곤 했던 것입니다. 그러다 보니 함께 공부하는 남자 선생님 중 하나가 쥐 잡는 찍찍이를 놓아 쥐를 잡곤 했습니다.

어느 날 그 모습을 목격하신 스승님은 앞으로는 철망으로 된 쥐 잡는 틀을 사용하라 하셨습니다. 쥐 잡는 틀은 쥐가 다치지 않고 갇혀 있지만, 찍찍이는 쥐의 온몸에 끈적이가 다 들러붙어서 흉칙한 모습으로 죽기 때문입니다.

스승님께서는 그 남자 선생님에게 쥐 잡는 틀을 사용하여 쥐를 잡은 후, 죽이지 말고 멀리 숲속으로 놓아주며 "오지 마라."는 말을 하라고 당부하셨습니다.

그러던 어느 날, 새끼 쥐 한 마리가 잡혔습니다. 남자 선생님은 스승님 말씀대로 쥐를 놓아주며 "오지 마라."는 이야기를 했습니다. 다음에는 어미 쥐가 잡혔습니다. 남자 선생님은 이번에도 스승님 말씀대로 쥐를 놓아주며 "오지 마라."는 이야기를 했습니다.

그런데 그날 이후, 며칠이 지나고 한참이 지나도 쥐들은 보이지 않았습니다. 우리는 농담처럼 쥐들이 감동해서 다른 곳으로 이사를 간 모양이라고 이야기를 나누었지만, 그때만 해도 스승님께서 살생을 금하신 이유가 정확히 와 닿지는 않았습니다.

스승님처럼 크신 분이 쥐 한 마리를 살려주시려고 그렇게 신경을 쓰시는 것이 의아했던 것입니다. 그런데 지네 사건을 겪고 보니, 스승님이 보여 주신 교훈이 새삼 떠오르게 된 것입니다.

살생과 관련하여 또 한 가지 기억나는 일이 있습니다.

제가 20대 초반 한곳에 정착을 하지 못하고, 1년에 한 번씩 회사를 옮겨 다니자, 어머니와 큰오빠는 걱정이 되어 해미에 가서 도사님께 여쭤보았다고 합니다.

그러자 도사님께서는 "막내 몸에 두루미 모습의 새신이 있어, 이곳 저곳 다니며 한곳에 정착을 하지 못하게 하네요." 하고 말씀하셨다고 합니다.

이 이야기를 들은 어머니는 "맞습니다. 전에 남편이 멀리 있는 논 근처 갈대숲 옆에 죽은 두루미가 있어 가져 왔다고, 요리를 해 달라고 해서 해 준 적이 있습니다. 그때 막내도 먹었는데, 그 죽은 두루미가 막내 몸에 들어왔나 봅니다."라고 이야기하며 걱정하였다 합니다.

걱정하는 어머니의 모습을 보고, 도사님께서 저의 몸에 들어 있는 두루미 새신을 정리하여 주셨다고 합니다.

그 대상이 사람이든 동식물이든 크고 작은 살생에는 반드시 대가가 따르는 법입니다. 살생을 하게 되면 살생과 관련된 업을 본인이 받아야 합니다. 살생한 대상이 복수를 위해 신이 되어 자신의 몸에 들어오며, 이때 그 대상과 관련된 수많은 신들 또한 같이 몸에 들어오게 됩니다. 복수를 위해 몸에 들어온 신들이 본인을 해롭게 하는 것은 당연한 이치입니다. 살생의 업은 누구도 피할 수 없기 때문입니다.

그런데 여름이면 사람을 해롭게 하는 파리나 모기를 잡아야 하는 것처럼 살다 보면 누구나 부득이하게도 살생을 피할 수 없게 됩니다. 그럴 때는 "악신 죽어라"를 하면, 살생을 통해 본인에게 들어오는 피해를 어느 정도는 막을 수 있게 됩니다.

"악신 죽어라"는 말 그대로 악한 신들을 정리하는 수도법이기 때문에, 부득이 살생을 해야 할 때 "악신 죽어라"를 하면 동식물이나 곤충이 죽어 신이 되어 해롭게 하는 것을 막을 수 있습니다. 물론, 이는 부득이하게 살생을 해야 할 경우에 해당됩니다.

9. 사람들 사이의 선호도

"주는 것 없이 밉다."는 속담처럼 인생을 살아가다 보면 이유 없이 좋은 사람이 있고, 이유 없이 싫은 사람이 있습니다. 여기에는 크게 두 가지 이유가 있습니다.

가장 큰 이유는 전생의 인연으로 인한 영향입니다.
전생에 좋은 인연을 맺었던 적이 많으면 두 사람 사이는 좋은 관계를 맺게 됩니다. 그러나 나쁜 인연을 맺었거나 원수로 지냈던 적이 있거나 서로 적으로 윤회를 한 적이 있으면 두 사람 사이는 노력을 해도 원만해지기 어려울 수 있습니다.

다른 영향은 자기 안에 자리 잡은 신의 영향입니다.
본신이나 주관하는 신의 계열과 계보가 같거나 비슷한 사람들의 관계는 좋지만, 전혀 다른 계열과 계보이거나 서로 적대 관계인 사람들의 관계는 좋지 않을 수 있습니다.

예를 들어, 본신이 둘 다 양인 사람이 만나면 서로 잘 지냅니다. 부부가 그러한 경우라면, 천생연분이라 하는 것입니다. 그러나 본신이 서로 다를 경우에는 자주 다투게 되고, 심한 경우는 원수를 대하듯 하기도 합니다.

예를 들어, 부부의 본신이 각각 개와 고양이라 하면, 그 부부는 본신의 영향으로 서로 자주 다투게 됩니다. 흔히 세상에서 궁합이 잘 맞는다는 것은 서로의 본신이 같은 경우를 말하는 것입니다. 본신이 적대 관계일 경우, 아무리 노력해도 좋은 관계를 맺기가 어렵습니다.

그러나 이러한 영향은 자신의 후천적인 노력에 의해 극복할 수 있습니다. 본인이 바르게 기도·수도를 하며 전생의 연과 업과 살의 영향에서 벗어나고, 본신의 영향에서 점차 벗어나게 되면, 사람과의 관계에 있어서도 전생이나 본신에서 오는 영향을 덜 받을 수 있게 되는 것입니다.

비록 전생이나 본신에서 오는 영향이 좋지 않은 경우라 해도, 바른 기도와 수도를 하며, 현실적으로도 좋은 관계를 맺고자 말과 행동을 조심하고 노력한다면 점차 좋은 관계를 맺을 수 있습니다.

10. 신내림

신내림을 받는 이유는 신이 그 사람을 선택하기 때문입니다.
그 과정을 보면, 대개 악한 신 중 큰 신이 들어가서 그 사람을 조종합니다. 본인이 기도를 하지 않으면 본인이 아프거나 가족이 아프게 되고, 본인의 일이나 가족의 일이 불안정하게 방해를 받게 됩니다. 대부분의 사람들은 그것을 견디지 못하고, 신내림을 받게 됩니다.

그렇다면, 왜 신은 굳이 특정한 사람을 선택하는 것일까요?

그 사람의 영이 능력이 있는 경우, 신들은 그 사람이 기도를 할 수 있는 능력이 있는 것을 알고 접근합니다. 그 사람을 통해 능력을 받기 위해서입니다. 사람에 따라 영이 태초에 큰 자리에 있었던 경우, 신들은 그 사람의 영이 어떠했다는 것을 알고 찾아가게 됩니다.

이는 특별히 종교를 갖지 않으면 안 되는 사람들의 경우에도 비슷합니다. 영 자체기 특별할 때, 꼭 신내림을 받지 않더라도 신앙을 갖거나 도를 구하게 되는 경우가 더 많은 것입니다.

신이 사람을 선택하는 이유 중 다른 하나는 신과 관련이 있습니다. 그 사람을 주관하는 신이 능력이 큰 신일 경우, 그 사람을 주관하는 신과 같은 계열의 신이 사람에게 들어가는 경우가 있습니다. 예를 들어, 주관하는 신이 도깨비신인데, 더 큰 도깨비신이 들어가면 서로 합체를 이뤄 더 큰 능력을 발휘할 수 있는 것입니다.

그러나 신들이 사람을 통해 능력을 받는 것은 선천 때나 가능한 일입니다. 당시에는 하늘에서 배역이 일어나 악한 신들이 하늘을 주관하였기 때문에 사람을 통해 악한 신들이 능력을 얻었습니다. 지금은 후천이기 때문에 신의 능력은 성신님전에서 관리 관장하십니다. 그래서 사람의 몸에 들어간다 해도, 사람을 통해 능력을 얻어갈 수 없는 것입니다.

그러므로 신내림을 통해 악한 신을 받을 것이 아니라 성신의 기도를 하여 스스로 강해져서 자신이 직접 그 악한 신과 싸워 이겨야 합니다. 신내림을 받는 경우에는 대개 도깨비신, 호랑이신 등 변장한 악신을 몸에 받아들여 그 신들에게 복종하고 순종하며 기도를 하게 됩니다. 이는 자신이 믿고 따르는 신이 성신님인지 악신인지도 모르고 기도를 하는 것이기에 잘못입니다.

신내림을 받는 사람들 뿐 아니라, 기도·수도를 하는 사람들은 누구나 자신이 신앙하는 대상이 어떤 신이시며, 어떤 모습이신지 정확히 알아야 합니다. 또, 그 신이 악한 신인지, 중립신인지, 성신님인지 분별을 할 줄 알아야 합니다. 그러한 분별없이 신이라 하면 무조건 전지전능하다는 생각으로 무조건 믿고 따르면 된다는 편견은 부모가 누구인지도 모른 채 자기에게 좀 잘해줬다고 부모가 아닌 이를 친부모인 양 착각하는 것과 같습니다.

이런 무분별한 기도와 수도는, 저급하고 저속한 신의 노예가 되거나 혹은 큰 신이라 하여도 결국은 악한 신의 노예가 되어 아까운 삶을 낭비하는 결과를 만들어 낼 뿐입니다.

　기도와 수도를 하고자 하는 사람은 바른 신앙과 도를 구해야 하며, 그 분별이 없을 때는 차라리 하지 않는 것이 낫습니다. 이 기회를 통해 말하자면, 사람들은 보통 자신이 어떤 종교나 신앙, 도 등을 선택한다고 생각하지만, 신이 사람을 선택하는 것이지 사람이 신을 선택한다는 것 자체가 모순이며 자만입니다. 그렇기에 사람의 그러한 잘못된 생각으로 인해 잘못된 결과를 본인들이 겪게 되는 것입니다.

11. 운명

사람의 운명은 선천 시대에 악신의 계열과 계보에서 정해 놓은 것입니다. 지금은 성신님전에서 관리 감독하시는 후천의 시대입니다. 앞으로는 사람의 운명은 자신의 선택에 따라 달라진다 할 수 있습니다.

자기 안에 있는 악신의 영향에서 벗어나 자신의 운명을 본인 스스로 개척하여 더 좋게 만들어 갈 수도 있으며, 자기 안에 있는 악신의 영향을 계속 받으며 선천 시대 운명의 틀에 계속 머무를 수도 있습니다.

사람이 정해진 운명에서 벗어나기 위해서는 먼저 성신님의 편에 서야 합니다. 성신님의 편에 서서 선천의 악귀와 악신의 계열과 계보의 연결을 끊어가야 합니다. 사람이 선천의 연결을 끊지 않는 한 정해진 운명의 영향을 받을 수밖에 없는 것입니다.

지금은 후천이 되었기에 이러한 일이 가능한 것이지, 아직 선천 시대라면 사람이 정해진 운명에서 벗어난다는 것은 불가능한 일이며, 이러한 말조차 할 수 없을 것입니다.

일반적으로 사람의 운명에 크게 영향을 미치는 것은,
자신의 죽은 조상(조상신)으로 인한 영향이며,

자신의 조상 묘에 연결된 산화의 영향이며,
자신이 전생에 짓게 된 연·업·살·죄의 영향이며,
분별없는 기도와 수도를 통해 사람이 신을 선택함으로써 그 자만과 모순으로 인한 벌을 받게 되는 영향입니다.

이러한 영향이 사라지지 않는 한, 자신의 운명을 바꿀 수는 없는 것입니다.

이러한 영향에서 벗어나기 위해서는,
조상으로 인한 영향은 조상제를 하여 조상신의 영향에서 벗어나야 하며,
조상의 묘로 인한 영향은 조상 묘를 좋은 곳으로 이장하거나 화장하여 산화의 영향으로부터 벗어나야 하며,
연·업·살·죄로 인한 영향과 잘못된 선택으로 인한 잘못된 기도·수도의 영향은 본인의 바른 기도와 수도를 통해 벗어나야 합니다.

12. 영생

영생이란 세 가지의 의미가 있습니다.

첫째,
태초에 창조된 영은 그 창조하신 분이 거두실 때까지는 죽지 않습니다. 윤회란 영이 하는 것이며, 영은 수억 겁의 윤회를 해왔습니다. 그런 까닭에 영에는 태초에서부터 현재까지의 모든 비밀과 정보가 담겨 있으며, 영이 가진 이러한 비밀과 정보를 다 알 수 있을 때 이것이 곧 영통입니다. 태초부터 현재까지 윤회공전해 온 영의 삶이 곧 영생입니다.

사람은 누구나 다 자기 안에 이러한 영이 담겨 있습니다. 영이야말로 진정한 자신이라 할 수 있습니다. 영은 태초에 자신이 왔던 곳으로 돌아가 영원히 살기를 원합니다. 이것이야말로 원심회귀源心回歸라 할 수 있습니다. 영성을 찾으라는 말은 바로 이러한 영과 통하여, 태초의 어버이께 찾아가고자 하는 영의 마음을 느껴 행하라는 것입니다.

둘째,
사람은 죽으면 신의 세계에서 500~1,000년을 살아간다 하였습니다. 이때, 자기의 신이 죽지 않고 영원히 사는 것이 곧 신의 영생입니다.

이를 위해서는 자기 안에 있는 영과 육의 의지가 합해져야 합니다. 육이 참 신앙을 찾아, 바른 기도·수도로써 자기의 인신이 성신으로 거듭나면, 신의 세계에서 영원한 삶을 살게 됩니다.

이때, 자신의 영이 성신으로 거듭난 자신의 신 안에 담아져 함께함이니 이것이 곧 영의 구제이고 영신합일이며, 영과 신이 함께 영원히 사는 영생이며, 자기가 하늘과 땅의 신의 세계에서 영원히 사는 영생입니다.

이러한 기회를 얻을 수 있는 것은 사람만이 가능합니다. 그러므로 사람으로 태어남은 태어남 그 자체가 커다란 축복입니다. 그러한 축복된 삶을 헛되이 보내는 것은 참으로 안타까운 일이라 하겠습니다.

셋째,
조상신들이 조상제를 통해 신의 세계에서 영원히 사는 것 또한 영생입니다. 사람은 죽으면 신의 세계에서 500~1,000년을 살다 수명이 다해 죽게 됩니다. 조상제를 하게 되면, 조상신들은 운궁에서 영원한 삶을 살게 됩니다.

13. 주문술

주문술이란 신을 불러 그 신에게 도움을 요청하는 행위입니다.

주문을 외우게 되면 그 주문에 해당하는 신이 오게 됩니다. 이때, 주문을 외우는 사람이 소망하는 바가 그 신의 능력으로 이룰 수 있는 경우라면 사람에게 도움을 주기도 합니다. 이런 경우, 그 사람은 주문술의 혜택을 보았다고 좋아할지 모르지만, 실상은 자신의 몸에 신을 불러들인 것이 됩니다.

또, 처음에는 신들도 문제를 해결해 주는 듯하지만, 계속 주문을 외워 혜택만 보려 하고 그 신들에 대한 보답을 하지 않으면 그 신들은 그러한 행위에 대해 보복을 하기도 합니다. 한편, 주문을 외우는 사람이 소망하는 바가 그 신의 능력 밖에 있는 경우, 그 신은 소원을 이뤄 주지 못하고 그냥 돌아가게 됩니다. 이 땅에는 수많은 주문술이 있습니다. 만약 그러한 주문들이 다 통할 것 같으면 사람이 이루지 못할 바가 없을 것입니다.

어떠한 이유로든 사람이 주문술을 계속 외우게 되면, 신들이 계속 몸 안에 들어오게 되며, 종국에는 그 신들의 영향에서 벗어나지 못하게 됩니다. 결국, 분별없이 주문을 외우는 행위는 자신의 몸 안에 신을 불러들여, 자신을 그 신의 영향에서 벗어나지 못하게 만드는 행위라 하겠습니다.

 그러므로 어떠한 주문을 외울 때에는 반드시 자신이 어떤 주문을 외우는지를 바르게 알고, 주문의 결과를 바르게 알아 주문을 외울 것인지 아닌지 신중한 선택을 해야 할 것입니다.

14. "대한민국이 세계의 중심이 된다"는 의미

전에 어떤 사람이 대한민국이 세계의 중심이 된다는 예언에 대한 질문을 하며, 현실적으로 그런 일이 가능하겠느냐는 이야기를 한 적이 있습니다.

대한민국이 세계의 중심이 된다 함은 크고 크신 분께서 이 땅 대한민국에 육신영肉神靈으로 오셔서, 선천의 신의 세계를 통일하고 후천을 여셨으며, 이로써 이 땅 지구에서도 대한민국을 중심으로 신의 세계를 통일하게 되었기 때문입니다. 육계肉界란 신계神界를 따라가는 것이므로, 신의 세계에서 대한민국이 중심이 되었기에 육의 세계에서도 대한민국이 중심이 될 수 있는 것입니다.

앞으로 대한민국에서 세계의 정신을 이끌어나갈 지도자가 나올 것이며, 그 정신적 지도자에 의해 세계인의 가치관과 사고방식에 많은 변화가 올 것입니다. 이에 대한민국이 세계의 정신적 지주국이 되어 세계를 이끌어갈 것이며, 대한민국이 정신적인 방주가 되어 앞으로 다가올 환란이나 재앙에서 세계를 구하는 나라가 될 것입니다.

15. 산화

　산화란, 묘로부터 오는 영향을 의미합니다.
　묘를 쓰게 되면, 그 묘 내부에서 일어나는 일들이 후손에게도 영향을 미치게 됩니다.

　전에 어떤 사람이 찾아와 가족 중 한 사람이 갑자기 중풍을 맞아 꼼짝을 못 한다고 하소연을 한 적이 있습니다. 그 집안의 묘를 살펴보니, 나무뿌리들이 묘 안으로 침투해 들어가서 시신을 칭칭 감고 있는 모습이었습니다.
　이런 경우는 묘의 영향으로 인해, 그 사람이 갑자기 아프게 된 모습이었습니다. 그래서 그 상황을 설명해 주고, 묘를 이장하거나 화장을 해야 할 거 같다고 설명해 주었습니다.

　한참 후, 그 사람이 찾아와서 하는 말이 그 얘기를 듣고 가서 날을 잡아 묘를 파 보니, 설명해 준 그대로 나무뿌리들이 들어와 시신을 감고 있고, 시신도 다 삭지 않았다는 것입니다. 그날 시신을 수습해서 화장을 하고 가 보니, 중풍으로 꼼짝 못 하고 누워 있던 가족이 조금씩 몸을 움직이며 말을 하기 시작했고, 몇 달 후에는 완쾌되었다 합니다. 그 소식을 전하며 그 사람은 정말 큰일 날 뻔했다며 고맙다는 인사를 해왔습니다.

이런 식으로, 묘는 상황에 따라 후손들에게 많은 영향을 줍니다. 어느 날, 산에 오르게 되었는데, 그 산에는 많은 묘지들이 버려져 있는 모습이었습니다. 그중 한 묘의 경우, 나무가 묘에 박혀 있고, 묘가 무너져 내린 모습이었습니다.

그 묘의 후손의 모습이 보이는데, 한 후손은 머리에 나무뿌리가 엉켜 있어 두통이 심한 모습이었고, 다른 후손은 자궁에 나무가 박혀 있어 자궁의 기를 나무가 다 빨아들이니 아이를 갖지 못하는 모습이었습니다.

또 어떤 경우는 나무가 묘 중앙에 박혀 있고, 나무뿌리가 물에 닿아 있는 모습이었는데, 그 아래 수맥이 흐르고 있어 시신이 물에 떠 있는 형국이었습니다. 그 영향으로 인해 그 후손의 집은 거의 파탄의 지경에 이르는 모습이었습니다.

우리나라의 묘들 중 90% 이상은 이러한 모습입니다. 이러한 묘들을 다 정리하여 화장하면, 사람들이 겪는 고통 중 절반은 해결이 될 것입니다. 사람이 겪게 되는 고통 중에는 업과 살과 연에 의한 것과 신으로 인한 것과 묘로 인한 것이 있는데, 묘, 즉 '산화'로 인한 고통만큼은 해결될 수 있기 때문입니다.

그러나 현실에서는 여러 이유로 인해 묘를 정리하기가 쉽지 않으니, 해결 방안을 안다 해도 해결하기는 쉽지 않은 듯합니다. 그동안 찾아오는 사람들 중 산화로 인한 고통을 받는 경우에는 이러한 해결 방법을 알려 주었는데도 불구하고, 실제로는 여러 가지 이유로 그렇게 하지 못하는 경우가 대부분이었기 때문입니다.

16. 사고 후 후유증

사람이 아파 수술을 하게 되는 경우, 병원에서의 치료와 함께 신술치유를 해야 합니다. 신술치유란, 신의 세계에서 인신의 병든 부위를 치유하여 건강하게 만드는 것을 말합니다.

교통사고 등을 당할 경우, 찢어진 곳은 꿰매고, 뼈가 부러진 곳은 뼈를 맞추는 등 일정 기간 동안 병원 치료를 받아야 합니다. 이때, 그렇게 육체적인 치료를 하고 난 후에는 인신의 치유를 해야 합니다.

사람이 어느 부위를 다칠 경우, 그 사람의 육체뿐 아니라 그 사람의 인신도 똑같은 부위를 다치는 것입니다. 예를 들어, 사람이 다리가 부러질 때, 인신도 다리가 부러질 수 있습니다. 이때, 육체의 다리만 치료하게 되면, 인신의 다리는 아픈 상태가 계속되어 육체도 그 영향을 받게 됩니다. 그래서 의학적으로는 병이 다 나았는데, 환자는 고통을 계속 받는 '후유증'을 겪게 되는 것입니다.

주변에서도 그런 경우를 겪은 적이 있습니다.
어린 시절 내가 살던 곳의 유난히 사고가 많던 지역에서 동네 친한 친구가 사고를 당했습니다. 그 친구는 고등학교 1학년 때, 사고로 다리를 크게 다쳤습니다. 등교 버스를 기다리고 있는데, 맞은편에서 달려오던 트럭이 무단횡단을 하는 할머니를 피하려다 반대편으로 방향을 급하게 돌린 것입니다.

차를 기다리던 곳이 다리였던 터라 많은 사람들이 다리의 아래로 떨어지게 되었고, 친구는 미처 피하지 못해, 시멘트 다리와 트럭 사이에 오른쪽 다리가 낀 채 허벅지 뼈가 부러졌고, 부러진 뼈에 철심을 박는 수술을 받게 되었습니다.

그 후, 몇 년이 지나 신의 공부를 하며 그 친구의 다친 다리를 살펴보았습니다. 친구의 육체는 다 나은 상태였지만, 친구의 인신은 다리가 완전히 낫지 않은 모습이었습니다.

오히려 수술로 인한 철심이며 수술 도구 등의 동토신이 덕지덕지 붙은 모습이었습니다. 친구에게 다리가 어떤지 물으니, 날씨가 안 좋으면 다리가 아프다는 것입니다. 말없이 친구 몸에 연결된 동토신을 정리하여 없애며, 걱정이 많이 되었습니다.

'육체에 남은 상처야 완전히 낫게 할 수 없지만, 신술치유를 하면 인신이라도 완전해져서 고통을 느끼지 않을 텐데…….'

육의 삶이야 본인의 명대로 살다 죽겠지만, 신의 세계에서 살 일이 걱정입니다. 사람신은 죽을 때의 모습 그대로 신의 세계에서 500~1,000년을 살아가야 합니다. 그 친구가 살아 있는 동안 바른 기도와 수도를 만나지 않는다면, 그런 운명은 피할 수 없을 것입니다.

또 아는 친구는 오토바이를 운전하다 자동차에 부딪혀 크게 다쳤습니다. 다행히 다른 곳은 괜찮고, 다리만 다쳤는데 한쪽 다리를 심하게 다쳤습니다. 여기저기 찢어져 꿰맨 자국도 많았습니다. 수술이 잘못되었는지 다리의 뼈가 쉽게 붙지 않아 재수술을 하기로 했다고 합니다.

신적인 상황을 보니, 인신의 다리는 살이 찢기고 뼈가 부러진 그대로였습니다. 친구의 몸에는 온통 사고로 인한 동토신들이 붙어 있었습니다. 타고 있던 오토바이와 자동차 모양 그대로의 신과 부품 모양의 동토신 등이 몸에 더덕더덕 붙은 모습이었습니다.

또 저의 어머니는 자궁에 물혹이 생겨 수술을 한 적이 있습니다. 병원에서 물혹을 없애는 수술을 하고 자궁을 치료했다고 하는데, 어머니의 자궁에는 수술 도구 등 동토신의 연결이 많았습니다. 부분 마취를 해서인지 마취에 관련된 약품이며 성분들이 몸에 퍼져 있는 모습이었습니다.

저는 어머니에게 신술치유를 해 드렸습니다. 먼저, 어머니의 몸에 붙어 있는 동토신이며 나쁜 신들을 정리했습니다. 그 후, 어머니의 몸에 손을 대서 안수를 하자 몸에 연결된 마취의 기운과 나쁜 기운들이 정리되었습니다. 어머니의 자궁에 약기와 생기가 들어가 따뜻해지며 건강해지는 모습이었습니다. 이어, 자궁이 정상으로 돌아가 건강해지는 모습이었습니다.

이렇게 사람의 병을 치료하기 위해서는 육체적인 치료(인술치유)와 함께 신술치유를 병행해야 합니다. 육체의 병이 나아도 인신의 병이 낫지 않으면 고통이 계속되거나 병이 재발할 수 있기 때문입니다. 신술치유는 바른 기도와 수도를 통해 인신의 건강을 이루는 치유법입니다.

앞으로의 시대는 병의 치료와 예방을 위해 인술치유와 신술치유를 같이 해야 할 것입니다. 육체와 인신은 깊은 관계를 맺고 있으며, 인신이 건강해야 육체가 건강할 수 있기 때문입니다.

17. 유산된 태아

어쩔 수 없이 자연유산을 하게 되든, 인공유산을 하게 되든 본인의 잘못으로 유산을 하는 경우, 당사자는 신적으로 좋지 않은 영향을 받게 됩니다.

유산을 하게 되면 태아의 육체는 죽지만, 신으로는 남게 됩니다. 태아가 태아신이 되어 엄마 몸 안에 그대로 남아 있는 것입니다. 태아신들은 엄마 몸에 살면서 엄마를 원망합니다.

실수이든 고의이든 자신을 태어나지 못하게 한 것에 원한을 갖는 것입니다. 그래서 엄마 몸을 아프게 하기도 하고, 괴롭히기도 하며, 아빠를 힘들게 하기도 합니다. 엄마가 다시 아기를 갖게 되면, 그 안에서 방해하여 유산이 되도록 하기도 합니다.

설명을 돕기 위해 실제 사례를 이야기하겠습니다.
전에 아주머니 한 분이 찾아온 적이 있습니다. 심한 허리 통증에 시달리고, 임신만 하면 자꾸 유산이 되는데 원인도 나오지 않는다는 하소연이었습니다. 또, 어렵게 아이를 한 명 낳기는 했지만, 그 애가 성격이 비뚤어져 걱정을 하는 상황이었습니다.

그래서 살펴보니, 아이를 낳기 전에 엄마가 유산을 한 적이 있는데, 그 유산된 태아가 부모를 괴롭히는 모습이었습니다. 본인을 유산시킨 것에 대한 원망으로 엄마를 아프게 하고, 엄마가 다시 임신하자 동생들이 태어나지 못하도록 방해하며, 태어난 동생에게도 나쁜 영향을 주어 비뚤어지게 만드는 모습이었습니다.

후에 조상제를 진행하는데, 유산된 태아신이 부모에게 이런 말을 하는 것입니다.

"엄마 미워. 왜 나를 이렇게 죽인 거야? 내가 엄마를 계속 아프게 만들려고 했어. 동생이 나 대신 복수하게 하려고 했는데……."

상황을 전달받은 엄마는 울면서 아이에게 미안하다고 사과를 했습니다. 조상제를 통해 아이는 일곱 살 정도로 키워져 건강한 모습으로 조상신들이 사는 곳으로 보내졌습니다. 그 후, 그 아주머니는 자녀의 성격이 좋아졌고 자신의 허리 통증도 사라졌다는 소식을 전해왔습니다.

또, 다른 사례로 조상제를 하기 위해 찾아왔던 남자의 이야기도 있습니다.
가족과 함께 찾아온 그 남자는 평소 잦은 가위눌림으로 인해 고생을 하고 있던 상황이었습니다.

상황을 살펴보니, 유산된 남자태아신이 남자의 목을 감고 못살게 구는 모습이 보였습니다. 당시 태아신은 자기보다 훨씬 힘이 센 도깨비신에게 자신을 유산시킨 아버지를 대신 괴롭히며 복수를 해 달라고 한 상황이었습니다.

이 태아신은 조상제를 해 준다 해도 다 필요 없다 하며, 아버지 곁에 남아 끝까지 괴롭히며 태어나지 못한 자신의 한에 대한 복수를 하겠다며 고집을 부려 보통 난감한 상황이 아닐 수 없었습니다. 결국, 기로써 태아신을 아버지로부터 반강제로 분리시켜 조상제를 진행했습니다.

조상제를 하며 그 태아신의 아버지는 경제적으로 형편이 어려워 자신이 아기를 유산하자고 했다며, 태어나지 못한 그 아기에게 미안하다고 진심으로 용서를 구했습니다.

그 태아신은 조상제를 통해 원한도 풀고, 자신이 원하는 대로, 턱시도를 입은 7살의 장난기 많은 사내아이의 모습으로 바뀌었습니다.

18. 기도와 수도를 통한 특기 계발

세상의 예술은 한계를 가지고 있습니다. 스승님께서는 특기가 있음에도 한계를 넘지 못해 발전하지 못하는 사람들을 도와주고 싶어 하십니다. 특히, 예술 분야의 사람들에게 세상의 한계를 넘어선 자유로운 예술을 할 수 있도록 기를 연결하여 주시곤 합니다. 자신의 틀을 넘어서 그 분야 최고의 예술가가 될 수 있도록 말입니다.

음악 분야의 경우, 음대 교수를 하며 작곡을 하던 중 스승님께 기를 연결받아 지금까지 교향곡 다섯 편을 완성한 분이 계십니다.

처음에 스승님께서 그분에게 "교향곡의 기"를 연결하여 주실 때, 스승님께서는 이런 말씀을 해 주셨습니다.

"세상적인 작곡의 틀을 버려야 합니다. 종이에 음표를 그리며 아무 생각 없이 순수한 어린아이 같은 마음으로 해야 합니다. 세상의 틀을 가지고 간다면 아마도 많이 어려울 것입니다. 예술 분야의 사람들은 세상적인 것을 뛰어넘어 하늘의 것을 해야 합니다. 음악도 세상의 것에 매여 반복하는 것이 아니라 하늘의 곡, 천상의 음악을 받아 할 수 있어야 합니다. 세상의 것은 세상적인 틀에서 벗어나지 못합니다. 천상의 교향곡을 받으세요."

막상 교향곡의 기를 연결받은 후에도, 그분은 며칠 동안 어찌해야 할지 모르고 고민하면서도 하라 하신 대로 나오는 대로 열심히 음표를 그리고 있었습니다. 명색이 음대 작곡과 교수인데, 마치 유치원생이 음표를 그리듯이 처음부터 다시 하는 기분이라고 하면서 한편으로는 기가 막힌 표정이었습니다.

그러던 중, 하루는 스승님께서 이제는 그동안 그린 음표로 연주를 해보라고 하셨습니다. 저도 그 자리에서 들어보니, 연주라기보다는 희한한 소리였습니다. 교수님은 난색을 표하며 겸연쩍어했습니다. 스승님께서는 지금 들은 음들 중에 처음 들어보는 음이 있느냐고 물으셨습니다. 그분은 처음 들어보는 음들이 많다고 대답했습니다.

이에 스승님께서는 이렇게 말씀하셨습니다.

"지금까지의 음악은 세상에 나온 음들만을 가지고 곡을 만들었기 때문에 더 이상 발전이 없었어요. 세상에 나와 있는 음악이 다라는 생각을 버리세요. 그것을 뛰어넘는 음이 머릿속에서 들려야 해요. 그 소리가 들릴 때까지 계속하세요."

그 후, 그분은 교향곡을 완성했고, 스승님께서는 연주를 들으시며 여러 가지를 설명해 주셨습니다. 그러시면서, 그동안 작곡한 곡을 들어보며, 본인이 듣기에 음의 앞뒤가 맞지 않고 수정을 해야 하는 부분은 손을 보라고 하셨습니다.

그제야 그분은 크게 깨닫고 알겠다며 무릎을 쳤습니다. 그 후, 일주일 정도 그 곡을 손보아 교향곡을 완성한 후 들어보니 문외한인 제가 듣기에도 아름다운 곡이었습니다.

그 후, 그분은 교향악단을 찾아다니며 그 곡을 연주해 줄 것을 신청하였지만 받아들여지지 않았습니다. 또한, 교향악단 연주비를 구하기 위하여 후원을 받으려 했지만, 그 또한 쉽지 않았습니다. 실망하는 그분에게 스승님께서는 이런 말씀을 해 주셨습니다.

"살다 보면 시련과 고난이 있는 거예요. 언젠가는 교향곡으로 유명한 사람이 될 테니 그때까지 계속 작곡하세요. 이제 시작에 불과한 거예요. 사람들에게 실망하지 말고 자신의 실력을 키워 때를 기다리세요. 남들이 평생을 해도 하지 못하는 것을 하고 있는데, 걱정할 게 뭐가 있어요. 이왕 하는 것 최고가 되세요. 세상에서 베토벤의 교향곡이 유명하듯이, 앞으로 우리나라에서 교향곡 하면 교수님이 생각나게 될 거예요. 나중에는 세계무대에도 나가야지요."

그 후, 그분은 네 편의 교향곡을 더 완성하여 총 다섯 편의 교향곡을 완성하였습니다. 지금까지 우리나라에서 가장 많은 교향곡을 만들어낸 분이 네 편까지였다고 하니, 짧은 기간에 참 놀라운 일이 아닐 수 없습니다.

19. 용왕님제와 토지제

용왕님전은 집안을 길하게 하고 복을 주시는 곳입니다. 용왕님제란 용왕님전에 올려드리는 제입니다. 용왕님제를 올려드리며 가정이나 사업장의 안정을 기원하면, 집안이나 사업장을 방해하는 악신들로부터 오는 해를 많이 막을 수 있습니다. 용왕님제는 종교와 상관없이 누구나 지낼 수 있습니다.

용왕님제를 지내는 방법은 다음과 같습니다.

(1) 일시

물의 날, 바다의 날이나 손 없는 날(음력 9, 10, 19, 20, 29, 30일)을 택해 1년에 한 번 올려드립니다. 시간은 밤 9~11시 사이입니다. 물의 날이나 바다의 날에 상을 올려드릴 때는 전날 밤 9~11시 사이에 올려드리며, 일곱 시간이 지난 후 언제든 상을 내리면 됩니다.

(2) 장소

각 집안이나 사업장의 수돗가에 상을 차려 놓으면 됩니다. 상을 부엌에 차릴 경우, 싱크대 앞이나 위에 상을 차립니다.

(3) 제물

　제물로는 술(막걸리) 다섯 잔(냉면 그릇 크기 다섯 잔), 삶은 돼지고기 1접시(세 덩어리 정도), 떡 1접시 이상, 산자 1접시, 제철 과일 세 종류 이상으로 1접시씩 3접시 이상, 밤과 대추를 합하여 1접시 등 총 7~10가지 정도를 준비하면 됩니다. 단, 제물로 어패류 등 물이나 바다에서 나는 음식은 올려드리지 않습니다.

(4) 제례

　제물이 다 준비되면 술 다섯 잔을 따르고 상 앞에서 합장하고 반배하며, "용왕님 감사합니다." 하고 인사를 드리고, 마음으로 바라는 바를 기원하면 됩니다.

기원의 예
용왕님 감사합니다.
가정이 안정되고 가족이 건강하게 하여 주시옵소서.
(사업이 잘되게 하여 주시옵소서.)
용왕님 감사합니다.

　용왕님제를 지낸 다음 날, 올려드린 제물 중 술은 싱크대나 마당에 붓고, 과일과 음식은 말로써 "악신 죽어라"를 염송하며, 동토신을 처리한 후 먹으면 됩니다.

　이사를 하는 경우, 살고 있는 집에서 이사하기 전에 손 없는 날을 택해 용왕님제를 지내며 마음속으로 "그동안 사고 없이 잘 살게 해 주셔서 감사합니다." 하고 인사를 드리면 좋습니다. 또, 이사를 한 후 집안 정리가 끝나 어느 정도 안정이 되면 역시 손 없는 날을 택해 새 집에서 용왕님제를 지내면 좋습니다.

이때는 마음으로 "앞으로 사고 없이 잘 살게 하여 주시옵소서.", "집안이 안정되고 가족이 화목하게 하여 주시옵소서." 등의 기원을 하면 됩니다. 또, 집이나 사업장을 팔고자 할 경우에도 용왕님제를 올려드리면 좋습니다.

토지신은 그 지역의 땅을 관장하는 신입니다. 예를 들어, 집이나 건물이 있으면 그 땅을 관장하는 신이 있고, 논이 있으면 그 논을 관장하는 신이 있고, 밭이 있으면 그 밭을 관장하는 신이 있습니다.

토지제는 이러한 토지신들에게 그 땅을 잘 쓰게 해 달라는 의미로 지내는 제입니다. 토지제를 지내면 그 토지신들로부터 오는 방해를 줄일 수 있으며, 경우에 따라서는 그 토지신들로부터 도움을 받기도 합니다.

토지제를 지내는 방법은 다음과 같습니다.

(1) 일시

1년에 한두 번, 손 없는 날(음력 9, 10, 19, 20, 29, 30일)을 선택하여 토지제를 지냅니다. 한해 농사를 시작하기 전이나, 농사를 마치고 수확을 한 후에 토지제를 지내면 됩니다. 시간은 용왕님제와 마찬가지로 손 없는 날 저녁 9~11시 사이에 올려드리며, 일곱 시간이 지난 후 언제든 상을 내리면 됩니다.

(2) 장소

집이나 건물에서 토지제를 지내는 경우에는 집안이나 건물 안의 동쪽이나 북쪽의 조용한 장소에 상을 차리면 되고, 논이나 밭에서 토지제를 지내는 경우에는 그 땅 내에서 동쪽이나 북쪽을 향해 상을 차리면 됩니다.

집이나 건물을 지으려는 땅일 때에는 논이나 밭에서 토지제를 지내는 경우와 같이 그 땅 내에서 동쪽이나 북쪽을 향해 상을 차리면 됩니다.

(3) 제물

제물로는 막걸리 다섯 잔(냉면 그릇 크기 다섯 잔), 북어포 3마리, 삶은 돼지고기 1접시(세 덩어리 정도), 떡 1접시 이상, 산자 1접시, 제철 과일 세 종류 이상으로 1접시씩 3접시 이상, 밤과 대추를 합하여 1접시 등 총 7~10가지 정도를 준비하면 됩니다.

(4) 제례

제물이 다 준비되면, 술을 따르고 서서 반배를 드리고 기원하면 됩니다.

기원의 예
올해 농사가 잘되게 하여 주시옵소서.
올해 농사가 잘되게 하여 주셔서 감사합니다.
땅이 잘 팔리게 하여 주시옵소서.
집이 무사히 완공되게 하여 주시옵소서.

토지제를 지낸 다음 날, 제물 중 술은 땅에 붓고, 과일과 음식은 말로써 "악신 죽어라"를 하며, 동토신을 처리한 후 먹어도 됩니다.

성묘나 벌초 등의 일로 묘에 가는 경우, 묘 봉분 위 활개 중앙에 최소한 술 석 잔과 과일, 북어포를 적어도 세 시간 이상 놓아야 합니다. 일반적으로 성묘를 가면 조상 묘에 제를 올리는데, 산에는 산신도 있고 토지신도 있습니다. 산의 형태 그대로의 모습을 한 자연신이 그 산의 산신이며 산의 한 터를 관장하는 신이 그 터의 토지신입니다.

그런데 조상에게는 술과 제물로 제를 올리면서, 그 산의 주인인 산신이나 조상 묘가 세워진 터의 주인인 토지신에게는 고마움을 표하지 않기 때문에 그 신들이 벌을 주고 방해하는데, 그 또한 사람들이 받는 산화의 영향 중 하나입니다. 묘의 봉분 위 활개 중앙에 술 석 잔을 놓으면 그 산의 산신과 토지신과 신장신에게 예를 표하는 것이기 때문에 이러한 산화의 피해를 많이 줄일 수 있습니다.

20. 기도드리는 방법

(1) 기도드리는 방향

북쪽이나 동쪽 중 한 방향을 정한 다음,
합장을 하고 서서 "천지신명 하나님 감사드리옵나이다." 하고, 큰절로 삼배를 드린 후 앉아서 합장하고 기도를 올립니다.

(2) 기도

무릎 꿇고 합장을 하고, 자신의 소망하는 바를 정성으로 열심히 기도를 올립니다.
기도가 다 끝나고 나면 "셀라 셀라 셀라……"를 됐다 하는 느낌이 올 때까지 한다. 여기서의 셀라의 의미는 하나님전에 대한 감사·경배·찬양의 의미이며, "이루어 주시옵소서."의 의미입니다.
소망하고 바라는 바가 있으면, 정성으로 기도를 드린 후, 마지막에 셀라 기도를 계속하여 드립니다.

(3) 기도가 끝나고 난 후

합장하고 서서 "천지신명 하나님 감사드리옵나이다." 하고 나서, 큰절로 삼배를 드리고 마칩니다.

(4) 참고

환자나 몸이 많이 불편한 경우는 자신의 여건에 맞춰 하면 됩니다. 몸이 불편하면 가부좌 자세를 해도 됩니다.

예) 환자인 경우 침상에 누워서 기도를 해도 되고, 무릎이 좋지 않아 무릎을 꿇지 못하는 경우, 가부좌를 하고 기도를 드려도 되며, 편한 의자에 앉아서 기도를 드려도 됩니다.

기원의 예

천지신명 하나님
저의 집안이 안정되고 가족들이 화목하고 건강하게 하여 주시옵소서.
셀라 셀라 셀라 셀라 셀라 셀라 셀라……

천지신명 하나님
저의 딸 OOO가 O월 O일 수능시험을 봅니다.
안정된 마음으로 시험을 잘 치러 좋은 결과가 나오게 하여 주시옵소서.
셀라 셀라 셀라 셀라 셀라 셀라 셀라……

천지신명 하나님
저의 아버지 OOO가 OO가 아픕니다.
몸의 병이 낫게 하여 주시옵소서. 건강하게 하여 주시옵소서.
셀라 셀라 셀라 셀라 셀라 셀라 셀라……

5부
기도 · 수도 체험기

1. 어렸을 때부터 신을 보며 시달리던 내가
2. 정도의 길을 만나
3. 생활 속의 도를 찾아
4. 몸으로 신을 겪던 지난날

기도 · 수도 체험기

여기 실린 글들은 기도·수도에 정진하며 새로운 삶을 맞게 된 사람들이 자신의 공부 과정을 진솔하게 기록한 것이다.

1. 어렸을 때부터 신을 보며 시달리던 내가

설OO (여, 30대)

스물넷 봄, 나는 대학 졸업을 한 학기 앞두고 있었다. 졸업 후 대학원 진학을 꿈꾸며 날아갈 듯 흥분되는 나날이었다. 그러나 이상하게도 나의 마음처럼 몸이 따라 주지 않았다. 내 마음은 세상에 거칠 것 없이 분주했는데, 내 몸은 연일 감기몸살을 앓듯 미열도, 몸살 앓이도 고만고만하게 계속되었다.

그렇게 감기인 줄만 알고 약의 힘을 빌려 하루하루를 지냈다. 그러던 중 진로 문제도 있고, 이유 없이 연일 몸도 아프고 해서 장난 반으로 한 선배의 소개로 우연히 신내림 받은 지 얼마 되지 않아 용하다는 무당집을 찾게 되었다. 그날로써 내 인생은 180도로 변하게 되었다.

유치원 때부터 교회 생활만 해 왔던 나에게 처음 들어선 무당집은 낯설고 죄를 짓는 듯이 무섭기까지 했다. 벽면 전체를 덮고 있는 신 형상의 그림들과 중앙에 서 있는, 무당이 모시는 실제 신의 형상들까지 아무런 경험 없던 당시의 나에게는 더없는 큰 공포였다.

그러한 내 마음을 알았는지, 무당은 친절한 미소로 내게 앉으라고 말했다. 내게 앉으라고 말하고는 내게 받은 나의 생년월일시로 사주를 풀어내기 시작했다. 이상하게도 그 무당은 나를 원래 알고 있는 사람처럼 나에 관해 하나씩, 둘씩 읊조리기 시작했다.

정말 놀라운 일이었다. 무당은 얼마 전부터 내게 생긴, 갑작스럽게 일어나는 심장 두근거림과 몸살기와 같은 증세들을 자신의 이야기처럼 속속들이 알고 있었다. 참 이상한 일이었다. 그제야 조심스레 끝까지 하지 않으려 했던 솔직한 내 얘기를 시작했다.

"저기요…… 사실은…… 제가…… 세수를 할 때가 가장 무섭거든요. 눈을 감으면 제 뒤로 검은 그림자처럼 무서운 남자가 서 있을 때가 많아요. 얼굴은 멍이 잔뜩 든 듯 시퍼렇고 옷은 너덜너덜 다 떨어져서 해어진 모습인데 정말 무서워요. 실은 겁이 나요. 제가 정신병인가요? 아니면 조금 남과 다를 뿐인가요?"

무당은 갑작스러운 내 얘기에 그럴 줄 알았다는 듯 태연하게 미소만 띄울 뿐이었다.

사실 내게는 말 못 할 비밀이 하나 있었다. 어린 시절부터 계속되었지만 그러한 현상이 무엇인 줄 모르기도 했고, 내가 경험했던 종교나 학문을 통해서는 접근되거나 해석될 수 없는 그 무엇이었다. 주변의 사람들에게 이 두려운 고민을 꺼내기에는 난 정말 겁이 많이 났다.

여섯 살 즈음, 어느 날 밤을 잊지 않고 있다. 밤늦도록 장난치고 놀다가 집안 어른들이 모두 잠자리에 들어 자리를 일어나 어쩔 수 없이 친할머니 방으로 달려가 옆자리에 누웠다. 아무리 뒤척여도 잠이 들지가 않았다. 불 꺼진 컴컴한 방의 작은 이불 속에서 이유 없이 무서워하며 식은땀만 흘리고 있었다.

이상하게도 내 머릿속에는 할머니의 방문을 검은 두 사람이 도둑처럼 계속 열고 들어오려는 모습이 보였다. 실제로 문에서는 계속 소리가 들렸다. 주무시는 할머니를 깨울 수도 없고, 내 머릿속에 떠올려지는 상황이 멈추지도 않고 너무 무섭고 두려운 시간이었다.

초등학교 때, 저녁을 먹고 온 가족이 함께 있는데 병원에 입원해 계시던 이모할머니께서 운명하셨다는 전화가 걸려왔다. 집안 어른들께서는 바쁘게 옷을 챙겨 입으시고는 병원으로 달려가셨다. 어린 나는 상갓집에 가도 좋을 것이 없다 하셔서 집에 혼자 있게 되었다. 점점 어둠이 내리기 시작했다.

밤 9시쯤 되었을까? 나는 거실 벽에서 몸을 뗄 수가 없었다. 몸 주변으로 자꾸만 무언가가 느껴졌기 때문이다. 사람의 형상이 자꾸만 보이는데 너무 무서워서 눈을 감았다 떴다 하면서 크게 엄마를 부르기도 했다.

마음속으로 조용히 생각했다. '돌아가신 이모할머니께서 왜 우리 집으로 오신 것일까? 정말 사람이 죽으면 할머니 얘기처럼 귀신이 되어 산 사람의 집을 찾아오는 것일까?'

마음속으로 항상 난 어쩌면 남들과 조금 다르게 태어났을 수도 있다는 생각을 하면서 내게는 떨쳐버리고 싶은 이상스런 그 부분을 지우고 또 지우면서 어느새 대학생이 되었다. 대학생이 된 난, 여느 학생들과 마찬가지로 즐겁고 신나는 일들을 만들며 매일을 바쁘게 보내려 애썼다.

그러던 중, 대학교 2학년 가을, 지하철을 타고 약속 장소인 신촌으로 나가는 길이었다. 6호선 합정역에서 2호선으로 환승하기 위해 에스컬레이터에 올랐는데 갑자기 내가 이상해졌다. 머리가 멍해지면서 반대편 에스컬레이터로 내려오는 사람들에 관해 무의식적으로 떠오르는 장면이 계속되었다.

20대의 한 젊은 여자를 보면서 나도 모르게 '딸만 셋 있는 집의 둘째 딸이네. 결혼할 남자도 있고…….' 하면서 알 수 없는 상황을 계속 되짚고 있었다. 마치 소설책을 쓰듯이 말이다.

그 증세는 지하철을 갈아 탄 이후에도 멈추지 않고 계속되었다. 점점 무서워지기 시작했다. 이러다가 내가 정말 미쳐버리게 되는 것은 아닐까하는 생각에 나란 사람이 덜컥 겁이 났다.

그렇게 애써 무시하며 지내다 결국, 무당집을 찾게 된 것이었다. 무녀는 내게 "아가, 원래부터 타고나기를 그렇게 타고난 것이야. 넌 원래부터 남들과 다르다고. 세수할 때 눈을 감으면 보이는 것이 바로 귀신이라고. 귀신. 아마 세상에서 살아가려면 많은 고비를 넘어야 할 것이다." 했다.

나는 아직 대학도 졸업하지 못했고, 미처 내 꿈을 펼쳐본 적이 없었다. 이제 막 내 꿈을 향해 한 발짝 나왔다고 생각했는데 무녀를 통해 알게 된 내 운명에 관한 얘기는 마치 하늘이 무너져 내리는 것과 같았다.

무녀의 얘기가 더 진행되기 전에 자리를 일어서야겠다고 생각하고는 급하게 집으로 돌아왔다. 집으로 돌아오는 길은 많이 멀게 느껴졌다. 한숨이 나왔지만 내게는 꿈이 있고 젊음이 있었다. 이제까지 어떻게 왔는데 여기서 무너져서는 안 된다고 자꾸만 나 스스로 말했다.

무당집을 다녀 온 다음 날, 오전 수업이 있어 일찍 집을 나섰다. 여느 때와 다름없이 지하철에 올랐다. 지하철 안은 조는 사람부터 어학 공부에 한참인 사람까지 늘 그렇듯 평범하기만 했다. 그런데 나만이 평범하지를 않았다.

자리에 앉아 있는 내 앞으로 영화에서 보았던 옛날식 검은 학생복 차림의 어린 남학생이 비에 흠뻑 젖은 모습으로 울면서 서 있었다. 아무 말 없이 한참을 굶주린 듯 힘없고 슬픈 모습으로 나를 바라보고 있었다. 처음에는 놀랍고 두려웠지만 조금 시간이 지나자 내 입에서 "삼촌……." 하고 나도 모를 말이 터져 버렸다.

그날부터였다. 매일 밤낮으로 여러 귀신들이 찾아와 내게 자신의 한을 들어 달라고 했다. 내 방의 침대며 옷장이며 화장대마다 귀신들이 자리를 차지하고 앉아 나를 기다리고 있었다. 어느 날은 내 방의 창문을 열면 맞은편에 있는 건물의 옥상에서 하복부에 피범벅이 된 흰 소복 차림의 귀신이 자신의 이야기를 들어 달라고 하기도 했다. 정말 지옥이 따로 없었다.

그 며칠 새, 내 삶은 뒤죽박죽이 되어버렸다. 피하려 해도 피할 곳이 없었다. 내게 일어나는 현상은 눈을 감아도 보이고, 눈을 떠도 보이는, 사라지지 않는 것이었다.

그런데 참 이상했다. 귀신은 내게만 붙어 있는 것은 아니었다. 내 주변의 친구나 지인들에게도 귀신들이 항상 함께하는 모습이었다. 그래서 어쩌면 세상의 모든 사람들에게는 귀신이 붙어 있는데, 나는 조금 다르게 태어나서 그것이 보일 뿐이라고 위로하기도 했었다.

그렇게 6개월 가까이 시달리고 또 시달렸다. 낮이면 머리가 괴로울 만큼 아팠는데 진통제로도 견딜 수가 없었고, 밤이면 귀신들이 찾아와 괴롭혀 무섭기도 했고 잠이 들 수도 없었다. 그렇게 되고 보니, 정상적인 생활이 힘들어졌다. 결국 몇 달 후 졸업인 학교도 휴학을 하게 되었다.

휴학을 하고는 마지막이라는 생각으로 이름났다 하는 무당들을 찾아다녔다. 어딘가는 설명할 수 없는 내 병을 고칠 방법이 있을 것 같았다. 내가 이렇게 아프고, 식사조차 내 마음대로 할 수 없게 되고, 일상의 생활 자체가 되지 않는, 이 이유를 알 수 없는 내 병이 나을 방법이 있을 것 같았다.

은연중에 난 알 수 있었다. 이 병은 병원이나 다른 것으로 치료될 수 있는 것이 아니라 내가 모르는 신의 세계를 알아야만 치료될 것 같았다.

무당들을 수소문하고 그들을 만났다. 세상 사람들이 이름을 대면 알 만한 여러 무당들을 만났다. 그런데 참 이상했다. 그렇게 대단한 무당들이면 내 병쯤이야 금세 치료할 방법을 알려줄 줄 알았는데, 해결책을 주는 곳이 없었다.

큰 무당들이라 그런지 몇 마디 하지도 않았다. 인사를 하고 앉으면 잠시 나를 쳐다본 후, "신내림을 받아야 하는데, 나이가 어려서 집에서 허락하겠어? 귀하게 키운 딸이 무당 된다고 하면 누가 시켜주겠어. 세상에 나가서 뭐든지 해 봐. 결국은 신내림 받아야 산다고." 하는 것이 나에 대한 진단 겸 위로 겸 그랬다.

처음 신내림이란 단어를 들었을 때에는 살면서 한 번도 생각해 본 적이 없어서 그런지 서럽기만 했는데, 한두 번 같은 말들을 들어갈수록 내성이 생기는지 오기가 나기도 했다.

내 병은 점점 깊어져서 거의 잠을 이루지 못하다가 지쳐서 쓰러지듯 정신을 잃을 때면 어김없이 가위에 눌리기 시작했다. 그렇게 비슷한 아침을 맞던 어느 날, 난 기절할 것처럼 놀랐다.

내 방의 흰 빛 커튼들을 아나콘다와 같은 큰 뱀들이 칭칭 감고 있는 것이었다. 내게 대가리를 돌린 채, 혀를 날름이며 유유히 내 방을 기어 다녔다. 침대에서 내려 바닥을 디딜 틈조차 없게 방 한가득 꽉 찬 모습이었다.

'이를 어쩌지?' 하는 순간, 침대 위에 내 몸을 세게 감는 힘을 느꼈다. 너무도 선명한 아나콘다 같은 큰 몸집의 뱀이 목부터 내 몸 전체를 감아 조였다. 숨이 막혔고 가슴이 뛰었다. 비명조차 지를 수 없던 그때, 차라리 죽는 것이 편할 것 같다고 느낄 정도였다.

매일을 귀신에게 시달리다 이제와서는 실제로는 본적도 없는, 큰 뱀의 형상에게 힘 한번 쓰지 못하는 내가 참 보잘 것 없게 느껴졌다.

그러던 중, 지인을 통해 대도대한의 책을 건네받았다. 그 친구는 신적으로 힘들어하는 내 상황을 알고 자신도 읽어 보지 않은 책을 퇴마력을 가진 책이라고 소개했다. 마지막이라는 심정으로 책을 펼쳤다.

웬일일까? 몇 달째, 글자 하나 제대로 들어오지 않던 내게 한 장 한 장 너무 잘 읽혀지는 것이었다. 새벽을 지나면서 잡은 그 책을 다 읽어버렸다. 그리고 다음 날 바로, 인터넷을 통해 대도대한 수도회 서울 지역의 센터를 검색했다. 다행히도 지하철로 한 시간 남짓한 정도였다. 서울 지역 담당자와 전화 통화를 마치고 약속을 한 후 그다음 날 수도회를 방문했다.

수도회에 도착하기까지는 어려움이 많았다. 지금 생각하면 참 쉬운 길인데, 당시에는 지하철에서 내려 버스를 잘못 타서 한참을 걷는 등 빙글빙글 돌아 지칠 때쯤 수도회에 닿았다. 수도회에 가면서 상담료를 받지 않으신다 해서 고맙기도 하고, 미안하기도 해서 음료수를 샀는데, 수도회인 4층까지 계단을 오르는데 갑자기 손이 오돌오돌 떨리면서 박스 속의 음료수병들이 시끄럽게 소리를 내기도 했다.

수도회에 들어서 차를 대접받고 상담을 잠시 마친 후, 수도실에 들어가 인사를 드렸다. 생전 처음으로 "천지신명 하나님, 감사드리옵나이다." 하고 3배를 드렸다. 처음 알게 된 높고 높으신 웃전의 명호였는데 왠지 오래전부터 알고 있었던 듯 편안함도 있었다.

3배를 마치고, "악신 죽어라"를 연결받기를 원하는지 물어, "저는 이제 판단 없이, 제 병이 나을 수만 있다면 무엇이든 할 수 있어요." 했던 내 대답이 생생하다. "악신 죽어라"를 연결받았을 때, 왠지 모르게 온몸이 불을 얹은 듯 뜨거워지는 것을 느꼈다. 식은땀이 나듯 손에서, 몸에서 열이 나기 시작했다.

"악신 죽어라, 악신 죽어라, 악신 죽어라……" 너무도 힘없고 작은 나의 목소리였지만, 나는 알 수 있었다. 무엇인지 모를 작용이 내 안에서 일어나고 있다는 것을 말이다. 그날, 집에 가는 길은 너무 피곤하고 졸렸다. 방에 들어서자마자 침대에 쓰러지듯 깊은 잠에 들었다. 거의 몇 년 만의 일이었다.

그렇게 편안하고 깊게 잠들어 본 적이 언제였는지 기억에 나질 않았다. 다음 날, 일어나자 깊은 잠을 자고 일어난 내 모습에 한편 기쁘고 한편 서러워 펑펑 눈물이 쏟아졌다. 그러면서 '이제 찾았구나!' 하는 안도감이 생겼다.

바로 준비를 하고 수도회를 찾아가 수도회원으로 입회를 했다. 그러면서 하루하루 조금씩 나의 삶이 변화하기 시작했다. 처음 얼마간은 머리가 깨질 듯이 많이 아프기도 하고, 수도회에 가기 싫어 몸이 스스로 아파 버리기도 하고, 갑작스럽게 집안에 초상이 나는 등의 상황들로 혼돈스럽게 되기도 했지만 진실은 늘 존재하는 법이었다.

"악신 죽어라"를 연결받고 며칠이나 지났을까?
침대에 누워있는 나를 깨우는 음성이 들렸다. "아가……" 하면서 흰 소복 차림에 쪽을 진 할머니의 모습을 한 신이 나를 부르고 있었다. 순간 놀라면서 "악신 죽어라"가 생각났다. 나도 모르게 "악신 죽어라, 악신 죽어라, 악신 죽어라……" 몇 번이나 외웠을까? 검처럼 순간에 빛이 날아가 할머니 모습을 한 신의 몸을 두 동강 내니 보였던 신은 그대로 녹아지듯 사라지는 것이었다. 그제야 그동안 내가 얼마나 많은 악신의 모습에 속았는지를 알 수 있었다.

조상신은 악신이 아니기 때문에 "악신 죽어라"를 해도 영향을 받지 않는데, 이렇게 "악신 죽어라"를 외워 그대로 무가 된 것을 보니 분명 사람의 모습으로 변장을 한 악신이었던 것이다. 한편으로 그동안 속아왔던 내 모습에 분하기도 했지만 이제는 극복할 수 있는 힘이 생겼다는 큰 통쾌감이 밀려왔다. 다시 한번 나도 새롭게 살아갈 수 있을 것만 같았다.

그날 이후 나의 삶은 전혀 다른 모습이 되어갔다. 낯설기만 했고 믿기지 않았던 "악신 죽어라" 주문의 힘을 직접 체험해 갈 수 있었다. 항상 꿈속에서 쫓기고 가위눌림을 받던 나였지만 조금씩 상황이 달라졌다.

밤마다 자주 내 꿈에 나타났던 무서운 여자가 또 꿈속에 나타났다. 부엌칼과 같은 것을 들고 나를 쫓기도 했고, 힘센 몸으로 나를 넘어뜨리려 힘겨루기를 하기도 했다. 그럴 때면 온몸이 식은땀으로 젖어 지친 후 겨우 잠에서 깨곤 했는데, 그날 밤만은 달랐다.

그날 꿈속에서도 나는 쫓기고 있었다. 쫓기다가 땅바닥에 넘어져 내 온몸을 덮칠 듯하던 순간, 극적으로 "악신 죽어라"가 생각났다. 순간적으로 "악신 죽어라, 악신 죽어라, 악신 죽어라……"를 했는데, 넘어진 내게 덮치듯 하는 상대의 가슴에 나도 모르게 꿈속에서 손을 댄 채 주문을 외웠던 것이다.

정말 놀랍게도 그대로 상대가 검게 태워지며 흔적 없이 사라지는 것이었다. 바로 꿈에서 깬 난 '정말 이제는 잘 살 수 있겠구나!' 하는 희망에 벅찼다.

그렇게 "악신 죽어라"에서부터 여러 다른 기도와 수도를 연결받고 공부해 나가기 시작했다. 그러면서 그동안 내게 일어났던 많은 신적 현상들에 대해 조금씩 이해하게 되었다. 왜 내가 어린 시절부터 무서움을 많이 탔는지, 왜 눈을 감으면 검은 그림자처럼 무섭게 나타나는 존재들이 보였는지, 그리고 그 존재는 무엇인지를 말이다. 이제는 원인 모를 내 몸의 아픔에 대해서도, 지나온 내 삶의 과정에 대해서도 이해할 수 있는 눈을 가지게 되었다.

대도대한은 내게 진정한 신의 세계를 알게 해 주었고, 실제 신과 싸워 이길 수 있는 힘을 가질 수 있도록 길을 제시해 주었다. 신으로 인한 병과 싸우며 이길 수 있는 방법을 알게 해 주었으며, 그로써 진정한 신앙으로 나아갈 수 있는 마음을 가질 수 있도록 한없이 큰 길을 열어 주었다.

어린 시절부터 채워지지 않는 그 무엇인가로 외롭고 공허하게 느꼈던 나만이 아는 그 부분은 바로 참 신앙으로만 채울 수 있다는 것을 이제 나는 알게 되었다.

나는 더 이상 악신이 두렵지 않게 되었다. 하지만 나는 두렵다. 왜냐하면 내 안에 80퍼센트를 차지하는 것이 바로 악신이기 때문이다. 나는 앞으로도 하루하루 진정한 나인, 인신의 삶을 위해 바르게 기도하고, 바르게 수도하며 바른 신앙자의 모습으로 나아가고자 노력할 것이다.

나는 세상에서 말하는 신내림을 받아 무당이 되어야 했던 운명이었다. 하지만 난 신내림을 받지 않았다. 왜냐하면, 신내림을 받아 그 신에 의해 나의 육과 나의 인생을 모두 포기해야 하는 삶이 아닌, 나를 괴롭히고 아프게 하며 방해하는 바로 그 악신과 바르게 싸워 이길 수 있는 길을 가르쳐 주신 크신 하늘이 계셨기 때문이다.

나는 앞으로도 나를 방해하는 내 안의 악신과 싸우고 또 싸우며 바른 신앙자의 길을 따르고자 매일 나아갈 것이다.

2. 정도의 길을 만나

김OO (남, 70대)

대학 시절에는 대학을 장학금으로 다니기도 하는 등, 성공적인 삶을 살아가고 있었다. 그런데 직장을 얻은 후부터는 취직해 들어간 회사마다 얼마 지나지 않아 부도가 나는 일이 잦았다. 그렇게 5~6년 동안 월급을 제대로 잘 받지 못하고 어려움이 많았다. 삶이 너무 힘들어 무엇 때문에 내가 이생에 이렇게 고달픈지 알고 싶어 역학 공부를 시작했다.

역학 공부를 통해 내가 가진 의구심이 풀어지지 않고, 자기 발전을 이루지 못하면 그때에는 정말 죽기로 작정을 했다. 그러나 역학 공부는 생각처럼 쉽지가 않았다. 학교 공부는 과학적인 방법으로 했는데 역학 공부는 해석하기에 따라 매우 다원적으로 접근되는 것이었다.

이해가 되지 않아 오래 고심하다 이후에 오행 이론 등을 알게 되며 우주의 법칙을 이해하고, 신의 공부와 예언서까지 섭렵하게 되었다. 그렇게 찾다 보니 유불선 합일이 되어야 하며, 최종적으로는 환인이나 환웅시대의 말씀의 법으로 이루어져야만 한다는 깨달음에 이르렀다. 그러면서 1990년대 내가 공부하던 모든 책을 정리하게 되었다.

그 무렵까지 내가 거치게 된 종교와 단체생활은 짧은 세월은 아니었다. OOOOO에서 10년 동안 수도를 했고, IMF를 맞으며 재산을 크게 잃고 그 충격을 극복하고자, 채식을 하면서 기도를 하고 모든 근원은 본인의 연과 업에 의거한다고 했던 ○○○○○○단체에서 수도를 시작했다.

채식을 하니 육식하는 사람과 달리 인내가 생기며 상대를 더욱 이해하게 되는 듯했다. 모든 것이 나의 업보를 통한 일이라 생각하니 한 5년 정도가 지나자 마음이 추슬러지는 듯도 했다. 그러나 그것으로 내 삶에 완전한 해결책을 삼을 수는 없었다.

그러던 어느 날이었다. 난 평소에도 꿈을 잘 꾸는 편이었다. 그러나 아침에 일어나면 꿈의 내용은 전혀 생각이 나지 않아 밤새 꿈을 꾸었다는 정도로만 알 뿐이었다.

그런데 어느 날 밤, 길게 머리카락을 내리시고 하얀 수염과 긴 백옥 같은 의복을 입으신 6척 장신의, 황금빛이 후광과 같이 빛나시는 모습의 분께서 나타나는 꿈을 꾸게 되었다. 얼굴의 형상 및 전체적인 인상은 후광으로 인해 하얗게 보일 뿐이었다. 눈부시도록 빛나는 모습이었다.

그분께서 내게 금빛 찬란한 책을 주셨다. 책 표지에 글씨가 쓰여 있었으나 빛 때문에 잘 보이지가 않았다. 지난밤의 꿈은, 깨어난 아침 평소와는 다른 느낌으로 내내 뇌리에서 떠나지 않았다. 놀랍게도 다음 날 똑같은 꿈을 또 꾸게 되었다.

직장에 출근하여 필요한 작업 지시를 내린 후, 서점을 찾아갔다. 원래부터 역학 관련한 책을 관심 있게 보았던 터라 서점에 들어서자 곧장 코너로 향했다. 여느 때와 달리 유난히 눈에 띄는 책이 한 권 있었다.

그러나 꿈에서 본 느낌과는 달리 찬란한 금색이 아닌 그보다는 조금 어두운 색의 책이 한 권 남아 있었다. 〈천비록〉이란 그 책을 꺼내어 표지를 벗기자, 꿈에서와 같은 금빛 찬란한 빛이 내 눈으로 들어오는 것과 같았다. 겉을 싸고 있던 표지를 벗기자 실제 꿈에서 보았던 바로 그 금빛이었다.

급하게 책을 사 들고 나와 저녁부터 5시간 만에 모두 읽어버렸다. 신에 관한 공부나 역학에 관한 공부는 많이 해 왔기 때문에 전체적으로 일목요연하게 분류된 〈천비록〉의 내용이 쉽게 이해되었다.
책을 다 읽자, 나도 모르게 '아, 여기구나!' 하는 마음이 강하게 밀려왔다. 그리고는 운암을 찾아가서 공부를 하고 싶다고 말했다. 이곳 저곳을 떠돌며 찾고 또 찾았던 것이 바로 이것이라는 생각이었다.

세상에 종교 단체에 있을 때 천도제를 숱하게 했지만 조상제를 알게 되고는 이것이 진실이라는 믿음이 생겼다. 조상제를 하던 날, 임파선 암으로 돌아가신 어머니께서 바로 아래 남동생의 몸에 계셨음을 알게 되었다.

같은 날, 남동생은 갑상선암으로 인해 OOO 병원에서 수술을 받기로 되었는데 암이 너무 진행되어 병원 측에서 수술을 해 줄 수 없다고 했단다. 어머니가 임파선 암이셨는데 남동생은 갑상선암이었다. 아마도 어머니께서 남동생의 몸속에 계시다 보니, 자연 그 영향이 미치게 되었던 것이다.

그런데 놀랍게도 조상제를 하고, 병원에서 수술마저 포기했던 동생의 갑상선암이 다 나았다. 본인은 한방 처방으로 나았다고 말하지만, 나는 아직도 조상제를 하여 후손이 조상의 영향을 받지 않게 되면서 나을 수 있게 되었을 것이라 믿는다.

공부는 하면 할수록 많이 어렵다고 느낀다. 열심히 기도·수도하면 마치 내가 욕심을 내는 것 같고, 그렇다고 하지 않으면 나태한 것 같이 느껴졌다. 상황에 맞게 바른 지혜로 깨우치면서 가고 싶다. 죽는 그날까지 바른 말을 하고, 바르게 보며, 바르게 알며 나아가고 싶다.

3. 생활 속의 도를 찾아

양OO (여, 40대)

2년 전, 친구가 쓴 책이라고 해서 〈인비록〉을 읽게 되었다. 미신이라 터부시되었던 것들이 실제로 존재하는 체험을 했다고 친구는 쓰고 있었다. 선뜻 믿어지지 않았지만 내가 알아 왔던 친구는 평소에도 거짓을 말하거나 과장을 하거나 하지 않았던 친구라 그냥 그 내용대로 믿기도 했다. 조상제 부분에서 공감을 많이 했다. 병을 앓던 할아버지가 돌아가신 후, 큰아버지께서 같은 증세를 보인다고 들었기 때문이다.

그러던 어느 날 새벽 2시경, 나는 갑작스럽게 친구에게 전화를 걸었다. 6살 때부터 OO교 생활을 했던 나는 대뜸 "네가 믿는 하나님과 내가 믿는 하나님 중 어느 분을 믿어야 하는 거니?", "너는 나에 대한 마음이 어떤지 다 모르지만, 나는 너를 신뢰하고 믿는다. 너에 대한 나의 마음은 너무도 크다. 내가 앞으로 어떻게 기도를 해야 하며 살아가야 하는지 알려줘." 하고 질문을 던졌다.

친구는 성직자에게 기도하지 말며, 하늘에 계신 하나님을 생각하며 기원을 드리고, '감사·경배·찬양'의 의미로서 셀라를 하며 기도를 드리면 된다 했다. 친구가 가르쳐준 바대로 기도를 드렸고, 신앙하고 싶다고 말하고, 조상제를 하고 싶다고 했다. 더하여 꼭, 〈인비록〉의 내용에 기도하는 방법이 추가되었으면 하고 개인적인 바람을 전했다.

그러나 유야무야하며 시간이 흘렀고, 2년이 지난 즈음 개인적인 문제로 친구에게 바람이라도 쐴 겸 가고 싶다고 했고 친구는 흔쾌히 언제든지 오라고 했다. 외부인으로서 이곳에 오는 분들을 보면 서로 예로 대하면서도 밝아 보였다.

무엇을 강요하거나 억지로 신앙에 대해 알아 달라고도 하지 않았다. 오히려 무슨 일들을 하며 무슨 공부를 하느냐 물으면 대도대한에서 나온 책들을 읽어보라고만 했다. 친구가 하는 일도 궁금하고 달리 알 수 있는 방법도 없고 해서 〈천비록〉을 읽었다.

신의 세계를 알게 되니 조상제를 하고 싶다는 생각이 간절해졌다. 조상신들이 후손들 몸에서 후손들에게 영향을 미치는 것을 알게 되니 조상신들을 온전히 신의 세계에서 살 수 있게 해 드리고 나와 가족들도 조상신들의 영향에서 벗어날 수 있다니, 몰랐으면 모를까, 알고 나니 꼭 하고 싶었다.

조상제 후 어떤 조상님이 누구의 몸에 있었다는 얘기를 해 주시는데 아들의 몸에 우울증을 겪었던 조상신이 있었다고 하셨다. 놀랍게도 평소에 아들은 우울증과 같은 증세를 보이며 안정되지 않은 모습을 보여 내심 걱정이 많았다. 좋지 않은 영향을 끼치던 조상신이 아들 몸에서 더 이상 영향을 주지 않는 것만으로도 다행이라는 생각이 들었다.

책을 읽은 후, 연·업·살로 이어진 나의 현생에 대해 기도·수도로 벗을 수 있다는 것을 알고 신앙하기로 결심했다. 세상을 떠나면 육은 없어지겠지만, 신이 남아서 신의 세계에서 살아가야 하기 때문에 죽음 이후를 대비해야 하기 때문이다. 신의 세계는 도의 세계이기 때문에 육이 있을 때만 도를 닦아 인신을 키울 수 있기에 나의 인신을 키우기 위해 나는 이 신앙을 선택했다.

특별한 자격이나 조건이 필요한 것도 아니고 생활의 도이기 때문에 신앙을 위해 무언가를 포기해야 하는 것도 아니고 그저 하늘께서 내려 주신 바에 감사하고 죄를 사해주십사 기원 드리고 나 자신의 악신을 없애기 위해 "악신 죽어라"를 열심히 하면 되는 것이다.

수많은 윤회 속에 지은 죄를 다 벗을 수는 없겠지만 죽는 순간까지 속죄하는 마음으로 기도를 하겠다고 생각했다. 가족을 위해 기도하고 간절함이 하늘에 닿으면 들어 주신다고 하니 부모님, 아이들을 위해 기도할 것이다.

나는 바른 마음으로 바르게 하늘을 섬기기 위해 노력할 것이다.

4. 몸으로 신을 겪던 지난날

박OO (남, 40대)

나는 청소년 시기에 종교나 도에 관심이 없이 그저 평범했다. 나의 인생에 엄청난 변화와 고통을 겪었던 시기는 군대를 제대하고 취업을 준비하던 어느 겨울 오후였다. 방에 가만히 누워 있는데, 갑자기 창가에서 뚜렷하지는 않았지만 시커먼 형체가 보였다. 마치 누군가가 의자에 앉아 있는 것 같은 모습이었다.

밤도 아니고 대낮에 이게 뭐지 하고 다소 이상한 느낌이 들었는데, 곧바로 나의 발 쪽으로부터 무어라 표현할 수 없는 음산한 느낌과 징그러운 느낌의 시커먼 형체가 나의 몸속 뼈마디 사이를 비집고 들어오고 있었다. 큰 구렁이가 들어온다는 느낌이 들었다. 뼈가 뒤틀리고 다시 맞추어지는 모습이 보이며, 뼈가 부러지는 것과 같은 고통을 느꼈다.

뼛속을 비집고 들어오는 고통의 느낌은 전신으로 확대되어 머릿속까지 진행되었다. 온몸이 굳어지더니 몸의 여기저기에 만화에서나 볼 수 있는 이상하게 생긴 괴물의 모습들이 칼을 휘두르며 나의 몸을 마구 베어 대기 시작하니 음산하고 무서운 고통이 느껴졌다. 참으로 길게 느껴진 대략 1시간 남짓 가량의 시간이었다.

극심한 고통을 겪었던 그날의 늦은 밤이었다. 잠이 오지 않아 이리

저리 뒤척이고 있는데 머릿속에서 "딩동" 하는 신호음이 들리며 나의 의지와는 상관없이 무엇에 이끌린 듯 옷을 입고 발걸음은 밖을 향하고 있었다. 나는 눈이 수북이 쌓여 있는 추운 겨울 밤길을 무작정 걷고 있었다. 대략 이십 리 정도 걷고 있을 무렵 머릿속에서 "네가 가지고 있는 모든 것을 버려라."라는 소리가 뚜렷하게 들렸다.

그래서 나는 망설임 없이 주머니 속에 있는 지갑 등 모든 것을 꺼내 던져 버렸다. 그러고는 눈보라를 맞으며 계속 걸어가고 있었는데, 또다시 머릿속에서 "딩동" 소리와 함께 머릿속으로 약간 뜨거운 느낌의 무언가가 계속 들어오고 있음을 느꼈다.

한참을 걷다가 갑자기 집으로 돌아가야 한다는 생각이 문득 들면서 걸음을 되돌렸다. 집으로 돌아와 보니 새벽 5시경이었으며, 눈보라 속에서 맨발에 슬리퍼를 신고 약 5시간 이상을 헤매고 돌아왔다는 것을 알 수 있었다.

그 후로도 늦은 밤 무언가에 이끌린 듯 무언가를 찾아야 한다는 느낌을 받으며, 세 번이나 더 비슷한 경험을 하였다. 마지막으로 경험하던 날은 집으로 돌아오는 길에 다소 특이한 모습을 보았다. 머리가 길며 도포를 입은 약 50대의 남자가 나를 매서운 눈초리로 노려보고 있는 모습이 갑자기 보였다. 너무 두렵고 무서워서 도망치듯 집으로 돌아왔다.

그 후로 나는 부모님으로부터 집안에 감금되듯 통제된 생활을 하였고, 이때부터 가위눌림이 시작되었으며, 이유 없이 아프며 잠 못 드는 날들이 계속되었다. 부모님의 권유로 정신병원에 가 보기도 하였으나 뚜렷한 원인을 들을 수 없었으며, 간단한 약 처방만 받고 되돌아올 수밖에 없었다.

어떻게 하면 이러한 고통과 현상에서 벗어날 수 있을까를 고민하며 지내는 어느 날, 예전에 친구 따라 잠시 가 보았던 OO도단체에 혼자 몰래 가보기도 하였다. OO도단체에서 시키는 대로 무조건 따라 해보았지만 나의 상태는 호전되지 않았다. 가위눌림의 고통에서 벗어나고 싶은 나의 마음은 간절하였다. OO종교단체에 가서 안수를 받으면서 다소 호전되기도 하였으나 다시 처음과 같이 되었다.

지금 생각하면 직장은커녕 그 어떤 희망도 보이지 않았던 참담한 시기였다. 자살하고 싶은 충동도 여러 번 느꼈다. 이러한 고충을 누구에게도 말하기가 어려웠으며, 부모님께도 자세한 속사정을 털어놓을 수도 없었다. 이러한 고충을 말한다 하더라도 충분히 이해해줄 것이라 생각되지 않았다. 그러다 보니 자연히 친구도 멀리하게 되고 스스로 단절하며, 성격이 점점 내성적으로 변화되고 있었다.

신적인 고충이 시작된 지 6년 만에 희망의 날이 찾아왔다. 지인의 소개로 무작정 대도대한 수도회를 찾게 되었다. 그동안 겪은 고통의 세월에 대해 털어놓았다. 수도회에서 우선은 신술치유부터 받기 시작하였는데, 밤에 잠들기 전에 양손을 깍지 끼고 머리 위에 올려놓고 "악신 죽어라"를 하라고 알려 주셨다. 책도 조금씩 읽으며, "악신 죽어라"를 하기 시작하였다.

수도회를 출퇴근하다시피 하며 이런저런 일을 도우며 공부를 시작하였다. 시간이 지날수록 마음도 많이 안정되고 신적인 고충은 줄어들기 시작하였다.

대도대한을 알게 된 지 두 달이 지나고 조상제를 하게 되었다. 이때만 하더라도 말을 많이 더듬고 본인의 의지와는 상관없이 사오정 같은 말을 내뱉으며 주위를 썰렁하게 하던 시기였다. 조상제를 통하여 집안의 조상신들의 건강 상태가 많이 안 좋은 편이며, 특히 산화의 영향을 많이 받고 있으며, 앞으로 스스로 노력하면 많이 좋아질 것이라고 알려 주셨다. 또 위축되지 말고 긍정적으로 밝게 생활하라고 대광 선생님께서 말씀하셨다.

조상제 이후로 신적인 고통은 많이 줄었다. 대도대한 관련 건축 일에 참여하게 되었는데, 대광 선생님께서 "정구업진언수"를 속으로 열심히 외면서 일을 하라고 일러 주셨다. 일을 진행하면서 신적인 고충이 나타났다가 사라졌다가를 반복하면서 점점 좋아지는 쪽으로 발전하였다.

드디어 약 2개월의 공사 기간이 끝나고 얼굴도 밝아지고 많이 안정된 자신을 느낄 수 있었다. 어려서부터 겪었던 말을 더듬는 현상도 많이 좋아졌다. 이 시기를 거치면서 전반적으로 많이 좋아졌다.

나는 이후로 기도와 수도를 더욱 열심히 하게 되었으며, 신경 안정제와 수면제를 끊게 되었다. 드디어 입문을 하고 열심히 공부를 하였다. 입문 후 몇 개월이 지나고 가위눌림은 사라졌으며, 잠도 잘 잘 수 있게 되었고, 안정된 직장생활을 할 수 있었다. 신적이 고충이 시작된 지 8년 만에 행복한 시간이 시작되었다.

신을 몸으로 겪은 지난 세월은 나의 인생에 큰 아픔의 상처를 남겼지만, 한편으로는 새로운 삶에 눈을 뜰 수 있는 계기가 되었다. 지금은 신과 신의 세계를 알며 살아갈 수 있음에 대해 감사히 여기며 살아가고 있다.

세상에는 나와 같이 신을 몸으로 겪고 있으나 말 못 하며 고충을 겪고 있는 경우가 많을 것이다. 말하고 싶지 않지만 나와 같은 처지에 있는 사람들에게 도움이 되기를 바라는 마음에서 체험기를 적게 되었다.

글을 마치며

생각해 보면 긴 세월이었습니다.
세상의 십 년이 길다면 길고, 짧다면 또 짧은 세월인데,
제가 스승님과 함께 걸어온 길은 참으로 길고 멀게 느껴집니다.
다시 처음으로 돌아가 새로운 시작을 하라 하시면,
너무 막막하여 눈물이 나올 듯합니다.

그러나 다시 처음으로 돌아가 새로운 시작을 하라 하셔도
저는 묵묵히 지금까지 걸어온 이 길을 걸을 것입니다.
제게 참되신 하늘을 신앙할 수 있는 기회 주시며,
제 삶을 뿌리 없이 떠도는 방황의 삶에서 참되고 바른 목표를 찾아
하늘의 자녀로서 거듭날 수 있는 삶으로 바꾸어 주신 도사님과,
이십 년을 한결같이 정도만을 걸으시며, 저를 이끌어 주시고
보호하여 주신 스승님을 충심으로 믿고 따르며,
저는 또 똑같이 이 길을 걸을 것입니다.
그 길이 힘닌한 가시밭길일지라도, 숱한 어려움이 따를지라도,
저는 묵묵히 그 길을, 그 영광의 길을 걸을 것입니다.

세상에는 많은 복 있는 이들이 있습니다.
부귀와 공명으로 이 세상을 움직이는 많은 이들.

그러나 제가 걸어온 길은,
세상에서 복 있다 하는 어떤 이들의 삶보다 영광되고
복된 길이었습니다.
육을 가진 사람으로서 감히 하늘의 선택하심을 입었고,
하늘의 말씀 속에 살아가며,
하늘 세계와 이 땅의 신의 세계를 보았으며,
제 삶의 지주이신 스승님의 가르치심 속에서,
하늘의 역사하심을 직접 보고 듣고 증거하는
감찰사로 성장할 수 있었으며,
그 기쁨과 영광 속에서 충만한 삶을 살아가고 있습니다.

이 책을 읽는 모든 분들의 삶 또한 그러하기를 바랍니다.
이 책을 통해 진실을 볼 수 있는 많은 분들이 새로운 삶을 찾게
되기를 바랍니다.
참된 진리와 바름의 복된 길을 찾아,
진정한 자신의 근원을 찾아,
생명을 있게 하신 하늘께 마음으로 감사드릴 수 있는,
영광과 축복 속에,
기쁨과 희망의 빛을 찾는 새로운 삶을……

이 글을 읽는 모든 분들에게 행복과 평안이 가득하기를 기원하며,
긴 글 마칩니다.

고맙습니다.

2006년 11월
해광 하 순 천

인 비 록 人秘錄
죽어서 가는 길

2006년 12월 1일 초 판 1쇄 발행
2006년 12월 15일   2판 1쇄 발행
2009년 3월 30일 증보판 1쇄 발행
2010년 1월 30일 증보판 2쇄 발행
2010년 6월 30일 증보판 3쇄 발행
2011년 7월 30일 증보판 4쇄 발행
2015년 3월 30일 증보판 5쇄 발행
2016년 2월 21일 증보판 6쇄 발행
2018년 5월 22일 증보판 7쇄 발행
2024년 3월 9일 증보판 8쇄 발행

지은이 해광 하순천
발행처 도서출판 대도대한
등 록 476-2023-000002호
주 소 전북 임실군 운암면 강운로 991-93
전 화 063-643-7285
팩 스 070-7966-7485

ISBN 979-11-986675-0-2 03290
Copyright©도서출판 대도대한, 2024, Printed in Korea.

값 15,000원

지은이와 출판사의 동의 없이 무단 전재 및 복제를 금합니다.